FINDING THE ANSWER FOR STARTUPS

분야별 전문가들이 알려 주는 스타트업을 위한 실무 지침서

스타트업의 답을 찾다

이재호 · 원호용 · 박준용 · 오진광 · 윤영진 · 황재하 · 최순규 · 이제원 · 민지훈 · 류호진 · 민승정 공저

드림디벨롭

차례

추천사 4
머리말 10

01 창업
: 반드시 알아야 할 창업 절차와 정부 지원 활용법   14

02 법인 설립
: 내게 맞는 사업 형태부터 성공적인 법인 설계   46

03 세무
: 절세와 생존을 위한 스타트업 맞춤 세무 가이드   70

04 회계
: 성장을 위한 숫자의 언어, 회계를 제대로 시작하는 법   96

05 특허
: 스타트업에게 특허는 선택이 아니라 생존 전략이다   138

06 감정평가
: 사업 단계별로 필요한 가치 평가와 자산 전략   160

07 브랜딩 & 마케팅
: 고객의 선택을 이끌어 내는 방법   188

08 세일즈
: 무엇을, 누구에게, 어떻게 팔 것인가를 결정하라   230

09 계약 관리
: 모든 분쟁은 계약에서 시작되고, 계약으로 해결된다   256

10 노무
: 창업자와 직원 모두를 위한 노무 관리 핵심 포인트   284

11 인사·성과 관리
: 초기 조직을 위한 사람과 성과의 문제 해결법   316

• 부록 • 투자유치 준비를 위한 전문 분야별 확인 사항   344

(주)원티드랩 이복기 대표
280만명 이상이 사용하는 채용 플랫폼 원티드 창업자

10년 넘게 스타트업의 곁에서 수많은 창업과 성장의 순간을 함께하며, 때로는 작은 실수가 큰 어려움으로 이어지는 것을 지켜봐 왔습니다.

이 책은 바로 그런 놓치기 쉽지만 사업의 명운을 좌우할 수 있는 필수 영역들에 대한 깊이 있는 통찰과 실질적인 지침을 담고 있습니다.

각 분야에 정통한 전문가들이 현장에서 체득한 노하우를 아낌없이 풀어낸 만큼, 스타트업 대표님들이 불확실성 속에서 흔들리지 않고 올바른 방향으로 나아가는 든든한 지침서가 되어 줄 것입니다.

미국·독일 Mobility Fund APAC Partner 손태호
前 올리브유니온 COO(미국, 일본 등 글로벌 누적투자 400억 원 유치, 미국 네이션스베네핏 1억 USD 납품)

스타트업의 여정은 언제나 혼란과 불확실성으로 가득합니다.

그럴 때, 현장의 언어로 정리된 실무 지침서는 창업자와 팀에게 가장 현실적인 나침반이 됩니다.

『스타트업의 답을 찾다』는 각 분야 실무자들이 직접 부딪히며 쌓아 온 인사이트를 응축한 책으로, 초기 창업자뿐 아니라 시리즈 A 이후의 성장 단계에 있는 팀들에게도 실질적인 가이드를 제공합니다.

이 책이 더 많은 창업자들에게 영감과 실행력을 줄 수 있기를 기대합니다.

AI 소프트웨어기업 (주)지미션 대표이사 한준섭
창업·경영 25년

"아이디어가 회사를 만들지만, **실무가 회사를 지킵니다.**"

지난 25년 동안 중소기업을 운영해 오며 절실히 배운 사실입니다. 성장의 고비마다 우리를 흔드는 것은 거창한 전략의 실패가 아니라, 세무 한 줄, 노무 한 조항, 계약 한 문장, 상표 한 글자였습니다. 이 책은 바로 그 "사소하지만 치명적인" 영역을 세무·노무·법률·지식재산·기획·마케팅 등 각 분야의 전문가들이 현장 언어로 풀어낸, 드물게 실용적인 지침서입니다.

스타트업은 속도와 학습이 생존을 좌우합니다. 그러나 속도는 **리스크 관리와 컴플라이언스** 위에 올라설 때만 지속됩니다. 이 책은 창업과 운영의 전 과정에서 놓치기 쉬운 체크포인트를 체계적으로 정리하여, 대표와 팀

이 결정의 질을 높일 수 있도록 돕습니다. 특히 초기 단계에서 자주 발생하는 지분 구조 설계, 고용·보상 체계, 세무 신고와 자금 흐름, IP 확보 전략, 계약 실무, 시장 진입과 브랜딩을 한 권으로 연결했다는 점이 인상적입니다.

AI 전환의 시대에, '빠르게 만들고, 일찍 출시하라'는 구호만으로는 부족합니다. 법·재무·사람·브랜드가 함께 맞물릴 때 기술은 비로소 사업이 됩니다. 이 책은 각 분야의 '정답'을 강요하지 않습니다. 대신 현장에서 바로 적용 가능한 선택지와 기준을 제시하여, 창업가가 자신만의 해답을 구성하도록 이끕니다. 경영 25년 차인 저에게도 곳곳에 표시해 두고 싶은 문장들이 적지 않았습니다.

창업가와 실무 리더의 책상 위에 항상 펼쳐져 있어야 할,
'초기 생존 매뉴얼'이자 '성장 가속 페달' 같은 책.
아이디어를 비즈니스로, 시도를 성과로 연결하고자 하는 모든 팀에게 이 책을 자신 있게 권합니다.

NH투자증권 신기술금융투자부 투자금융본부 부서장 강재훈 이사

스타트업은 단순한 비즈니스 모델을 넘어, 세상을 혁신하고 미래를 개척하는 담대한 도전입니다.

투자 현장에서 수많은 스타트업을 만나며, 성공의 본질이 단지 뛰어난 아이템이나 기술력에만 있는 것이 아님을 깨달았습니다. 진정한 성공은 창업가의 뜨거운 열정과 좌절에도 굴하지 않는 용기, 그리고 끊임없이 배우고 성장하려는 의지에서 비롯됩니다.

이 책은 바로 그러한 창업가들에게 꼭 필요한 내용을 담고 있습니다. 성공한 스타트업들의 감동적인 여정과 값진 시행착오를 통해 막연하게만 느껴졌던 창업의 본질을 명확하게 보여 줍니다. 이론적인 지식 전달을 넘어, 실제 사례를 통해 창업가들이 직면할 수 있는 구체적인 문제를 깊이 있게 다루고, 위기 극복과 기회 포착을 위한 현실적인 통찰과 영감을 제공합니다.

저 역시 이 책을 읽으며 투자자로서 스타트업의 잠재력을 평가할 때 창업가 내면에 숨겨진 강인함과 비전이 얼마나 중요한지를 다시 한번 절감했습니다.

(사)중소벤처기업코칭컨설팅협회 이사장 김현정 박사

수백 명의 스타트업 대표들을 컨설팅 현장에서 만나면 자주 듣는 말이 있습니다.

"이런게 있는 줄도 몰랐어요"

이제라도 알면 달라집니다!

이 책은 스타트업 대표들이 무엇을 알아야 하는지를 정확히 짚어 줍니다.

낯설고 불안한 여정에 실무 전문가들이 함께 길을 내 줍니다.

이론보다 실행이 중요한 창업자들, 그리고 모든 사업가들이 봐야 할 책입니다.

한국산업융합연구원 원장 공학박사 정기창

『스타트업의 답을 찾다』는 법무, 세무, 노무, 회계, 마케팅 등 스타트업 경영에 필요한 핵심 분야의 실무 전문가들이 집필에 참여해, 창업자가 반드시 알아야 할 실전 지침을 체계적으로 정리한 책입니다.

각 분야의 최전선에서 활동해온 전문가들이 실제 현장에서 마주치는 문제와 그 해법을 명쾌하게 제시하며, 단순한 정보 전달을 넘어 실행 가능한 전략을 안내합니다.

이 책은 불확실한 창업 여정 속에서 올바른 판단과 방향을 잡아 주는 나침반 같은 존재가 되어줄 것입니다.

스타트업을 준비하거나 운영 중인 모든 분들께 일독을 권합니다.

한국무역협회 광주전남지역본부 팀장 김춘식

창업자들을 만나 보면, 대부분이 법인 설립부터 세무, 인사, 정부지원 신청까지

"이건 어디에 물어봐야 하죠?"라는 질문을 가장 먼저 하십니다.

이 책은 그런 질문에, 실질적인 답을 줍니다.

창업자의 입장에서 꼭 필요한 정보만, 정확하고 실무적으로 정리되어 있습니다.

스타트업을 처음 시작하는 분이라면, 단 한 줄도 헛되지 않을 것입니다.

무역협회 역시 매년 수많은 창업기업을 지원하며 느낍니다.

성공은 '좋은 정보'에서 출발한다는 걸요.

이 책이 여러분의 시행착오를 줄이고,

더 멀리 가는 데 힘이 되길 진심으로 바랍니다.

머리말

"스타트업의 시작과 성장의 여정에,
답다가 함께 답을 찾겠습니다."

창업은 설렘과 두려움이 공존하는 긴 여정입니다.
좋은 아이디어 하나로 세상을 바꾸겠다는 포부로 시작하지만,
막상 현실은 복잡한 법적 절차, 끝없이 쏟아지는 세무 신고,
첫 직원을 채용할 때의 두려움, 투자 계약서의 낯선 조항 앞에서
"이걸 누구에게 물어봐야 하지?"라는 막막함에 부딪히곤 합니다.
『스타트업의 답을 찾다』는 이러한 현실적인 요구에 대응하기 위해 각 분야 전문가들이 실무에서 바로 적용 가능한 조언과 전략을 체계적으로 담아낸 지침서입니다. 창업과 경영 현장에서 마주치는 다양한 문제에 대해 "지금, 무엇을 결정해야 하며, 어떻게 실행해야 하는가?"에 대한 명확한 답을 드리고자 합니다.

"정확한 판단과 실행이 곧 경쟁력입니다."

불확실한 상황일수록, 검증된 정보와 전문적인 조언이 스타트업을 더욱 단단하게 만들고, 지속 가능한 성장을 가능하게 합니다.
『스타트업의 답을 찾다』가 창업자와 경영자 여러분께
보다 현실적이고 실천 가능한 방향을 제시하는 나침반이 되기를 기대합니다.
여러분의 도전과 성장이 더욱 견고하고 지속적이길 진심으로 응원합니다.

답다 일동

누적 컨설팅 기업 400여개, 컴퍼니 빌더

컨클라우드 대표
경영지도사 이재호

주요 경력

- 36기 경영지도사(재무 관리)
- 중소벤처기업부 R&D 사업 계획서 멘토링, 기업 성장 전략 지원
- 벤처기업 인증, 기업 부설 연구소 설립 멘토링
- 창업 지도, 법적 요건 자문 등

전문 분야

- 스타트업 창업 기획, 정부 지원을 위한 기업 구조 설계

스타트업을 위한 한 마디 조언

"오늘을 버텼다면, 내일을 설계할 차례다."

01

창업

반드시 알아야 할 창업 절차와 정부 지원 활용법

    스타트업이 성장하고 경쟁력을 갖추려면 정부지원제도를 잘 활용하는 것이 필수이다. 하지만 많은 기업들이 정보 부족이나 복잡한 절차 때문에 어려움을 겪고 있다. 이 책은 그런 문제를 해결하기 위해 정부지원제도를 효과적으로 활용하려면 무엇을 알아야 하고, 어디서부터 시작해야 하는지 정확한 근거와 로드맵을 제시한다. 이 책을 통해 무엇부터 해야 할지 방향을 잡고, 기업의 성장과 안정적인 운영을 위한 계획을 세울 수 있다.

    본 내용을 통해 스타트업이 창업의 기준과 절차를 이해하고 정부지원제도를 최대한 활용하여 기업의 재무 안정성을 강화하고, 신사업 개발, 인재 양성, 해외 진출 등 다양한 분야에서 성과를 낼 수 있기를 바란다.

제1장 창업이란 무엇인가?
제1절 창업의 정의 및 기준

1. 창업의 정의와 기준이 중요한 이유

창업은 단순히 새로운 사업을 시작하는 것이 아니라, 법적으로 규정된 기준을 충족해야 정부의 각종 지원을 받을 수 있다. 창업의 개념을 명확히 이해하고 관련 법령을 준수하는 것은 기업이 성장하는 데 중요한 출발점이다. 특히 중소기업 및 스타트업이 정부 지원을 효과적으로 활용하려면 창업의 법적 정의와 기준을 정확히 파악해야 하며, 이를 '적격창업요건'이라 정의하였다.

2. 창업의 정의 및 기준

① 창업의 법적 정의

창업의 개념은 관련 법령에 따라 다르게 정의된다. 중소기업창업지원법에서는 창업을 대통령령으로 정하는 바에 따라 중소기업을 새롭게 설립하는 것으로 정의하고 있으며, 창업 후 7년이 지나지 않은 기업을 창업기업으로 규정한다. 한편, 조세특례제한법 시행령에서는 창업 시 대표자의 연령이 만 15세 이상부터 34세 이하일 경우를 청년창업으로 보고 있으며, 법인의 최대 주주 또는 출자자가 위와 동일 조건일 경우 청년창업기업으로 인정한다. 중소기업창업지원법상의 청년기업 기준은 창업기업의 대표이사의 연령이 만 39세 이하로 규정되어 있으며, 조세특례제한법에서는 군복무기간을 연령 계산 시 제외하는 반면, 중소기업창업지원법에서는 이를 고려하지 않는다.

② 창업의 범위

창업으로 인정받기 위해서는 기업을 새롭게 설립해야 하며, 중소기업창업지원법 시행령에서 규정하는 창업 제외 범위에 해당하지 않아야 한다. 타인으로부터 개인사업을 상속 또는 증여받아 동일한 업종의 개인사업을 시작하는 경우 창업으로 인정되지 않는다. 또한, 개인사업자가 기존 사업을 유지하면서 새롭게 개인사업을 개시하거나, 친족과 합하여 과반수의 의결권을 보유한 법인을 설립할 경우 역시 창업으로 인정되지 않는다.

기존 사업을 폐업한 후 3년(부도·파산의 경우 2년) 내에 동일한 업종으로 사업을 재개하는 경우 창업으로 간주되지 않으며, 법인이 의결권 있는 주식의 50%를 초과 소유하는 자회사를 설립하여 사업을 개시하는 경우도 창업으로 인정되지 않는다. 또한, 기존 법인의 과점주주가 신설 법인의 과점주주로 사업을 개시하는 경우, 그리고 법인이 조직 형태를 변경하여 동일 업종을 지속할 경우에도 창업으로 보지 않는다.

제2장 사업 형태 선택의 중요성
제1절 법인과 개인사업자의 비교

사업을 시작할 때 개인사업자로 할지 법인을 설립할지는 매우 중요한 결정 사항이다. 선택한 사업 형태는 기업의 성장 가능성과 재무 안정성, 세무 전략 등에 직결되며, 특히 정부 지원사업의 접근성과 투자 유치 기회에도 영향을 미친다. 따라서 법인과 개인사업자의 차이를 명확히 이해하고, 사업 목표와 상황에 맞는 선택이 필요하다.

1. 법인사업자와 개인사업자의 차이점

① 정부 지원사업의 신뢰성과 안정성
- 법인은 독립된 법적 주체로 간주되어 개인사업자보다 재무 안정성과 사업 연속성을 보장하는 측면에서 우위를 점한다. 정부는 지원사업을 운영할 때 법인의 투명한 경영 구조와 안정적인 재무 상태를 신뢰하며, 법인등기부등본과 재무제표를 통해 이를 확인할 수 있다. 반면, 개인사업자는 사업자의 개인 신용과 재무 상태가 직접 연관되므로 지원 심사에서 상대적으로 불리할 수 있다.

② 정부 지원사업에서 법인의 우위
- 정부 지원사업의 상당수가 법인을 대상으로 하며, 평가 항목에서도 법인이 높은 점수를 받을 가능성이 크다. 법인은 명확한 팀 구성과 사업 계획을 제시할 수 있으며, 법인 명의의 신용평가를 통해 대규모 지원금이나 대출을 받을 때 유리한 위치를 차지한다.

③ 사업 확장성과 지속 가능성
- 법인은 사업 확장의 용이성과 지속 가능성을 인정받아 투자유치 단계에서도 유리하다. 특히, 벤처캐피탈이나 금융기관은 법인의 재무 투명성과 사업 안정성을 중시하기 때문에 개인사업자보다 법인에 대한 투자가 활발하게 이루어진다. 또한, 정부 지원금을 통해 사업 규모가 확장되면, 법인을 활용한 추가적인 자금 유치 및 사업 다각화가 가능하다.

④ 세제 혜택 및 재무 관리의 효율성
- 법인은 개인사업자와 달리 법인세가 적용되며, 다양한 세제 혜택을 받을 수 있다. 정부지원사업에서 제공된 금액이 세후 이익으로 남을 경우 법인은 세율 측면에서 유리하며, 명확한 자금 흐름 관리를 통해 회계 및 재무 처리가 체계적으로 이루어진다. 반면, 개인사업자는 종합소득세의 적용을 받기 때문에 수익이 커질수록 세금 부담이 증가할 수 있다.

⑤ 브랜드 신뢰도 및 기업 이미지
- 법인 명의로 정부 지원을 받으면 기업의 신뢰도를 높이고, 비즈니스 파트너 및 고객에게도 전문성과 안정성을 홍보할 수 있는 기회가 된다. 법인은 공식적인 법적 주체로 인정받기 때문에 장기적인 기업 가치 구축에도 중요한 역할을 한다.

⑥ 장기적인 성장과 추가 지원 가능성

- 법인은 지원금을 통해 매출이 발생하면 해당 데이터를 활용하여 추가적인 정부 지원사업이나 민간 투자로 이어질 가능성이 높다. 지속적으로 법인을 운영하면서 신용도를 쌓고, 사업 확장의 기회를 잡을 수 있다.

2. 창업 시 적절한 사업 형태 선택

창업을 준비하는 과정에서 사업 형태의 선택은 기업의 성장 가능성과 운영 효율성에 중요한 영향을 미친다. 법인은 사업의 신뢰도 및 자금 조달의 용이성, 세금 절감 등의 다양한 장점을 제공하지만, 정부의 자금 출처 관리가 엄격하고 유지 비용이 상대적으로 높다는 단점도 존재한다. 따라서 창업 초기에는 개인사업자로 시작하여 사업을 안정화하고 일정 수준의 매출을 확보한 후, 투자유치나 정부 지원사업의 필요성이 증가하는 시점에서 법인으로 전환하거나 새로운 법인을 설립하는 전략이 바람직하다.

개인사업자로 시작하는 경우, 초기 운영 비용을 절감할 수 있으며, 정부의 다양한 창업 지원 프로그램을 활용하는 데 있어 유연성이 크다. 특히, 개인사업자로 창업 지원 트랙을 활용한 후, 사업이 성장함에 따라 법인을 설립하여 또 한 번의 창업 지원 트랙을 적극적으로 활용함으로써 정부지원제도의 혜택을 극대화할 수 있다. 이러한 전략은 초기 자금 조달의 효율성을 높이는 동시에, 사업 확장 시점에서 보다 유리한 조건으로 정부 지원을 받을 수 있는 기회를 제공한다.

개인사업자가 법인을 추가로 설립해야 하는 시점은 여러 요인에 의해 결정되는데, 대표적인 고려 사항으로는 사업의 이익이 증가하여 개인소득세 부담이 커지는 경우, 매출이 증가하여 성실사업자로 분류될 가능성이 있는 경우, 대규모 자금 조달이 필요하거나, 앞서 언급한 창업 트랙을 전략적으로 추가 활용해야 할 경우 등이 있다. 이러한 요소들은 사업의 성장 단계와 미래 계획을 종합적으로 검토하여 신중한 의사결정을 내리는 데 중요한 기준이 된다.

결과적으로, 창업 초기에는 개인사업자의 유연성을 적극 활용하여 비용을 절감하고, 사업의 성장에 따라 법인 전환을 고려함으로써 사업의 확장성과 지속 가능성을 단계적으로 확보하는 전략이 효과적이다. 이를 통해 정부지원제도를 최적화하여 활용할 수 있으며, 사업 성장의 전 과정에서 재무적 안정성과 효율적인 운영을 달성할 수 있다.

제2절 왜 정부지원제도를 활용해야 하는가?

1997년 IMF 외환위기는 한국 경제 전반에 걸쳐 큰 변화를 가져왔다. 특히, 대기업 중심의 성장 전략이 한계에 직면하면서 정부는 중소기업을 중심으로 한 새로운 고용 창출 전략을 추진하게 되었다. IMF 사태 이후, 많은 대기업들이 구조조정을 단행하면서 고용 창출의 역할을 축소하였고, 이에 대응하여 정부는 중소기업을 지원하는 정책을 적극적으로 추진하였다.

  정부는 중소기업의 역할을 확대하기 위해 벤처기업 육성 정책, 금융 지원, 세제 혜택 등을 도입하였으며, 이를 통해 중소기업의 경쟁력을 강화하고 자생력을 키우는 데 집중했다. 그러나 이러한 정책들은 단기적으로는 긍정적인 효과를 보였으나, 장기적으로는 중소기업의 경쟁력 부족과 구조적 문제로 인해 일부 한계를 보이기도 했다. 이러한 현실 속에서 정부지원제도를 적극 활용하는 것은 창업 기업들이 안정적으로 성장하고 지속 가능한 비즈니스 모델을 구축하는 데 필수적이다.

  특히, 중소기업의 고용 비중이 지속적으로 증가하고 있으며, 정부의 지원 프로그램을 활용하면 인력 채용 및 유지, 기술 개발, 해외 진출 등 다양한 측면에서 혜택을 누릴 수 있다. 창업 초기 단계에서부터 정부의 지원제도를 체계적으로 활용하는 것은 기업의 생존율을 높이는 중요한 전략이 될 수 있다.

  본 내용은 「중소기업기본법」 및 관련 법령에서 정하는 중소기업 기준을 기반으로 구성되었으며, 이는 스타트업을 포함하고 있기 때문에 동일하게 적용된다.

  따라서, 스타트업의 성장과 지속 가능성을 위해서는 정부지원제도를 충분히 이해하고 적극적으로 활용하는 것이 필수적이다. 이를 통해 기업은 단기적인 자금 조달뿐만 아니라, 장기적인 사업 계획 수립에도 도움을 받을 수 있을 것이다.

제3절 성공적인 기업 운영을 위한 지원제도의 역할

기업이 성공적으로 운영되기 위해서는 자금 조달, 기술 혁신, 인력 확보, 판로 개척 등 다양한 요소가 유기적으로 작용해야 한다. 특히 중소기업의 경우 이러한 요소를 자체적으로 충족하기 어려운 경우가 많아 정부의 지원제도를 적극적으로 활용하는 것이 필수적이다. 정부는 중소기업의 성장과 경쟁력 강화를 위해 다양한 지원 정책을 마련하고 있으며, 이를 효과적으로 활용하는 것이 기업의 지속 가능성과 성장의 핵심이 된다. 중소기업이 사업을 확장하고 안정적으로 운영하기 위해서는 자금 확보가 매우 중요한데, 중소벤처기업진흥공단에서는 혁신창업사업화자금, 신성장기반자금, 긴급경영안정자금 등을 통해 기업이 필요한 시설 및 운영자금을 조달할 수 있도록 지원하고 있다. 또한 신용보증기금과 기술보증기금을 활용하여 창업 초기 기업이 가지는 담보 부족 문제를 해결하고 금융 접근성을 높이는 데 도움을 주고 있다. 이와 함께 매출채권팩토링을 통해 기업의 현금 흐름을 원활히 하여 경영 안정성을 확보할 수 있도록 지원하고 있다. 정부는 중소기업의 기술 경쟁력을 강화하기 위해 연구개발(R&D) 지원을 확대하고 있으며, 창업성장기술개발 R&D, 산학연Collabo R&D, 중소기업기술혁신개발(R&D) 등의 다양한 프로그램을 통해 중소기업이 기술 역량을 높일 수 있도록 지원하고 있다. 또한 디지털 협업공장과 로봇을 활용한 스마트공장 보급 사업을 통해 생산성과 품질을 향상시킬 수 있도록 돕고 있다. 아울

러, 중소기업의 기술탈취 방지 및 지적재산권 보호를 위한 제도적 장치를 마련하여 기업의 기술 보호를 지원하고 있다. 우수한 인재 확보는 기업 경쟁력의 핵심 요소이며, 정부는 이를 위해 다양한 인력 지원 프로그램을 운영하고 있다. 내일채움공제, 중소기업 인력양성대학 등을 통해 중소기업이 청년 인력을 유입하고 장기근속을 유도할 수 있도록 지원하고 있으며, 특성화고 인력양성사업, 연구인력 지원사업을 통해 중소기업에 필요한 기술 인력을 양성할 수 있도록 돕고 있다. 더불어 장기근속자에게는 주택 우선 공급 등의 복지 지원을 제공하여 인력 유지와 만족도를 높이고 있다. 정부는 중소기업이 시장을 확대하고 매출을 증대할 수 있도록 다양한 판로 개척 지원을 제공하며, 중소기업이 공공기관에 제품을 납품할 수 있도록 지원하는 공공시장 진출 프로그램을 운영하고 있다. 또한 국내외 전시회 참가 지원과 공동 A/S 지원을 통해 브랜드 인지도를 높이는 데 도움을 주고, 수출바우처와 글로벌 강소기업 프로젝트를 통해 글로벌 시장 진출을 돕고 있다. 사업 운영 중 어려움을 겪는 기업을 위해 정부는 재도전과 위기 관리를 위한 다양한 지원책을 제공하고 있으며, 사업전환 및 구조혁신 지원을 통해 새로운 도전의 기회를 제공하고 있다. 또한 경기침체나 재해 등으로 인해 어려움을 겪는 기업에게는 긴급경영안정자금을 신속하게 지원하고, 경영 애로 사항을 해결할 수 있도록 법률 컨설팅 및 맞춤형 상담 서비스를 제공하고 있다. 정부는 여성, 장애인, 지역 중소기업 등 특정 그룹을 위한 맞춤형 지원을 제공하고 있으며, 여성 창업 패키지와 장애인 창업 교육, 판로 개척 지원을 통해 특정 그룹의 기업들이 성장할 수 있도록 돕고 있다. 또한 지역특화산업 육성과 혁신바우처 사업을 통해 지역 경제 활성화에도 기여하고 있다.

제4절 중소벤처기업부 지원제도 구조

중소벤처기업의 성장은 국가 경제의 핵심 동력 중 하나로, 정부는 다양한 지원제도를 통해 기업의 경쟁력 강화를 돕고 있다. 정부지원제도는 기업의 성장 단계에 따라 유상 및 무상 지원, 조세 혜택 등으로 구분되며, 이를 효과적으로 활용하기 위해서는 해당 구조를 명확히 이해하고 전략적으로 접근하는 것이 필요하다.

1. 유상 지원

유상 지원은 기업이 일정한 조건하에 자금을 조달받고, 이를 사용한 대가로 원금과 이자를 상환하는 형태의 지원 방식이다. 자금의 종류는 운전자금과 시설자금으로 나뉜다. 운전자금은 기업의 운영을 위한 인건비, 재료비, 임차료, 임차보증금 등의 비용을 조달하는 데 사용되며, 시설자금은 토지, 공장 등 부동산의 매입이나 제조설비 구입과 같은 장기적 자산 투자에 사용된다.

자금 조달 방식은 크게 직접대출과 간접대출로 구분되는데, 직접대출은 중소벤처기업진흥공단(이하 중진공)과 소상공인시장진흥공단(이하

소진공)을 통해 이루어지며, 정책금리가 기준금리에 가산되거나 마이너스 금리가 적용되어 시중 금융기관 대비 저렴한 비용으로 자금을 조달할 수 있다. 그러나 신청 기업이 많아 경쟁이 치열하며, 수요와 공급의 불균형이 존재한다는 점이 단점으로 작용한다.

간접대출의 경우 정부가 기업의 신용을 보증하고, 실제 자금 조달은 시중은행을 통해 이루어진다. 주로 지역신용보증재단이나 신용보증기금 및 기술보증기금 등을 통해 보증서를 발급받아 은행에서 자금을 조달하며, 국내 기준금리에 가산금리가 적용되고 보증료가 추가되기 때문에 직접대출에 비해 상대적으로 높은 금리가 적용된다. 하지만 다양한 이차보전 제도를 활용하면 이를 보완할 수 있으며, 상대적으로 긴 운용 기간을 가질 수 있다는 장점이 있다.

2. 무상 지원

무상 지원은 기업이 상환 부담 없이 사업화 및 연구개발을 수행할 수 있도록 정부가 자금을 제공하는 형태이다. 무상 지원은 기업의 성장 단계에 따라 차별화된 지원을 제공하며, 창업 초기, 성장기, 성숙기 등의 단계별로 특화된 프로그램이 운영된다.

창업 초기(0~3년)에는 청년창업사관학교(청창사)와 같은 프로그램을 통해 창업자들이 안정적으로 사업을 시작할 수 있도록 지원하며, 창업 아이템 검증 및 시제품 제작에 필요한 자금을 제공한다. 성장기(4~7년)에는 창업도약패키지를 통해 매출 증대 및 사업 확대를 위한 자금이 지원되며, 시장 진입 전략 수립과 마케팅 비용 등을 지원받을 수 있다. 성숙기(8년 이상)에는 업력에 제한이 없는 희망리턴패키지를 통해 사업의 지속 가능성을 높이고 재도약을 지원하는 데 초점이 맞추어져 있다.

연구개발(R&D) 지원의 경우 창업성장 지원을 통해 초기 스타트업의 기술 기반을 마련하고, 기술혁신 지원을 통해 고도화된 기술 개발을 유도한다. 또한, 제품의 품질 경쟁력을 강화하고 생산성을 높일 수 있도록 세분화된 테마별 지원사업도 운영된다.

3. 조세 감면 혜택

정부는 창업기업의 비용 절감을 통해 생존율을 제고하기 위해 다양한 조세 혜택을 제공하며, 국세와 지방세 감면을 통해 기업의 재정적 부담을 경감할 수 있도록 지원하고 있다. 법인세와 사업소득세의 경우 조세특례제한법에 따라 5년간 50~100%까지 감면 받을 수 있으며, 지방세인 취득세는 75%, 재산세는 3년간 100%, 추가 2년간 50% 감면 혜택이 제공된다. 또한 연구개발전담부서나 기업부설연구소를 통해 업력에 제한이 없이 연구개발전담인력의 인건비나 연구개발에 들어가는 재료비 지출액의 25%를 공제하며, 해당연도의 과세소득이 없는 경우에는 10년간 이월하여 공제해주는 제도를 운영하고 있다. 덧붙혀, 창업기업 세감면 제도에서는 100% 감면대상이 아닌 기업은 최저한세의 적용이 되어 감면율 만큼 조세 감면 혜택이 부여되지 않는 실정이지만 연구인력개발비 세액공제 제도를 통해 최저한세에 대한 제한을 일부

해소할 수 있는 방법도 있으니 이를 참고하길 바란다.

정부지원제도의 활용 전략을 잘 수립하여 기업의 성장 단계와 경영 환경에 따라 차별화된 혜택을 활용할 수 있도록, 기업은 지원의 구조와 평가 기준을 명확히 이해하고, 전략적인 사업 계획을 수립함으로써 최적의 지원을 확보할 수 있도록 노력해야한다. 초기 창업 단계에서는 무상 지원을 적극 활용하고, 성장 단계에서는 유상 자금과 세제 혜택을 효과적으로 조합하는 것이 중요하다.

제5절 중소기업을 위한 주요 정부지원 프로그램

기업 경영 과정에서 중요한 요소 중 하나는 지속 가능한 성장을 위한 자금 조달이다. 정부에서 제공하는 다양한 지원 제도를 효과적으로 활용하는 것은 기업의 경쟁력을 강화하고, 시장에서의 생존 가능성을 높이는 데 중요한 역할을 한다. 본 장에서는 기업의 업력에 따른 유상 및 무상 정부 지원 제도를 체계적으로 정리하고, 이를 기업의 성장 단계에 맞춰 활용하는 방법을 소개한다.

정부의 유상 지원은 기업의 성장을 돕기 위해 다양한 형태의 자금을 제공하는 프로그램이다. 기업의 업력과 성장 단계에 따라 적절한 지원을 선택하여 활용할 수 있다. 업력 3년 이하의 기업은 청년전용창업자금을 활용할 수 있다. 이 자금은 대표자가 청년인 벤처·스타트업을 대상으로 하며, 민간 금융기관에서 자금 조달이 어려운 우수 기술을 보유한 기업이 사업화를 추진할 수 있도록 지원한다. 업력 7년 이하의 기업은 창업기반지원자금과 재창업자금을 활용할 수 있다. 창업기반지원자금은 신산업 창업 분야의 업력 10년 이내 기업을 대상으로 사업 기반 구축을 위한 자금을 지원하며, 재창업자금은 기존의 중소기업을 폐업한 후 새로운 중소기업을 설립한 경우에 사업화 및 운영 자금을 지원한다. 업력 7년 이상의 기업은 혁신성장지원자금을 통해 공동생산시설 구축, 원자재 공동구매 등을 추진하는 복수의 기업을 지원받을 수 있다. 업력과 관계없이 모든 기업이 신청할 수 있는 지원 프로그램으로는 개발기술사업화, 신시장진출지원자금, 신성장기반자금, 긴급경영안정자금, 밸류체인안정화자금 등이 있다. 개발기술사업화 자금은 특정 요건을 충족해 개발에 성공한 기술을 사업화하려는 중소기업을 지원하며, 신시장진출지원자금은 우수 기술 및 제품의 글로벌화 촉진과 수출 인프라 조성을 위해 제공된다. 또한, 신성장기반자금은 생산성 향상, 스마트화, 탄소중립, 스케일업에 필요한 자금을 지원하며, 긴급경영안정자금은 재해 피해 및 일시적 경영 애로를 겪고 있는 기업의 안정적인 경영 기반을 조성하는 데 도움을 준다. 밸류체인안정화자금은 단기 생산자금 공급과 매출채권의 조기 유동화를 지원하여 중소기업의 유동성 문제를 해결한다. 정부의 무상 지원은 기업의 자금 부담을 줄이고, 사업화와 성장에 필요한 다양한 지원을 제공한다. 기업의 업력에 따라 맞춤형 프로그램을 활용할 수 있다. 업력 3년 이하의 기업은 청년창업사관학교, 초기창업패키지, 창업중심대학(초기기업), 특화창업패키지 등의 지원을 받을 수 있다. 청년창업사관학교는 유망 창업 아이템 및 혁신 기술을 보유한 창업자를 발굴하여 사업비 지원, 창업 공간 제공 및 창업 교육 등을 패키지로 지원하며, 초기창업패키지는 주관기관의 전문 역량을 활용한 창업 프로그램 및 사업화 자금을 지원한다. 창업중심대학은 사업화 자금과 함께 글로벌 진출, 투자유치 등을 지원하며, 특화창업패키지는 지역 신산업 분야와 연계하여 성장 가능성이 높은 스타트업을 발굴하고 사업화 및 후속 투자 연계, 글로벌 진출을 지원한다.

업력 7년 이하의 기업은 창업도약패키지, 창업중심대학(도약기기업), 재도전성공패키지, 포스트팁스/글로벌팁스를 활용할 수 있다. 창업도약패키지는 사업모델 및 제품·서비스의 고도화에 필요한 자금을 지원하며, 재도전성공패키지는 시제품 제작, 마케팅비 등 사업화 자금 및 재창업 교육, 멘토링을 제공한다. 포스트팁스와 글로벌팁스는 투자사가 선투자 후 정부 R&D 및 창업 사업화 자금을 매칭 지원하는 형태로 운영된다. 업력 10년 이하의 기업은 초격차 스타트업 1000+ 프로젝트를 통해 사업화 자금을 지원받고, 기술고도화, 대·중견기업 협업, 국내외 투자유치를 추진할 수 있다. 업력과 관계없이 모든 기업이 신청할 수 있는 무상지원 프로그램으로는 희망리턴패키지, 전략기술 테마별 프로젝트(DCP), 중소기업기술혁신개발 R&D 등이 있다. 희망리턴패키지는 폐업 소상공인을 대상으로 사업정리 컨설팅, 점포 철거 지원, 법률 자문 등을 통해 신속한 폐업을 지원하고, 전략기술 테마별 프로젝트 (DCP)는 기술혁신 R&D 및 투자 연계를 지원한다. 중소기업기술혁신 개발 R&D는 수출형, 시장 대응형, 시장 확대형 기술개발을 지원하여 중소기업의 성장을 도모한다.

유상 자금

업력 구분	자금 종류	주요 지원 내용
3년 이하	• 청년전용창업자금 (대표자 청년)	민간 금융기관에서 자금 조달이 어려운 벤처·스타트업의 우수 기술 사업화
7년 이하	• 창업기반지원자금 → 신산업 창업 분야 업력 10년 이내	
	• 재창업자금 (7년 미만)	중소기업을 폐업하고 새로운 중소기업을 설립한 업력 7년 미만 기업 지원
7년 이상	• 혁신성장지원자금	공동생산시설, 원자재 공동구매 등을 추진하는 복수의 기업 지원 자금
무관	• 개발기술사업화	특정 요건을 갖춰 개발에 성공한 기술을 사업화하고자 하는 중소기업 지원
	• 신시장진출지원자금	우수 기술·제품의 글로벌화 촉진 및 수출 인프라 조성에 필요한 수출 중소기업 육성
	• 신성장기반자금	성장 유망 중소벤처기업의 생산성 향상, 스마트화, 탄소중립, 스케일업에 필요한 자금 지원
	• 긴급경영안정자금	재해 피해 기업, 일시적 경영애로 기업에 긴급한 자금 소요를 지원하여 중소기업의 안정적인 경영 기반 조성
	• 벨류체인안정화자금	단기 생산 자금 공급, 중소기업 보유 매출채권의 조기 유동화를 지원하여 단기 유동성 공급 강화

무상 자금

업력 구분	자금 종류*	주요 지원 내용
3년 이하	청년창업 사관학교	사업비 지원, 창업 공간 제공 및 창업 교육 등 유망 창업 아이템 및 혁신 기술을 보유한 우수 창업자를 발굴하여 창업 사업화 등 창업 全 단계를 패키지 방식으로 일괄 지원
	초기창업 패키지	사업화 자금 및 주관 기관 전문 역량을 활용한 창업 프로그램 등
	창업중심 대학 (초기기업)	창업 사업화에 소요되는 사업화 자금, 글로벌 진출, 민간 협력, 투자유치 등 창업 기업 역량 강화 프로그램 지원
	특화창업 패키지 (25년 신설)	지역 신산업 분야 등과 연계, 성장 가능성이 높은 스타트업을 발굴하여 사업화·후속 투자 연계·글로벌 진출 등 패키지형 육성 지원
	프리팁스	팁스 운용사 등 투자사가 창업 기업에 先투자·보육·추천하면, 정부 R&D, 창업 사업화 자금 등을 매칭 지원
	민관협력 오픈이노베이션 지원사업	스타트업 대상 PoC, MVP 등을 위한 협업 지원금 지원 (최대 1억 원 이내) 및 R&D* 연계
	디딤돌	잠재 가능성을 보유한 혁신 아이디어, 고도화 기술 등 성과 창출이 가능한 도약기술을 단계별로 지원
7년 이하	창업도약 패키지	사업 모델 및 제품·서비스 고도화에 필요한 사업화 자금(최대 3억 원), 주관 기관 프로그램(투자유치, 글로벌 진출 등) 지원 外
	창업중심대학 (도약기기업)	창업 사업화에 소요되는 사업화 자금, 글로벌 진출, 민간 협력, 투자유치 등 창업 기업 역량 강화 프로그램 지원
	재도전 성공 패키지	**일반형**: 제품·서비스 개발에 필요한 시제품 제작, 마케팅비 등 사업화 자금 및 재창업 교육, 멘토링 등 지원 - 사업화 자금 최대 100백만 원, 협약 기간 약 8개월 내외 **IP 특화형**: 재도전성공패키지 사업화 지원 외 추가로 지식재산 컨설팅 제공

7년 이하	포스트팁스 / 글로벌팁스	팁스 운용사 등 투자사가 창업 기업에 先투자·보육·추천하면, 정부 R&D, 창업 사업화 자금 등을 매칭 지원
	민관협력 오픈 이노베이션 지원사업	스타트업 대상 PoC, MVP 등을 위한 협업 지원금 지원 (최대 1억 원 이내) 및 R&D* 연계

10년 이하	글로벌 창업 사관학교	(사업비 지원) 최대 1.5억 원 이내(총사업비의 70% 이하)
		– (글로벌 5G 프로그램) G멘토링(사전 진단),
		  G-Lab(진출 준비), G-캠프(현지 진출), G-라운드(투자유치),
		  G-써포트(정책 연계) 제공

	초격차 스타트업 1000+ 프로젝트	**사업화 지원**: 사업화 자금 최대 3년간 2억 원 **연계 지원**: 중소기업 R&D(창업 성장·기술 혁신), 정책 자금 및 기보 한도, 보증료 및 심사 완화, 수출 바우처 가점 **프로그램 지원**: 기술 사업화, 개방형 혁신, 투자유치 주관 기관을 통해 기술 고도화, 대·중견 기업 협업, 국내외 투자유치 등 지원
무관	희망 리턴 패키지	(원스톱 폐업 지원) 폐업(예정) 소상공인을 대상으로 사업정리컨설팅, 점포 철거 지원, 법률 자문, 채무 조정 등을 통한 신속한 폐업 지원 (특화 취업 지원) 취업 교육, 전직 장려 수당 지급, 취업 정책 연계 지원 (재기 사업화 지원) 경영 위기·폐업(예정) 소상공인을 대상으로 재기 진단 후 맞춤형 교육 및 컨설팅, 사업화 자금* 지원
	전략기술 테마별 프로젝트 (DCP)	출연R&D: 수행 기업당 최대 3년(36개월), 36억 원 매칭 투자(모태 펀드): 수행기업당 최대 40억 원 이내
	중소기업 기술혁신개발 R&D	(수출 지향형) 최대 4년, 20억 원 이내(연 최대 5억 원 이내) (시장 대응형) 최대 2년, 5억 원 이내(연 최대 2.5억 원 이내) (시장 확대형) 최대 2년, 6억 이내(연차별 최대 3억 원 이내)

제6절 정부지원 활용 제안 로드맵

창업을 준비하거나 초기 사업을 운영하는 기업에게 있어 안정적인 자금 확보와 효율적인 경영 전략 수립은 중요한 과제이다. 정부는 다양한 지원 프로그램을 통해 예비 창업자와 초기 창업 기업이 지속 가능한 성장을 이루도록 돕고 있다. 이를 효과적으로 활용하기 위해서는 체계적인 로드맵을 수립하고 단계별로 접근하는 것이 필요하다. 본 로드맵은 창업 초기 기업이 정부지원을 최적화할 수 있도록 네 가지 핵심 단계를 제시한다.

1. 선순환 현금흐름(CF) 확보

성공적인 창업의 첫 번째 단계는 안정적인 현금흐름을 확보하는 것이다. 이를 위해 기업은 먼저 고정 고객을 발굴하고, 장기적인 관계를 유지하기 위한 전략을 수립해야 한다. 예를 들어, 고객 맞춤형 서비스와 지속적인 사후관리를 통해 고객 충성도를 높이고, 재구매율을 증가시킬 수 있다. 스타트업의 경우, 초기 고객의 피드백을 반영한 맞춤형 제품이나 서비스를 제공함으로써 시장의 신뢰를 확보할 수 있다.

또한, 사업 초기 비용 절감을 위해 기업은 운영 최적화 전략을 도입해야 한다. 불필요한 비용을 줄이고, 필수적인 지출을 효율적으로 관리하는 것이 중요하다. 예를 들어, 공유 오피스 공간을 활용하거나 클라우드 기반의 협업 도구를 이용해 초기 운영 비용을 절감할 수 있다.

안정적인 매출 구조를 구축하기 위해서는 명확한 가격 전략을 수립해야 한다. 경쟁사 분석을 바탕으로 합리적인 가격을 설정하고, 고객의 가격 민감도를 고려한 다양한 결제 옵션을 제공하는 것이 중요하다. 예를 들어, 정기 구독 모델을 도입하여 예측 가능한 수익 흐름을 확보하거나, 초기 고객을 위한 프로모션을 제공함으로써 시장 점유율을 확대할 수 있다.

이와 함께, 정부의 초기 운영자금 지원 프로그램을 적극 활용하는 것도 중요하다. 정부에서는 청년 창업지원금, 창업성장패키지, 초기창업패키지 등을 통해 창업 초기 기업이 안정적인 재무 기반을 마련할 수 있도록 돕고 있다. 이러한 프로그램을 활용하면, 초기 운영자금의 부담을 줄이고 성장에 필요한 자금을 효과적으로 조달할 수 있다.

2. 창업 기업 기본 스펙 구축

창업기업이 지속적으로 성장하기 위해서는 기본적인 역량을 갖추는 것이 필수적이다. 창업기업 기본스펙을 정의하고 제안하는 가장 큰 이유는 정부지원을 위해 제출해야 하는 기본적인 서류들을 우선 구비하자는 취지와 우리기업의 경쟁력을 어필하기 위한 기초 체력을 갖추었다는 부분을 보여 주는 기본적인 서류들이기 때문이다. 이는 중소기업 확인서, 창업기업확인서, 연구소(연구개발전담부서나 기업부설연구소를 동시에 지칭한다) 인정서 등으로 이루어져 있다. 가장 먼저 확보해야 할 서류는 중소기업 확인서로 우리기업이 정부지원 대상인 중소기업이 맞는지 확인하는 프로세스이다. 중소기업현황정보시스템에서 회원가입 후 신청이 가능하니 제일 먼저 이 절차를 진행하는 것을 추천한다. 다음으로는 우리기업이 창업기업에 해당하는지를 확인하는 창업기업확인서 발급이 필요하다. 대부분의 지원사업은 창업기업확인서가 의무제출 서류로 명시되어 있어 창업기업 여부를 판단하는 중요한 자료라 보면 된다. 창업기업확인서는 중소벤처기업부에서 운영하는 창업기업확인시스템에서 발급 받을 수 있으며 창업기업확인시스템에 회원가입을 진행한 후 창업기업 자가진단 절차를 마치고 첨부서류를 제출하면 일정 기간 후에 창업기업 확인시스템에서 창업기업확인서를 발급해 준다. 순차적으로 진행하는 것보다 동시에 기본스펙 확보를 위한 프로세스를 병행하는 것을 추천한다. 왜냐하면 대부분의 프로세스가 짧게는 며칠에서 길게는 몇 달이 소요되는 시간과의 싸움이기 때문이다. 연구개발전담부서나 기업부설연구소를 설립하는 것은 중소기업의 기술경쟁력 어필을 위해 필수적인 것이라 보면 된다. 다시 한번 말하지만 이는 선택이 아니라 필수다. 우리나라는 연구개발전담부서나 기업부설연구소를 설치하지 않으면 연구개발비를 계상할 수 없다. 연구소를 설치하여야 비로소 연구개발비를 비용으로 계상할 수 있으며, 정부의 다양한 연구개발(R&D) 지원사업에 참여할 수 있는 기회도 확대된다. 예를 들어, 중소기업이 기업부설연구소를 설립하면, 연구비(주로 연구인력의 인건비나 연구재료비)의 최대 25%(국가 전략기술분야에따라 최대 40%)까지 세액공제를 받을 수 있으며, 과세소득이 없어 공제될 세금이 없는 경우에는 최대 10년간 이월 공제 받을 수 있다. 이는 기업의 입장에서 연구활동을 통해 세테크를 할 수 있다는 셈이니 반드시 연구인력 요건에 맞는 인력이 사내에 있는지 체크하고 자연계 학사이상의 인력은 기술연구소를, 비자연계 학사인력이 있는 경우에는 디자인 연구소나 콘텐츠 연구소를 설립하여 운용하는 것을 추천한다.

기업이 지속적으로 성장하고 시장에서의 경쟁 우위를 확보하기 위해서는 특허와 같은 지식재산권(IP)의 체계적인 확보와 전략적 활용이 필수적이다. 지식재산권은 특허권, 실용신안권, 상표권, 디자인권, 저작권 등을 포함하며, 이를 기업의 비즈니스 모델과 연계하여 포트폴리오를 구축할 경우, 기술 보호뿐만 아니라 차별화된 경쟁력을 확보할 수 있다.

특히, 기업의 핵심 기술에 대한 특허를 전략적으로 확보하면 경쟁사의 모방을 방지하고, 독점적 시장 지위를 강화할 수 있다. 예를 들어, AI 기반 헬스 모니터링 시스템을 개발하는 헬스케어 스타트업이 해당 기술의 특허를 선제적으로 확보한다면, 유사 제품의 시장 진입을 효과적으로 차단할 수 있으며, 투자유치 시에도 기업의 기술적 차별성과 가치를 입증하는 중요한 자산으로 작용할 것이다.

또한, 지식재산권 포트폴리오는 단순한 권리 취득을 넘어, 기업의 중장기적인 성장 전략과 연계되어야 하는데, 이는 특허의 취득 및 유지뿐만 아니라, 권리 범위를 면밀히 검토하고, 필요 시 라이선싱, 기술 이

전, 해외 출원 전략 등을 수립함으로써 수익 창출의 기회를 극대화할 수 있기 때문이다.

기업의 대내외적 신뢰도를 제고하기 위해서는 다양한 인증 취득이 필수적이다. ISO, KC, CE와 같은 국제·국내 인증을 확보하면 기업의 제품 및 서비스가 공인된 품질 기준을 충족함을 입증할 수 있으며, 이를 통해 글로벌 시장 진출 시 신뢰도를 효과적으로 강화할 수 있다.

예를 들어, 해외 수출을 계획하는 기업이 CE 인증을 획득하면 유럽 시장에서의 기술적 신뢰성과 경쟁력을 확보할 수 있다. 특히, ISO 인증의 경우 품질(ISO 9001), 환경(ISO 14001), 안전(ISO 45001)이라는 핵심세 가지 분야를 포괄하며, 이는 ESG 경영 패러다임이 부상함에 따라 기업의 지속 가능성과 사회적 책임을 입증하는 중요한 척도로 자리 잡고 있다.

오늘날, 인증 취득은 단순한 요건 충족을 넘어 기업의 브랜드 가치를 높이고 시장에서의 신뢰와 경쟁력을 공고히 하는 전략적 자산으로 인식되고 있다. 따라서 기업의 목표와 비전에 부합하는 맞춤형 인증 전략을 수립하는 것이 무엇보다 중요하다.

정부지원제도를 100% 활용하기 위한 기업 빌드업은 바로 이러한 매커니즘을 기반으로 한다. 성공적인 기업 성장을 위해서는 남들과 차별화된 나만의 강점을 제시해야 하며, 그 근거는 반드시 기술 기반의 요소에서 출발해야 한다. 이를 실현하기 위해서는 지속적인 연구개발

(R&D) 투자가 필수적이며, 이를 통해 창출된 핵심 자산이 기업의 경쟁력을 결정짓는다.

우수한 연구인력 확보, 탄탄한 IP(지식재산권) 포트폴리오 구축, 그리고 개발된 기술이 적용된 제품 및 서비스가 이러한 차별화의 대표적인 예라 할 수 있다. 이와 같은 요소들은 기업의 내재적 역량을 강화할 뿐만 아니라, 정부지원사업 선정 시에도 신뢰성과 성장 가능성을 입증하는 중요한 지표로 작용한다.

결국, 기업이 정부지원제도를 100% 활용하기 위해서는 기술 경쟁력을 중심으로 한 체계적인 빌드업 전략이 필요하며, 이를 통해 지속 가능한 성장을 이루어 나갈 수 있다.

3. 유상자금 활용 전략 실행

기업이 정부지원 제도를 최대한 활용하기 위해서는 업력, 고용인원, 자금의 사용 목적 등 다양한 요인을 면밀히 분석하여 최적의 자금 조달 방안을 수립해야 한다. 기업의 성장 단계와 경영 환경을 고려하지 않고 단순히 자금을 확보하는 것은 자원의 비효율적 운영을 초래할 수 있으므로, 전략적이고 체계적인 접근이 필수적이다.

특히, 앞서 설명한 유상자금의 다양한 유형을 토대로 기업의 재무 상황과 사업 목표에 가장 부합하는 자금을 심층적으로 분석해야 한다. 이를 통해 자금 조달 시 비용을 최소화하면서도 사업 성장에 적합한 재원을 확보할 수 있다.

예를 들어, 초기 스타트업의 경우 낮은 이자율과 유연한 상환 조건을 제공하는 정책자금을 활용하는 것이 유리하며, 성장 단계의 기업은 보증서 기반의 대출을 활용하여 신용을 보강하거나, 벤처캐피털(VC) 등의 투자유치를 적극 검토할 필요가 있다. 이러한 사전 분석을 통해 기업의 재무 건전성을 확보하는 동시에 정부지원 사업과의 연계 가능성을 극대화할 수 있다.

무엇보다 중요한 것은 철저한 분석과 계획을 기반으로 자금 조달 전략을 실행하여, 기업의 성장 목표와 정부지원 제도의 혜택을 극대화하는 것이다. 이를 가능하게 하는 핵심 요소가 바로 안정적인 현금흐름이다. 예측 가능한 소규모의 안정적 현금흐름은 예측이 어려운 대규모의 현금흐름보다 세부적인 자금 조달 계획을 수립하는 데 있어 보다 정교하고 현실적인 접근을 가능하게 한다.

따라서, 기업은 현금흐름을 면밀히 분석하고 이를 기반으로 한 자금 조달 전략을 수립함으로써, 지속 가능한 성장을 위한 견고한 재무 기반을 마련해야 한다.

4. 무상자금 조달 전략 실행

정부의 무상자금을 효과적으로 조달하기 위해서는 기업의 성장 단계와 사업 목적에 맞춰 전략적으로 접근해야 한다. 중소기업이 무상자금을 활용하기에 적절한 시점은 기본적인 기업 역량이 이미 구축된 상태에서, 기술개발의 목적과 필요성을 명확히 정리하고 개발된 기술이 적용된 제품이나 서비스가 시장에 출시된 이후이다. 철저한 사전 준비를 마친 기업은 사업계획서 작성 시 다양한 요소들을 논리적이고 구체적으로 제시할 수 있어 높은 설득력을 갖출 가능성이 크다.

정부가 무상자금을 지원하는 가장 큰 목적은 창업기업의 생존율을 높여 지속 가능한 비즈니스로 성장할 수 있도록 돕는 데 있다. 무상자금은 크게 사업화자금과 R&D 자금으로 구분되며, 각각의 목적과 특성에 따라 최적화된 전략을 수립하는 것이 중요하다. 사업화자금의 경우 창업기업이 시장에서 생존하고 성장할 수 있도록 MVP(최소기능제품) 테스트에 집중된다. 이 단계에서 기업은 프로토타입을 개발하고 시장 테스트를 통해 제품의 수요와 시장성을 검증해야 하며, 사업계획서에는 이러한 과정을 구체적으로 제시해야 한다. 이를 위해 시장 검증 계획을 수립하고, 프로토타입을 통해 확보할 수 있는 구체적인 시장 데이터 및 고객 피드백을 수집하는 방안을 마련해야 한다. 또한, 사업화 이후의 매출 전망과 시장 확대 전략을 명확히 설정하고, 장기적인 지속 가능성을 확보하기 위한 구체적인 성장 전략과 후속 투자 계획을 수립해야 한다.

한편, R&D 자금은 프로토타입 또는 양산 중인 제품이나 서비스의 기능과 성능을 개선하는 데 초점을 맞추고 있다. 정부는 성능 향상과 기술 고도화를 통해 글로벌 경쟁력을 갖춘 기업을 육성하려 하며, 이를 입증하기 위해서는 구체적인 정량적 성능 지표를 제시하는 것이 필수적이다. 특히, KOLAS(한국인정기구) 인증기관의 성능 지표를 활용하면 객관적인 비교 가능성이 높아져 선정 확률을 높이는 데 유리하다. 이를 위해 세계 최고 수준, 국내 최고 수준, 현재 기업의 수준, 그리고 R&D를 통해 달성할 목표 수준을 4~5가지의 카테고리로 구체적으로 제시해야 한다.

결과적으로, 무상자금을 효과적으로 조달하기 위해서는 기업의 현황과 목적을 정확히 이해하고, 사업화자금과 R&D 자금의 특성을 고려한 전략적 접근이 필요하다. 철저한 사전 준비와 구체적인 정량적 근거의 제시는 정부지원 사업의 선정 확률을 극대화할 수 있으며, 이를 기반으로 기업의 지속 성장과 글로벌 경쟁력 확보의 기회를 넓힐 수 있다.

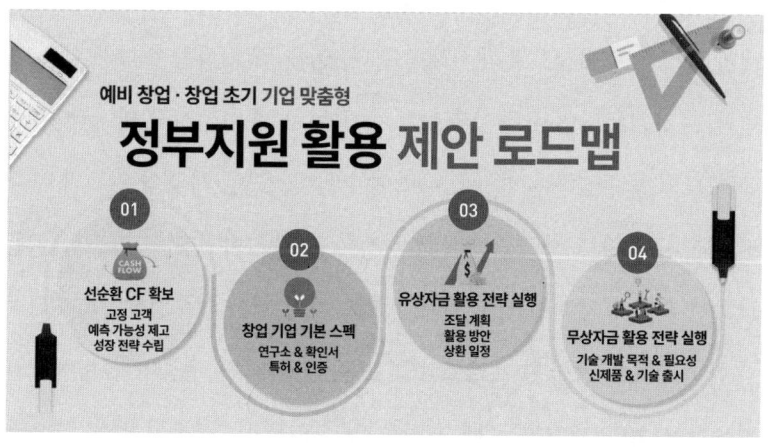

지금까지 중소벤처기업부가 주관하는 다양한 지원사업에 대한 전체적인 개요를 정리하였다. 이를 통해 정부가 중소기업 및 창업기업을 대상으로 제공하는 자금 지원, 기술 개발, 판로 확대, 인력 지원 등의 주요 정책과 그 활용 방안을 파악할 수 있었다. 그러나 단순히 정부의 지원제도를 이해하는 것을 넘어, 이를 실제 기업 경영에 효과적으로 접목하고 최적화된 전략을 수립하는 것이 더욱 중요하다.

당신과 가장 가까운 법률 전문가

선율법무사합동사무소 대표
법무사 원호용

주요 경력

- 제21회 법무사 시험 합격
- 전) 서울동부지방법원민원상담관
- 현) 서울동부지방법무사회 창업경영지원단 법률컨설턴트
- 현) 선율컨설팅그룹 대표이사
- 현) 선율법무사합동사무소 대표 법무사

전문 분야

- 기업법무, 상업등기, 법인컨설팅

스타트업을 위한 한 마디 조언

"사업 시작 시, 내 사업에 대해 명확히 알고
이에 적합한 사업 형태를
제대로 설계하는 것이 중요합니다."

02

법인 설립

내게 맞는
사업 형태부터
성공적인 법인 설계

법인의 설립

제1장 왜 법인을 설립해야 할까?

창업을 준비하는 사람들은 창업 시 개인사업자로 운영할지, 법인을 설립하여 법인사업자로 운영할지를 고민하게 되는데 절차, 운영 및 관리 방식, 세금, 책임범위 등 다양한 부분에서 개인사업자와 법인사업자는 각자 가지고 있는 장점과 단점이 있다. 이러한 두 사업자 간의 장단점을 살펴보고 자신의 상황과 적합한 사업 형태를 선택하는 것은 매우 중요한데 자신의 상황과 맞지 않는 사업 형태로 창업을 하게 되는 경우에 다시 사업자를 등록하기 위한 절차를 한번 더 밟아야 함은 물론 기존 사업자를 정리하고 신규 사업자 쪽으로 법률 관계 및 자산 등을 정리하기 위하여 매우 수고스러울 수 있으며 창업으로 받을 수 있었던 혜택을 신규 사업자가 받지 못하게 되는 등 다양한 문제가 발생할 수 있다. 창업 후 사업에 한창 몰입하여야 하는데 이러한 불필요한 과정들을 한번 더 겪게 된다면 사업 시작부터 난항을 겪게 되므로 개인사업자와 법인사업자 간에 차이점을 잘 살펴보고 자신의 상황을 객관화하여 법인을 설립할지 여부를 결정하는 것이 중요하다.

제1절 개인사업자와 법인사업자의 차이

자신에게 어떤 형태의 사업자가 유리한지는 개인사업자와 법인사업자의 차이점에 대해 파악 후 자신의 상황에 맞는 형태를 선택해야 하므로 두 형태의 차이점에 대해 알아보자.

1. 창업 절차

개인사업자는 법인사업자와는 달리 비교적 간단한 절차로 창업이 가능하다. 사업운영에 적합한 사업장을 구한 후 사업자등록을 위해 관할 세무서에 사업자등록 신청서를 제출하여 사업자등록을 진행하고 사업자등록이 완료되면 은행에 사업자 계좌를 개설을 하면 된다. 다만, 별도로 사전에 신고를 해야 하거나 인허가를 받아야 사업자등록을 할 수 있는 업종들이 있는데 이러한 경우 해당 절차를 거친 후 사업자 등록을 진행하게 된다.

이처럼 개인사업자는 법인의 설립 절차를 거칠 필요가 없으므로 신속하게 사업을 시작할 수 있다는 장점이 있다.

Q&A

Q 설립등기 소요 기간?

A 법인 설립사항을 결정하고 필요한 서류를 제대로 구비하여 법원에 접수를 하였다면 등기 완료까지 통상 3~4일 정도 소요된다.

Q 설립등기 완료 후 절차는 어떻게 되나?

A 설립등기 후 법인등기부등본이 나오면 사업장 임대차계약서에 해당 법인 정보로 임대차계약서를 새로 작성하여 사업자등록을 진행한 다음 사업자등록증이 나오면 법인 주소지 근처 은행에 방문하여 법인계좌개설신청을 하고 사업운영을 시작하면 된다.

업종별 사업인허가 시 최소자본금 기준

업종	자본금
일반화물자동차운송사업	1억 원(소유대수가 2대이상인 경우에 한함)
용달화물자동차운송사업	5천만 원(소유대수가 2대이상인 경우에 한함)
개별화물자동차운송사업	없음
화물자동차운송주선사업	1억 원
일반화물운송주선업 및 이사화물 운송주선업을 겸업하는 경우	1억 5천만 원
국제물류창고업	3억 원
국내창고업, 물류창고업	없음
국제물류주선업(포워딩)	3억 원
복합화물운송주선업	3억 원
특수경비업	5억 원
기타경비업(시설경비업, 호송경비업, 신변보호업, 기계경비업)	1억 원

발전. 송전. 변전 설비공사, 산업시설물. 건축물. 구조물의 전기설비공사, 도로. 공항. 항만의 전기설비공사, 전기철도 및 철도신호의 설비공사, 기타 전기설비공사 (전기설비의 설치를 위한 공사)	2억 원
일반여행업	2억 원(2018년 6월 30일까지는 1억 원)
국외여행업	6천만 원(2018년 6월 30일까지는 3천만 원)
국내여행업	3천만 원(2018년 6월 30일까지는 1억 5천만 원)
대부업	3억 원
대부중개업만 할 경우	온라인 1억 원, 오프라인 3천만 원
종합주류도매업	5천만 원
특정주류도매업	없음
해외이주알선업	1억 원
인력파견업, 인력공급업, 근로자파견업 등	1억 원
토목공사업	7억 원
건축공사업	5억 원
토목건축공사업	12억 원
산업환경설비공사업	12억 원
조경공사업	7억 원
실내건축공사업, 노공사업, 습식방수공사업, 석공사업, 도장공사업, 비계구조물해체공사업, 금속구조물 창호공사업 등	2억 원
정보통신공사업	1억 5천만 원
대부업과 대부채권매입추심업을 겸업할 경우	3억 원
전문소방시설공사업	1억 원
부동산중개업(부동산 매매업X)	5천만 원

※ 해당 자료는 참고용이며, 최소자본금 요건이 있는 다른 업종이 있을 수 있다.

2. 법인 설립: 내게 맞는 사업 형태부터 성공적인 법인 설계

창업절차가 신속한 개인사업자와 달리, 법인사업자는 법인 설립 등기 절차를 거쳐야 한다. 이는 개인명의로 하는 개인사업자와는 달리 법인사업자는 법인이라는 별도의 존재를 만들기 위해 법원에 법인설립이라는 절차를 거쳐야 하기 때문이다. 이러한 법인을 설립하려면 상법상 1인으로도 법인 설립이 가능하나 비용 절감을 고려하여 실무상 최소 2명이 법인설립에 필요하며, 법에 따라 정관을 작성하고 법인설립등기를 해야 한다. 이때, 이 법인설립등기 진행을 위한 세금, 법원수수료, 법무사 보수 등의 비용이 발생하며 절차 진행에 시간도 다소 소요된다. 설립등기가 마무리되게 되면 이후 세무서에서 사업자등록을 진행하게 된다.

이처럼 법인사업자는 창업 절차가 개인사업자보다는 절차가 다소 복잡하고 시간과 비용이 든다는 차이점이 있다.

2. 자금 조달

개인사업자와 법인사업자는 자금 조달면에서도 큰 차이점을 가지고 있다. 개인사업자는 자금 조달이 필요한 경우 대표자의 개인 자산이나 금융기관 대출을 통해 조달하는 경우가 대부분이다. 대출의 경우 대표자의 신용등급에 따라 대출조건이 결정되는데 창업을 준비하는 개인이 자산이 충분하다면 대출로도 충분한 자금확보가 가능하겠으나 대부분 그런 경우는 흔하지 않다.

투자를 받을 수도 있겠으나 요즘 대부분의 투자자들은 법인이 아닌 개인사업자에 대한 투자를 꺼리는 경우가 많아 투자를 받기 위해 법인을 설립하는 경우가 많기 때문에 개인사업자는 사실상 자금 조달의 방법이 제한적일 수 밖에 없다.

반면, 법인사업자는 개인사업자보다 다양한 자금 조달 방법을 활용할 수 있다. 신주 또는 회사채 발행을 통해 외부 투자자의 자금을 유치할 수 있으며, 금융기관에서도 개인보다는 법인에 대해 조금 더 유리한 조건으로 대출을 진행해주는 경우가 많다. 또한, 정부 지원 사업이나 정책 자금 등을 신청시 법인사업자를 신청조건에 넣는 등 이러한 부분에 있어서도 법인사업자가 유리한 경우가 많다.

이처럼 자금 조달 방법이 제한적인 개인사업자와는 달리 법인사업자는 보다 다양한 자금 조달 방법을 가지고 있으므로 자금 조달면에서는 법인사업자가 유리하다고 보면 된다.

3. 의사결정 방법

사업을 운영하는데 의사결정자가 누구인가는 회사경영방침, 자금운용 등을 정하는 데 절대적으로 중요한 부분이다.

개인사업자는 대표자가 단독으로 모든 의사결정을 내리므로 신속하고 유연하게 운영이 가능하나 개인 혼자 모든 판단을 하고 이에 따른 책임을 진다는 부담이 있을 수 있다.

반면, 법인사업자는 대표이사가 독단적으로 모든 경영사항을 결정할 수 없다. 애플의 상징인 스티브 잡스 또한 애플의 대표이사 직에서 해임되었다가 다시 취임한 사례가 있는데 이는 대표이사가 회사의 의사결정을 단독으로 행사할 수 없으며 주주들의 판단으로 대표 자리에서도 물러날 수 있음을 보여 주는 사례이다.

법인은 이처럼 대표이사 단독이 아닌 이사회와 주주총회를 통해 주요 의사결정을 내리게 되는데, 이는 경영의 투명성을 확보하고, 다양한 이해관계자의 의견을 반영할 수 있다는 장점이 있다. 하지만 의사결정에 절차를 거치는 데에 따른 절대적인 시간이 필요하고 주주들과의 의견다툼으로 경영권 분쟁 발생 시 신속성과 유연적 대처가 부족할 수 있다는 단점이 있다.

이처럼 개인사업자는 의사결정면에서 신속하고 유연한 경영이 가능하나 대표 개인 역량에 의존할 수 밖에 없다는 점, 법인사업자는 반면에 신속하고 유연한 경영이 어려우나 대표 개인이 아닌 구성원들의 의견을 반영하여 신중하고 안정적인 의사결정이 이루어 질 수 있다는 차이점이 있다.

4. 책임 범위

사업자의 책임범위란 유한책임을 지는가 무한책임을 지는가를 기준으로 정해지게 되는데 여기서 유한책임은 사업자가 사업에 출자한 금액을 한도로 책임을 지고 이 금액을 초과하는 부분에 대해서는 자신이 개인적으로 책임을 지지 않는다는 것을 말하고 무한책임이란 사업상 발생된 모든 책임을 무제한적으로 책임을 져야 한다는 것을 말한다. 그렇다면 사업자별로 어떠한 책임을 지게 될까?

먼저, 개인사업자는 사업을 운영하면서 발생되는 모든 책임을 대표자가 직접 지게 되는 무한책임을 져야 한다. 쉽게 말해서 사업을 하면서 발생되는 모든 채무를 대표자의 개인 재산을 추가적으로 출자해서라도 변제해야 하는 것이다. 이러한 부분 때문에 사업 실패로 인한 리스크가 큰 사업을 운영하기에는 제한 사항이 될 수 있다.

이와 달리 법인사업자는 법인이 하나의 독립된 별도의 법인격을 갖고 있으므로, 주주는 출자한 자본금 한도 내에서만 책임을 지는 유한책임을 지게 된다. 따라서 법인이 채무를 갚지 못하더라도 주주의 개인 재산에는 직접적인 영향이 미치지 않는다.

이러한 점에서 법인은 사업 운영 시 개인사업자보다 리스크가 다소 낮다고 할 수 있다.

5. 세금

사업자에 따라 세금을 부여하는 부분에 있어서도 차이점이 있다. 개인사업자는 사업에서 발생한 소득을 대표자 개인의 종합소득세로 과세되며 일반적으로 소득이 높아질수록 세율이 가파르게 높아진다.

반면, 법인사업자는 소득에 대해 법인세로 과세되고, 일반적으로 법인세율이 개인사업자의 소득세율보다 낮은 편이며, 일정한 금액 이상의 소득이 있는 개인사업자는 법인사업자로 전환하는 것이 절세에 유리할 수 있다.

그러나 사업 형태에 따라 무조건 법인이 절세에 유리하다고 볼 수는 없으며 세무전문가의 조력을 받아 절세에 유리한 사업 형태를 선택하는 것이 현명하다 할 것이다.

개인소득세	
과세표준구간	세율
1,400만 원 이하	6%
1,400~5,000만 원	15%
5,000~8,800만 원	24%
8,800만 원~1.5억 원	35%
1.5~3억 원	38%
3~5억 원	40%
5~10억 원	42%
10억 원 초과	45%

법인세	
과세표준구간	세율
2억 원 이하	9%
2억 원 초과~2백억 원 이하	19%
2백억 원 초과~3천억 원 이하	21%
3천억 원 초과	24%

6. 자금 관리 방법

개인사업자는 자금 관리에 있어서 편리한 반면에 사업에 사용되는 자금과 대표 개인 용도로 사용되는 자금이 명확히 구분되지 않는 경우가 많다. 이로 인해 자금의 용도가 불분명한 경우가 있어 세금적 리스크가 발생하거나 자금관리를 효율적으로 하지 못할 수 있다.

반면, 법인사업자는 법인의 자금과 대표이사의 자금이 철저히 구분되어야 하며, 대표이사가 법인의 자금을 사용할 수 있는 경우는 급여나 배당 등의 수단을 사용해야만 가능하므로 매우 자금 사용이 제한적이다. 이를 간과하는 경우 세금적 리스크가 발생함은 물론 횡령이나 배임 등의 문제가 발생할 수도 있다.

이처럼 개인사업자는 자금사용이 편리한 반면 명확한 관리가 쉽지 않다는 점이 있으며 법인사업자는 자금사용이 제한되나 투명하고 명확하게 관리할 수 있다는 점이 차이점이라고 할 수 있다.

제2절 법인이 적합한 사업유형

두 사업자 형태에 비교해보았으니 이제 법인 형태에 적합한 사업유형에 대해 알아보자.

1. 투자가 필요한 스타트업

일반적으로 개인사업자는 투자를 받기 어려운 반면 법인사업자는 투자를 받기 용이하다. 이는 법인은 신주발행, 전환사채 등의 방식으로 투자자들이 자신의 투자에 대한 수익 및 회수를 할 수 있는 권리를 보장받기 용이하기 때문이다.

2. 고수익이 예상되는 사업

수익이 그다지 높지 않다면 개인사업자가 유리하지만, 고소득이 예상된다면 일반적으로 법인이 유리하다. 소득이 높아질수록 개인사업자는 수익에 따라 최고 45%의 누진세율 적용받으나 법인은 9~24%의 보다 낮은 법인세율을 적용받기 때문에 법인이 유리하다.

3. 공동 창업자 또는 핵심 인력이 있는 경우

　개인사업자와는 달리 법인은 소유와 경영을 분리할 수 있어 공동 창업, 파트너십을 맺는데 유리하다. 창업 시 법인은 주식을 나눠주면서 주주 간 계약을 맺어 권리와 의무를 명확하게 하고 핵심 인력들에게 스톡옵션 부여를 통하여 성과를 공유하고 동기부여 장치로 활용할 수 있으므로 공동 창업자나 핵심 인력이 있는 경우 법인 형태가 더 유리하다.

4. 공공기관·대기업과의 거래가 필요한 경우

　공공기관이나 대기업과 거래를 하는 경우 개인사업자 보다는 법인사업자가 신뢰성과 거래 안정성에서 높은 평가를 받기 때문에 입찰이나 협업사 선정시 개인사업자는 아예 신청도 할 수 없는 경우도 있다. 따라서, 공공기관 입찰이나 대기업과의 거래를 해야 하는 사업의 경우 법인사업자가 적합하다.

5. 프랜차이즈, 브랜드 확장이 예상되는 사업

　사업장을 여러 곳을 운영해야하는 프랜차이즈 업종의 경우 개인사업자보다 법인사업자가 체계적인 지점 운영, 상표 관리, 라이선스 계약 등 구조화적인 측면에서 유리하므로 이러한 사업을 하는 경우 법인사업자가 적합하다.

6. 가업 승계나 자녀에게 지분 이전을 고려 중인 사업

　가족 중심으로 운영되는 회사나 장기적으로 회사를 승계하여 사업을 운영하려는 경우 개인사업자보다는 법인사업자가 지분 양도나 상속에 유리한 부분이 많으므로 법인사업자 형태가 적합하다.

7. 사업 리스크가 큰 사업

법인은 개인사업자와는 달리 '유한책임'을 지므로 회사 운영 중에 회사가 진 채무를 원칙적으로 변제할 책임이 없다. 따라서, 리스크가 큰 사업을 운영하려는 경우 법인사업자가 유리하다.

제3절 법인의 장단점

개인사업자와 법인사업자는 각기 다른 장단점을 가지고 있으며, 사업 형태와 목표에 따라 적합한 방식을 선택해야 한다. 초기 운영 자금이 적고 신속한 의사결정, 수익이 크지 않은 경우 개인사업자가 적합할 수 있다. 하지만 장기적으로 사업을 운영하면서 사업을 확장하고 대외적 공신력 및 이미지 확보하면서 고수익 발생 시 절세효과도 볼수 있고 자금 조달까지 유리하다는 점을 고려한다면 법인사업자가 유리하다. 따라서 본인의 사업 특성과 재정 상태를 면밀히 검토한 후 전문가의 조력을 받아 신중하게 결정하는 것이 중요하다.

제2장 법인설립 전 핵심 결정 사항
제1절 어떤 법인이 좋을까?

법인으로 사업을 운영하기로 결정하였다면, 법인을 어떻게 구성할지 정해야 한다. 법인설립은 사업에 필요한 새로운 인격체를 만드는 것이며 사업시작의 첫걸음이므로 제대로 구성하는 것이 좋다.

먼저, 법인 중 어떠한 법인으로 설립해야 할까? 대부분의 경우 법인으로 돈을 벌기 위하여 즉, 영리 목적으로 법인을 설립하게 되므로 영리 목적에 적합한 법인을 선택해야 한다. 이러한 영리목적 법인은 상법상 회사가 대부분인데 이 중 우리나라 90% 비율을 차지하는 것이 주식회사이며, 대부분이 주식회사를 설립하는 이유는 자본조달의 용이성과 유한책임 등의 장점 때문이다.

제2절 주식회사의 장단점

법인 사업 형태 중 압도적으로 많은 형태인 주식회사의 장점과 단점을 아래 표로 정리하였다.

주식회사의 장점

유한책임	주주는 출자한 금액만큼만 책임을 짐
자본조달 용이	주식 발행을 통해 자금 조달 가능
지분 양도 용이	주식은 양도가 자유로움(정관 제한 가능)
경영과 소유 분리 가능	대표이사와 주주 분리 가능
신뢰성 높음	등기, 공시, 회계 등 투명성 제도화
성장 구조 설계 가능	스톡옵션, IPO 등 다양한 성장 시나리오 존재

주식회사의 단점

설립 절차 복잡	정관 작성, 주식 발행, 조사보고 등 필요
설립·운영 비용 부담	등록세, 공증비용, 회계감사 비용 등
행정적 의무 많음	주주총회, 이사회, 정기 공시 등 필수
세금 절감 구조 한계	일정 매출 이하에서는 개인사업자보다 불리할 수도 있음
지배구조 리스크	지분 분산 시 경영권 위협 가능

이처럼 주식회사는 다른 회사와 비교했을 때 운영관리 측면에서 복잡한 측면이 있으나, 회사를 크게 성장시키고 관리하는 부분에 있어 합리적이고 효율적이다는 강점이 있다. 이러한 이유 때문에 사업이 성장한다는 전제하에서는 주식회사가 유리하다고 볼 수 있다.

제3장 주식회사 설립 주요 결정사항

제1절 주식회사 설립시 등기사항

회사는 대규모의 거래를 위하여 고안된 제도로 거래의 안전을 위하여 회사의 기본적인 사항을 등기라는 제도로 공시하도록 하고 있다. 어떤 내용을 등기해야 하는지는 상법 제317조 제2항에서 주식회사 설립시 등기해야 하는 사항을 정하고 있는데, 이 중 핵심적인 사항만 추려서 설명하도록 하겠다.

제2절 상호

상호는 회사의 명칭을 말하며 회사의 정체성을 나타내는 부분이므로 상호란 매우 중요한 사항이라 할 수 있다. 하지만 이러한 상호를 결정했다고 해서 바로 해당 상호로 회사를 설립할 수는 없는데, 이는 회사를 설립할 지역에 같은 상호가 존재하는 경우 해당 상호는 사용할 수 없기 때문이다. 상호가 동일하더라도 사업목적이 전혀 다른 경우에는 설립등기가 가능한 경우도 있으나 대부분의 법원등기소에서는 동일 상호에 대한 법적 분쟁을 우려하여 동일한 상호로 등기를 접수하는 경우 상호를 변경하거나 사건을 취하할 것을 권고하고 있다.

그렇다면 상호는 어떻게 구성해야 할까?

주식회사의 상호는 먼저 "주식회사"라는 문구를 상호의 앞 또는 뒤에 반드시 포함하여야 하며 "주식회사"라는 문구는 회사 형태를 표시하는 것이지 상호는 아니기 때문에 상호 동일성 판단 기준에 포함되지 않는다.

예시: 주식회사 '삼성' 과 '삼성' 주식회사는 상호가 동일

그리고 상호는 한글 또는 한글과 숫자조합으로만 구성해야 하며, 영문의 경우 상호 옆에 괄호로 병기하는 방식으로만 가능하다.

예시: 주식회사 삼성(Samsung Inc.)

제3절 본점소재지

회사를 어디에 위치시킬 것인가는 매우 중요한 문제이므로 본점소재지를 결정하는 것은 매우 중요하다. 본점의 소재지에 따라 회사의 관할지도 달라지고 이에 따른 상호 동일성 판단도 달라지게 된다. 또한 설립시 발생되는 세금(등록면허세, 지방교육세)뿐만 아니라 창업으로 인한 법인세 감면 혜택도 달라지므로 회사 설립 시의 본점소재지는 매우 중요하다.

본점소재지에 따른 세금 비교 – 최소 자본금 기준

서울 및 수도권 과밀억제권역 내	그 외 지역
405,000원	135,000원

*수도권 과밀억제권역?
  수도권정비계획법에 따라 인구와 산업이 집중되었거나 집중될 우려가 있는 지역으로 정한 지역을 말함.

본점소재지에 따른 창업에 따른 법인세 감면(조세특례제한법 제6조, 창업 후 5년간 적용)

서울 및 수도권 과밀억제권역 내		그 외 지역	
청년	비청년	청년	비청년
50%	없음	100%	50%

*청년의 의미(조특법 시행령 제5조) – 만 15~ 34세를 말하며 군복무 기간은 제외한다.

제4절 목적

회사의 사업목적을 의미하며, 회사가 수행하고자 하는 영리 목적의 사업 내용을 구체적으로 기재하여야 하며, 지나치게 포괄적이거나 추상적으로 기재하여서는 안된다. 등기실무상 표준산업분류표상 사업명칭이 소분류 이상으로 기재하는 것을 권고하고 있으나 어떤 사업인지 인지할 수 있을 정도로 구체적으로 기재하였다면 충분하다.

예시: 제조업(지나치게 포괄적), 의류 제조업(가능)

법인설립 시 목적을 추가하는 등기를 진행하는 번거로움 때문에 사업목적을 지나치게 많이 넣는 경우가 있는데 이 경우 회사의 핵심사업을 파악하기가 어렵고 현재 상황과 연관 없는 사업목적이 등기되어 정부, 금융기관 등에서 문제를 삼는 경우가 생길 우려가 있으므로 되도록 핵심사업과 추후 미래에 전개할 사업목적을 적는 것이 바람직할 것이다.

제5절 자본금

주식회사의 자본금은 회사 설립시 주주들이 회사 설립을 위하여 출자하는 회사 초기의 운영자금이라고 볼 수 있는데, 이 자본금의 기준은 상법 개정으로 최소 자본금 요건은 폐지되어 100원으로도 회사를 설립할 수 있다.

다만, 자본금이 너무 적은 경우에는 사업자등록시 문제가 될 수 있으니 최소한 100만 원 이상으로 결정해야 하고 사업목적에 따라 자본금이 일정 금액 이상이어야 인허가가 나오는 경우가 있으므로 해당 사업목적에 따라 자본금을 결정하는 것이 좋다.

이러한 일을 대비하여 자본금을 필요이상으로 설정하는 경우가 있는데 자본금을 지나치게 큰 금액으로 설정하는 것은 오히려 좋지 않으며 회사에 필요한 최소한의 금액으로 결정하고 향후 필요에 따라 늘려 나가는 것이 좋다.

제6절 1주의 금액

주식회사는 주주들이 회사에 출자를 하고 그 대가로 주식을 받게 되는데 이 주식의 1주당 액면금액을 1주의 금액이라고 한다. 이 금액은 주식의 유동성과 관계되는데 1주의 금액이 큰 경우에는 발행 주식수가 줄어들어 유동성이 떨어지게 되고 반대의 경우에는 유동성이 늘어나게 된다. 실무상 주식회사 설립 시에는 보통 계산과 관리가 쉬운 500원 또는 1,000원 구성이 가장 빈번하다.

제7절 발행할 주식

회사가 발행할 수 있는 주식의 한도를 말한다. 이는 추후 정관의 개정으로 늘릴 수 있다. 보통 설립당시 발행하는 주식의 최소 10배수 정도로 하는 것이 일반적이며, 향후 투자 등으로 주식을 새롭게 발행하게 되어 이 한도가 부족하더라도 정관개정으로 한도를 늘릴 수 있다.

제8절 공고방법

주식회사는 거래의 안정성을 위하여 기본사항을 등기하는 한편 중요한 의사결정을 한 경우에 신문 또는 회사의 홈페이지에 해당 내용을 주주, 채권자 등 이해관계인에게 공고하도록 하고 있다. 이러한 공고를 어디에 할 것인지 회사 설립 시에 결정해야 하며 일간신문 또는 회사의 홈페이지가 있다면 회사의 홈페이지로 정할 수 있다. 그러나 회사의 홈페이지는 전산상 문제가 생길 것을 우려하여 보충적으로 신문사를 결정하도록 하고 있다.

실무상 공고방법은 중요한 결정사항은 아닌데, 신문사는 실무적으로 회사가 공고할 일이 대부분의 빈번하지는 않기 때문이다. 그러므로 일간신문 중 한 곳으로 자유로이 정하면 되나 공고가 생길 일이 있을 수 있기 때문에 공고비용이 저렴한 신문사로 결정하는 것이 좋다.

제9절 임원

실체가 없는 회사는 회사의 임원을 통해 사업을 운영하게 되는데 회사를 대표하고 업무를 총괄하는 대표이사, 대표이사를 도와 업무를 수행하는 사내이사, 회사 재산, 업무 등을 감독하는 감사가 대표적인 임원이다. 설립 시에는 이사 1인으로도 설립이 가능하지만 실무상 최소 2인은 필요하게 되는데 이는 주식회사 설립 시 조사보고자라는 역할이 필수적이기 때문이다(상법 제 298조). 회사 설립이 되기 전 주주를 발기인이라고 부르는 데 발기인이 아닌 이사, 감사는 설립 과정 중 취임 후 지체 없이 회사의 설립에 관한 모든 사항이 법령 또는 정관의 규정에 위반되지 아니하는지의 여부를 조사하여 발기인총회에서 보고하도록 하고 있는데 해당 역할을 조사보고자라고 하며 이러한 조사보고자 역할을 할 임원이 없는 경우에는 별도 공증인에게 최소 100만 원 이상의 금액을 지불해야 하는 이유로 실무상 1인 법인으로 설립하지 않고 최소 대표자 겸 발기인 1인과 발기인 아닌 이사, 감사로 구성하는 것이 보편적이다.

> **Q&A**
>
> **Q** 공무원, 회사원 등이 이사 또는 감사 선임 가능한가요?
>
> **A** 이사나 감사로 선임해서 보수를 책정하게 되면 공무원과 대기업 및 투잡(겸직)을 금지하는 곳에 재직하는 경우 또는 취업 상태가 되면 실업급여, 학자금 상환 등 이슈가 있는 사람들은 문제가 발생할 수 있다. 무보수로 처리하면 문제 될 가능성이 거의 없으나 혹시나 하는 상황을 대비해 이러한 사람은 선임하지 않는 것이 서로 좋다.

제10절 주주

주주는 주식회사의 주인으로 회사에 재산을 출자하고 주식을 취득하게 됨으로써, 주주라는 자격을 갖추게 된다. 이러한 주주를 구성할 때 설립되는 주식회사의 사업 형태가 투자 등 자금 조달이 필수적인지, 챙겨야 하는 핵심 인력의 존재하는지에 따라 주주 구성 방법이 달라지게 된다.

만약 회사의 사업이 투자가 꼭 필요한 사업이고 대표자 본인 외 핵심 인력에게 동기부여 항목으로 주식을 나누어 주어야 하는 경우 초기에는 대표자 및 파운더 위주로 구성하고 필요에 따라 향후 지분을 나누는 경우로 주주구성을 해야 한다.

이렇게 투자를 받아야 하거나 특별히 챙겨야 하는 핵심 인력이 없다면 본인 및 가족 등이 주주로 참여하여 함께 배당에 참여하고 지분 배분으로 인하여 상속, 증여를 대비할 수 있도록 구성하는 것도 좋다.

Q&A

Q 대표자의 주식은 몇 %가 적당한가?

A 가족이 없다면 파트너, 핵심 인력에 어느정도 주식을 줄 것인지 결정한 후 지분을 결정해야 하는데 대표의 지분은 경영권 방어를 통하여 일반적으로 높은 것이 좋다. 가족으로 주주를 구성하는 경우 대출 또는 법인실질 지배주주 판단시 가족지분을 모두 합산하므로, 자유롭게 결정해도 되나 관리 측면에서는 대표자의 지분을 가장 높게 설정하는 것이 일반적이다.

Q 대표자가 주식이 없어도 되나?

A 대표자가 주식이 없어도 설립은 가능하나, 투자유치를 하는 경우 대표자가 주식이 없다면 책임경영 측면에서 안좋은 이미지를 줄 수 있어 좋지 않으며, 대출 등에도 문제가 생길 수 있으니 주식을 일정 비율 보유하는 것이 좋다.

마무리

이와 같이 창업 시 어떠한 사업 형태를 취할 것인지, 법인을 설립하는 경우에 일반적으로 유리한 주식회사의 장단점과 주식회사 설립사항 결정에 대하여 알아보았다.

사업의 첫 걸음을 떼는 과정이므로 본인 사업에 잘 맞는 사업 형태를 잘 구성하여야 향후 사업에 차질이 없으므로 꼼꼼히 각 사항들을 살펴보고 전문가의 자문을 받아 신중하게 결정하는 것을 추천한다.

세무사 직접 지원으로
기업에 대한 깊은 이해도를 가진 세무전문가

세무법인 신아 성수지점 대표
세무사 박준용

주요 경력

- 서울대학교 경영학과 졸업
- 제50회 세무사 시험 합격(2013)
- 전) 의정부세무서 납세보호위원
- 전) 서울지방세무사회 감리위원회 위원
- 전) 의정부시 결산감사 위원
- 현) 세무법인 신아 성수지점 대표 세무사

전문 분야

- 스타트업 세무, 정부지원금 회계 처리,
  기업 성장에 따른 세제 혜택 검토

스타트업을 위한 한 마디 조언

"스타트업 대표는 재무제표로 이야기할 줄 알아야 합니다.
재무제표가 곧
숫자로 말하는 기업의 자기소개서이기 때문입니다."

03

세무

절세와 생존을 위한 스타트업 맞춤 세무 가이드

　스타트업 세무는 일반 기업의 그것과 특이하게 다른 것은 아니나 자금 조달 방식, 그 중 직접 혹은 간접 투자를 받으면서 성장해 나가는 점에서 다르다고 할 수 있다. 창업 후 작게 혹은 크게 투자를 받는 경우 현금은 넉넉하기 때문에 기업의 매출액이나 비용(특히 비용)에 대해 관심을 갖지 않는 경우가 많다. 하지만 최근 스타트업 시장을 보면 초기 단계를 지나고부터는 당장 "돈"을 버는 기업에게 투자가 몰리고 있다. 여기서 "돈을 번다"의 뜻은 기업이 순이익을 낸다는 것이다. 당장 기술이나 인력에 대규모 자금을 지출하며 불확실한 미래에 투자하는 것보다 실질적으로 매출과 순이익을 발생 시키는 기업에 투자가 이뤄지는 추세이다.

따라서 기업의 재무제표는 매우 중요하다. 내 제품이나 서비스가 시장에서 막연하게 좋은 흐름을 타고 있고 각종 반응 지표들이 우상향한다는 분석만으로는 좋은 투자를 받을 수 없다. 스타트업 대표나 임원진들은 매일, 매주, 매월의 손익계산서를 들여다 보아야 하며 우리 회사가 정말로 돈을 벌고 있는지, 기업의 미래 가치가 실질적으로 상승하고 있는지를 체크해야 한다. 이 책의 세무편이 스타트업을 시작하는 이에게 재무제표 이해의 첫걸음이 되길 바란다.

제1장 사업자등록

창업을 하기로 결정했다면 국세청에 사업자등록을 하여야 한다. 사업자를 등록한다는 것은 국가에 내가 경제적인 활동을 통해 일정한 수익을 창출할 의도가 있음을 자발적으로 신고하고, 그에 따른 세금 납부 의무를 지는 '사업자'로서의 지위를 얻는 절차를 말한다.

제1절 업종과 유형 선택

사업자등록 시 결정해야 할 사항은 사업자 유형과 업종이다. 유형의 경우 크게 개인사업자와 법인사업자로 구분할 수 있고 어떤 유형으로 시작하는 것이 유리한지는 이 책 공동저자인 법무사님 파트에서 확인할 수 있다. 스타트업 구조상 엑시트 구조를 가져갈 때 법인사업자로 창업하거나 개인사업자에서 법인 전환하는 것이 유리한 점이 많기 때문에 세무 파트에서는 법인사업자를 가정하고 이야기할 것이다.

유형을 결정하였다면 업종을 결정해야 한다. 법인사업자의 업종은 사업자등록증에 반영하기 전에 법인 등기부등본에 반영해야 한다. 하고자 하는 업종이 등기부등본상 사업목적에 나열되어 있어야 하는데 이 중 세법상 중요한 것은 "주업종"의 선택이다.

창업 당시 주업종의 선택은 세법상 세금을 감면하거나 공제해 주는 감면·공제제도에서 중요한 변수가 된다. 예를 들어 중소기업의 가장 일반적인 세액감면인 중소기업특별세액 감면에서는 일반 도소매업의 경우 10%를 감면해 주지만 제조업의 경우 20%를 감면해 준다. 도소매업과 제조업은 엄연히 구별되는 분야인데 선택의 여지가 있는가? 라고 반문할 수 있지만 단순 유통업에서 일련의 과정을 추가해서 OEM(Original Equipment Manufacturer) 방식의 간접 제조방식을 선택하면 제조업으로 창업이 가능하기 때문에 이런 부분이 중요하다고 볼 수 있다.

그렇다면 사업자등록 시 필요한 업종은 어디서 검색할 수 있는가? 이 부분은 사업자가 직접 검색해서 선택하기에는 좀 어려운 부분이 있다. 우리나라 기업은 1차적으로 한국표준산업분류[1]에 따른 업종을 따른다. 한국표준산업분류에 따른 업종코드가 사업자등록증상 업종코드와 일치하면 어려울 것이 없겠으나 사업자등록증상 업종코드가 별도로 있다는 것이 어려운 점이다.

국세청 사이트인 홈택스[2]에서는 사업자등록상 업종코드와 한국표준산업분류에 따른 업종코드를 연계표를 제공하고 있다. 홈택스 검색창에 "표준산업분류 연계표"라고 검색하면 "기준·단순경비율(업종코드)조회"라는 메뉴가 나오는데 이 메뉴에 "업종코드-표준산업분류 연계표" 파일이 업로드 되어 있다. 그렇다면 굳이 이 연계표를 따져봐야 하는 이유가 있는가? 이는 앞서 말한 세금 감면이나 공제 제도와 연관이

---

1) https://kssc.kostat.go.kr:8443/
2) https://hometax.go.kr/

있다. 세금 감면이나 공제 가능 업종이 한국표준산업분류에 따라 결정되기 때문이다. 국세청에서 정한 업종코드로 선택을 했음에도 불구하고 감면·공제 적용 시 한국표준산업분류에 따른 업종코드에 해당하지 않아 적용을 못 받는 경우가 있다. 특히 창업 시 적용되는 창업중소기업 감면제도의 경우 5년간 법인세·소득세의 50%~100%를 감면해 주는 큰 제도이기 때문에 처음 업종을 선택하는 것이 그만큼 중요한 것이다.

납세자(창업자)가 이 부분을 세심하고 신중하게 선택하기에는 세법을 알아야 하는 수준이기 때문에 필자는 창업 전 꼭 세법 전문가(세무사, 회계사 등)에게 조언을 구하는 것을 추천한다. 본인이 창업 시 감면 요건을 충족함에도 불구하고 업종 선택을 잘못하여 5년간 큰 감면 혜택을 못 받은 경우도 더러 있기 때문에 주변에 전문가들에게 일정한 상담료를 지불하고서라도 꼭 상담받고 결정하길 바란다. 아니면 사업자등록 신청 시 관할세무서 민원실에 가서 상담하는 것도 추천한다. 다만 세무서 민원실은 워낙 민원인이 많이 드나들기도 하고 상담을 하는 실무자의 개인적인 판단이 들어갈 수 있기 때문에 원하는 답을 얻지 못할 수도 있다.

지금까지 말씀드린 업종 선택은 "주업종"의 선택에 관련된 것이었다. 내가 하고자 하는 업종이 여러 가지인 경우 주업종과 부업종을 구분하여 사업자등록증상에 반영할 수 있으며 주업종의 경우 각종 세금 혜택과 연관이 있기 때문에 중요하다고 다시 한번 말씀드린다. 부업종의 경우 주업종 등록 후 차후에 업종 추가를 통해 반영할 수도 있다.

제2절 사업자등록 방법

법인사업자로 신청할 경우 사업자등록을 신청하기 전에 해야 할 일부터 알아보자.(개인사업자의 경우 등기부등본 발급 이외 과정은 거의 동일하다.)

사업자등록을 하기 전에 법인사업자는 법인 등기부등본(법인 등기사항전부증명서)을 발급받아야 하는데 이 절차와 방법에 대해서는 이 책의 법무사님 파트에서 확인할 수 있다. 등기부등본이 만들어졌으면 임차 or 자가 사용할 사업장 임대차 계약을 해야 한다. 법인 등기부등본을 발급받을 때도 사업장이 정해져 있을 텐데, 이 절차에서는 법인 대표자 개인의 주민등록번호로 가계약을 하고 등기부등본상 법인등록번호가 생성되면 법인이 비로소 사업장 임대차계약을 할 수 있다. 세법에서 사업장은 과세 관할지를 정하고 사업장 위치에 따라 세금 감면 혜택이 달라지기 때문에 사업자 등록 시 중요하게 고려해야 할 요소이다. 앞서 말씀드린 업종을 선택할 때와 마찬가지로 사업장의 위치 선택도 전문가와 상담하길 추천한다. 수도권과 같이 과밀화된 지역에 창업하는 것보다 지방에 창업할 경우 다양한 혜택을 받을 수 있기 때문이다.(물론 실제 사업을 하는 장소에 사업자등록을 해야 하는 것은 당연하고 그 사업장의 위치를 결정할 때 지방도 고려할 수 있을 때를 말하는 것이다.)

최근 들어 소호사무실로 사업자등록을 하는 경우 이슈가 발생하고 있다. 초기창업자, 1인 사업자가 비교적 저렴한 가격으로 사업장을 임차해서 사업할 때 선택하는 소호사무실이 주소만 빌려주는 사업장으로 변질되면서 앞서 말한 세금 감면 혜택을 받기 위해 서류상 임대차계약서만 꾸미고 사업장을 운영하다 적발되어 세금을 추징당하는 사례가 늘고 있다. 납세자가 1인 책상이 마련되어 실제 사업을 여기서 하고 있다고 주장하기도 하지만 최근에는 실제 사업 여부를 판단하는 다양한 방법(실제 방문이력, 우편물 수령여부 등)이 있기 때문에 감면 혜택을 위해 서류상 소호사무실을 임차하는 것은 지양하는 것이 현명할 것이다.

사업장을 선택할 때 법인 대표자의 자택 주소지나 본인 소유의 건물로 선택하는 경우가 있다. 자택 주소지의 경우 자택에서 실제 사업을 운영할 수 있는지 세무서에서 확인을 할 수 있으며 본인 소유의 건물 중 일부를 임차하는 경우 적정한 임대료를 책정해야 한다. 어찌 됐든 사업장을 선택하고 임대차계약서가 마련이 되면 이제 사업자등록을 할 수 있는 요건들을 거의 갖췄다.

아래 법인사업자로 사업자등록 신청 시 필수 서류에 대해 나열해 보았다.

필수 서류	내용
사업자등록 신청서	홈택스 혹은 세무서에 직접 제출
법인 등기부등본	설립 등기 완료 후 발급
법인 정관 사본	법인 설립 시 작성한 운영 규정
주주명부 사본	주주구성 확인용
사업장 임대차계약서	자가일 경우 자가 소유 증명 무상 사용 시 무상사용 승낙서 필요
대표자 신분증	법인 대표자 기준
법인 인감증명서 및 인감도장	서류 날인 시 필요 최근 3개월 이내 발급된 서류 필요

다만 사업상 주무관청이나 해당 기관에 인허가가 필요한 경우는 인허가 서류도 필요하다. 예를 들어 OEM 제조업의 경우 OEM 계약서, 거래예정 증빙자료 등 실제 제조 행위가 있다는 것을 증명할 수 있는 서류가 필요하고 음식점업의 경우 영업신고증 또한 필요하다. 화장품이나 건강기능식품 제조업의 경우 식약처의 허가서류가 필요하다.

서류가 갖추어진 경우 사업자등록을 신청하는 방법은 두 가지로 나뉜다. 먼저 관할 세무서에 방문하는 방법이다. 여기서 관할 세무서라 함은 내 사업장에 해당하는 지역을 담당하는 국세청 산하 세무서를 말한다. 사업장 관할 세무서와 다른 관할 세무서에 방문해서 신청할 수도 있다. 세무서 민원실에 가서 신청을 하면 되고 사업자등록 신청서의 경우 민원실에 구비 되어 있는 서류 양식이라 방문해서 작성하여도 된다.

두 번째 방법은 국세청 홈택스 사이트를 통해 신청하는 방법이다. 법인 공동인증서로 로그인을 하여야 하며 민원신청-사업자등록 탭에서 신청 가능하다. 위에 나열된 필수 서류의 경우 첨부 서류로 업로드 하여야 한다.

위의 두 가지 방법을 통한 사업자등록 신청의 경우 보통 3영업일 이내로 처리되며 관할 세무서의 확인(사업장 확인, 실제 사업여부 확인 등)이 필요한 경우 시간이 좀 더 소요될 수 있다.

제2장 스타트업에 대한 세금 이해

　대부분의 국민들이 세금을 내고 우리 생활에 깊이 연관되어 있는 것이 세금이지만 매번 어려운 것 또한 세금이다. 사업을 처음 시작하는 창업자 뿐만 아니라 몇십 년 사업을 영위한 사업자 또한 세금에 대해 온전히 이해하고 있기란 쉽지 않다. 그럼에도 불구하고 사업을 영위하는 데 최소한의 세금에 대한 이해는 있어야 한다. 필자가 신규 사업자를 상담할 때 납세자에게 "세금은 사업을 하는 데 있어서 최소 30%의 중요도를 가지고 있습니다." 라고 이야기 한다. 세금에 대해 낱낱이 알 수도, 알 필요도 없지만 이 파트에서는 사업자로서 최소한 알아야 할 세금에 대한 이해를 다뤄 보려고 한다.

제1절 법인세 이해하기

　이 책의 구독자는 대부분 스타트업을 준비하거나 막 창업한 사람일 것으로 가정하여 스타트업 구조상 유리한 법인사업자 위주로 설명한다. 첫 번째로 "법인세"이다. 법인세는 당연하게도 "법인"이 벌어들인 소득에 대해서 부과하는 세금이다. 자연인인 개인에게 부과되는 소득세와 다르게, 회사와 같이 "법인격"을 가진 단체(법인)가 사업을 통해 벌어들인 수익(과세소득)에 대해 부과된다는 특징이 있다. 좀 더 쉬운 개념으로 이야기 하자면 법인에서 얻은 수익에서 지출한 비용을 뺀 "순이익"에 대해 과세되는 세금이다. 순이익에서 세법상 다양한 과정을 거쳐서 과세표준이 확정이 되고 법인세율에 따라 부과가 된다. 내국 영리법인의 경우 국내외 모든 소득에 과세 된다.

순이익에 대해 부과되는 세금이지만 세법상 용어로는 "각 사업연도의 소득"이라는 용어를 사용하고 엄밀히 말하면 이는 손익계산서상 당기순이익과는 전혀 다른 개념이다. 이 파트에서는 법인세가 산출되는 흐름에 대해서 이야기할 것이고 전체를 이해하기 보다 흐름을 파악하는 것이 중요하다.

1. 재무제표의 이해

이 책의 회계사님 파트에서 재무제표에 대한 이해를 참조하면 더 쉽게 이해하겠지만 이 파트에서도 몇 가지 사례를 들어 설명해 보겠다. 재무제표는 크게 재무상태표, 손익계산서, 현금흐름표, 자본변동표 4가지로 나뉜다. 이 중 기본이 되는 재무상태표와 손익계산서가 만들어지는 과정을 살펴보고 법인세는 어떻게 부과되는지 살펴보자.

먼저 재무제표를 이해하기 위해서는 "분개"라는 개념을 알아야 한다. 분개는 장부상 차변과 대변을 나누어 적는 일을 뜻하며, 여기서 차변과 대변은 간단히 왼쪽(차변), 오른쪽(대변)으로 설명하고 넘어가겠다. 기업에 발생하는 모든 회계에 관한 일은 이 분개를 통해 기록을 하게 되어 있고 이 분개를 하는 것만으로도 재무제표를 작성할 수 있다. 차변과 대변에 분개를 하면 다음과 같은 효과가 발생한다.

차변	대변
자산의 증가 / 부채와 자본의 감소	부채와 자본의 증가 / 자산의 감소
비용의 증가 / 매출(이익)의 감소	매출(이익)의 증가 / 비용의 감소

여기서 자산·부채·자본과 관련된 사항은 재무상태표에 기록이 되고 매출·비용·이익에 관련된 사항은 손익계산서에 기록이 된다. 그렇다면 아래 예시에 대해 분개를 해 보고 이 분개가 어떻게 재무제표에 반영되는지 알아보자.

주식회사 스타트업은 1월 1일을 개업일로 하여 사업자등록 후 사업을 시작하였다. 회계기간은 1/1~12/31이며 첫 기수 1년 동안의 사업이력은 다음과 같으며, 이를 분개로 옮기면 다음과 같다.

예시	차변	대변
법인 설립 시 자본금 1천원 출자	예금 [자산] 1,000	자본금 [자본] 1,000
광고비 20원 비용 집행	광고선전비 [비용] 20	예금 [자산] 20
상품을 판매하고 100원의 매출	예금 [자산] 100	상품 매출 [이익] 100
사업용 대출 100원 실행	예금 [자산] 100	장기차입금 [부채] 100
정부보조금 50원 수령	예금 [자산] 50	정부보조금 [이익] 50

분개를 처음 접하는 사람이라면 어렵게 생각할 수 있겠지만 위 분개를 간단히 설명하면 아래와 같다.

- 법인 설립 시 자본금 1천원 출자

  : 자본금을 법인계좌에 출자했기 때문에 법인의 예금(자산)과 자본금

(자본)이 동시에 증가했으며 자산의 증가는 차변, 자본의 증가는 대변에 적었다.

- **광고비 20원 비용 집행**

: 광고비 20원이 법인계좌에서 출금되었기 때문에 예금(자산)은 감소했으며 광고비(비용)는 증가하여 각각 대변과 차변에 적었다.

- **상품을 판매하고 100원의 매출**

: 상품을 판매하여 100원을 벌어서 예금(자산)과 매출이 동시에 증가하여 자산의 증가는 차변, 매출의 증가는 대변에 적었다.

- **사업용 대출 100원 실행**

: 은행으로부터 자금을 차입하여 장기차입금(부채)이 증가하였고 동시에 차입금이 입금되어 예금(자산)이 증가하여 각각 대변과 차변에 적었다.

- **정부보조금 50원 수령**

: 정부지원금 신청이 수락되어 보조금 50원이 입금되어 예금(자산)이 증가하였고 보조금수익(이익)으로 기록하여 각각 차변과 대변에 적었다.

이제 위의 분개들이 재무제표에 어떻게 반영되는지 알아보자.

먼저 재무제표 중 손익계산서부터 살펴보겠다. 손익계산서는 일정 기간(보통 회계기수) 동안의 경영성과를 매출, 비용, 이익 등으로 나타내는 지표이다. 위 분개에서의 매출, 비용, 이익을 손익계산서로 옮긴다면 아래와 같은 식이 만들어진다.

손익계산서

매출	100
(-) 광고선전비	20
= 영업이익	80
(+) 정부보조금	50
= 당기순이익	130

일정 시점(회계기간 말)의 자산, 부채, 자본 등의 재무상태를 나타내는 재무상태표는 다음과 같이 만들어진다.

재무상태표

자산	부채
	장기차입금 100
	자본
예금 1,230	자본금 1,000 이익잉여금 130
	부채 및 자본 총계 1,230

재무상태표 왼쪽의 자산의 합계는 오른쪽의 부채 및 자본 총계의 값과 항상 일치한다. 예금, 장기차입금, 자본금을 위 분개에서 그대로 옮겨 오면 차변 1,230원과 대변 1,100원이 일치하지 않음을 확인할 수 있다. 여기서 이익잉여금 130원은 무엇인가? 그렇다. 바로 손익계산서에서 도출된 당기순이익 130원이다. 기업의 1년간의 경영성과가 재무

상태표상 자본항목에 이익잉여금으로 기록된다. 매년 당기순이익이 계속해서 발생한다면 이익잉여금은 누적되어 커질 것이다. 참고로 기업은 이익잉여금을 재원으로 주주들에게 배당을 할 수 있다.

2. 법인세 산출흐름 이해하기

앞서 이야기했듯이 확정된 재무제표의 기업의 순이익으로부터 법인세가 도출된다. 다만 세법에서는 세무조정 등의 과정을 거쳐서 손익계산서상의 당기순이익이 아닌 각 사업연도 소득금액을 산출하여 법인세를 계산한다.

법인세 산출흐름에 대해 알기 위해서는 "세무조정사항"에 대해 이해하여야 한다. 세무조정사항은 기업의 회계 기준과 세법 기준과의 차이를 해소하기 위한 조정사항이다. 한가지 예시를 들어 보면 기업에서 거래처에 접대비를 많이 지출한다고 이 비용을 세법상 모두 인정해 준다면 당기순이익이 과다하게 감소하여 법인세가 적게 산출될 것이다. 따라서 세법에서는 회계 기준보다 엄격한 기준을 세워서 세금을 징수하고 있다. 아래 예시를 통해 세무조정사항에 대해 더 이해해 보자.

매출 10억 원의 중소기업 법인에서 기업회계기준에 따라 다음과 같이 회계 처리를 하였다.

- 1년간 8천만 원의 거래처 접대비
- 법인 업무용 차량을 2억 원에 구매 후 5년 감가상각에 따라 4,000만 원 감가상각비 계상

- 1년 전 발생한 거래처 외상매출금 수령이 어려워 대손상각비 1천만 원 계상

위 회계 처리 상 비용금액은 1.3억 원임을 알 수 있다. 하지만 아래와 같이 세법상 세무조정사항 과정을 거쳐 법인세가 산출된다.

- 접대비 한도: 3,600만 원 + 10억 원*3/1,000 = 3,900만 원
    → 세무조정: 손금불산입 4,100만 원 기타사외유출
- 업무용승용차 감가상각비 한도: 연간 800만 원
    → 세무조정: 손금불산입 3,200만 원 유보
- 중소기업 외상매출금의 경우 2년 경과 or 부도, 파산의 경우 대손처리 가능
    → 세무조정: 손금불산입 1천만 원 유보

세무조정내역을 자세히 알 필요는 없지만 손금불산입, 즉 비용으로 산입하지 아니한다라는 세무조정을 통해 기업회계기준과 달리 4,700만 원만 세법상 비용으로 인정되고 나머지는 부인당하는 것을 볼 수 있다. 매년 법인세 결산 시 이러한 세무조정 과정이나 그 밖의 세액감면, 세액공제 등의 과정을 거쳐서 법인세가 산출된다.

제2절 부가 가치세 이해하기

거래단계별로 재화나 용역 제공 시 발생되는 "부가 가치"에 부과되는 조세인 부가 가치세는 사업자가 부가 가치세를 거래상대방으로 수

취하여 신고, 납부하는 구조이다. 아래 구조를 보면 최종적인 부가 가치세는 최종 소비자가 부담하는 것을 알 수 있다.

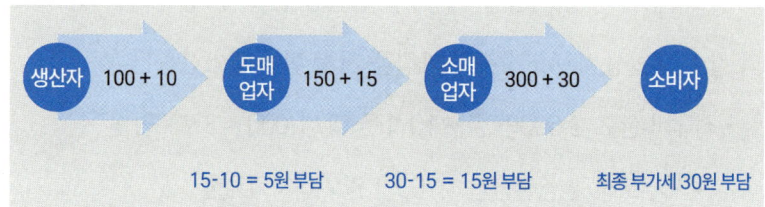

거래단계별로 본다면 최초 생산자는 100원의 부가 가치를 발생시켜 도매업자로부터 10원의 부가 가치세를 신고, 납부하고 도매업자는 생산자로부터 100원에 매입한 상품을 소매업자에 150원(부가세 별도)에 판매해서 50원의 부가 가치가 발생함을 알 수 있다. 도매업자는 이에 따른 5원의 부가 가치세를 부담하는데 이는 매출 부가 가치세 15원에서 생산자로부터 매입 시 발생한 부가 가치세 10원을 공제하는 구조로 계산됨을 알 수 있다. 결국 각 거래단계별로 부가 가치세 10원, 5원, 15원이 발생하고 최종 소비자가 330원에 상품을 구매하면서 30원의 부가 가치세를 부담함을 알 수 있다.

사업을 영위하는 데 이러한 부가 가치세 구조를 이해하는 것은 자금 유동성이나 판매하는 상품이나 용역의 가격정책에서 굉장히 중요한 부분이다. 사업자 관점에서 부가 가치세에 계산구조에 대해 예시를 통해 알아보겠다.

예시	공급가액	부가 가치세
상품 매출이 1,100만 원 발생	(+) 10,000,000원	(+) 1,000,000원
상품 매입액은 330만 원 지출	(-) 3,000,000원	(-) 300,000원
상품 배송비로 55만 원 지출	(-) 500,000원	(-) 50,000원
SNS 광고비로 110만 원 지출	(-) 1,000,000원	(-) 100,000원
회사 사무용품비로 22만 원 지출	(-) 200,000원	(-) 20,000원
분기 순이익 및 부가 가치세 산출	5,300,000원	530,000원

부가 가치세가 부과되는 일반과세자의 경우 공급가액의 10% 부가 가치세에서 거래단계에서 발생한 매입세액에 대해서는 공제하여 납부하는 구조임을 알 수 있다.

제3절 인건비 지출에 따른 원천징수세금 이해하기

대표자가 처음 창업을 한 후에 투자가 이루어진다거나 매출이 발생하면서 각 파트 구성원을 채용하기 시작한다. 처음 임직원을 채용할 때 직장가입자로 4대 보험 각 사업장에 가입을 하게 되고 급여를 달마다 지급하게 되는데 이때 급여 총액을 모두 주는 것이 아니라 근로자분 보험료와 세금을 공제한 후에 지급을 한다. 이때 공제되는 세금을 "원천세"라고 한다. 사업장에서는 소득자에게 소득을 지급하면서 "원천징수"한 세금을 국가에 신고, 납부하게 되는데 이 과정을 통해 다음과 같은 효과가 발생한다.

- 지급하는 자(사업자): 인건비를 지급했다는 증빙이 마련되어 사업상 비용을 인정받을 수 있음
- 지급받는 자(소득자): 국가에 본인의 소득을 증명받을 수 있고 납세의무를 실행함
- 과세관청: 지급하는 자의 비용을 인정해주고 지급받는 자의 소득 재원을 파악하며 원천징수 세금을 통해 세수를 확보

주요 소득의 종류는 아래와 같으며 지급하는 사업장은 각 소득에 맞는 원천징수 방법에 따라 신고, 납부하게 된다.

소득의 종류	소득의 의미	원천징수 세율
근로 소득	고용 관계에 의해 근로를 제공하는 경우 지급	근로 소득 간이 세액표
사업 소득	고용 관계 없이 독립된 자격으로 계속적 용역을 공급하고 일의 성과에 따라 지급	3%(국세) + 0.3% (지방소득세)
기타 소득	일시적, 우발적으로 용역을 제공하고 이에 대한 대가로서 지급	20%(국세) + 2% (지방소득세)
일용직 소득	고용 관계에 있지 않고 일급 or 시간급 등으로 지급	[일급(비과세 소득 제외) − 15만 원] × 6% × [1−55%(근로 소득 세액 공제)]
퇴직 소득	고용 관계에 의한 근로자가 퇴직 시 지급	퇴직 소득 공제 등을 적용한 후 기본 세율 적용

제4절 스타트업 지분(주식) 이전에 따른 세금 이해하기

스타트업 주주가 보유한 주식을 다른 사람에게 이전하는 방법은 크게 증여, 양도(매매)가 있는데 이 파트에서는 비상장주식의 양도 시 세금인 양도소득세에 대해 알아보겠다.

대주주만 과세하는 상장주식과는 달리 비상장주식을 양도하는 경우 대주주, 소액주주 구분 없이 모두 양도소득세가 과세 된다. 양도소득세는 기본적으로 양도한 금액에서 취득한 금액의 차이(양도차익)에 대해 부과하는 세금이며 대주주 및 소액주주에 따른 양도소득세율은 다음과 같다.

구분	양도소득세율
대주주(지분 4% or 10억 원 이상)	• 1년 미만 보유 시 30%(중소기업 외) • 1년 이상 보유 시 3억 원 이하 20% / 3억 원 초과 25% 적용
소액주주	• 중소기업 10%, 중소기업 외 20%

비상장주식 대주주 요건은 직전 사업연도 종료일 기준 본인 및 배우자, 직계존비속의 합산 보유지분이 4% 이상일 경우(직전 사업연도 종료일 현재 4%에 미달하였으나 그 후 주식을 취득함으로써 4% 이상이 될 경우 포함), 혹은 합산 보유지분이 시가총액 10억 원 이상인 경우를 말한다.

보유지분율과 시가총액의 경우 단순히 판단하기에는 어려운 부분이고 이 책에서 모두 설명하기에는 한계가 있기 때문에 세무전문가의 자문을 통해 대주주 요건 판단을 하길 바란다.

제3장 사업자 세금 절세 방안
제1절 증빙 관리의 중요성

앞서 설명한 다양한 사업자 세금(법인세, 부가 가치세, 원천세 등)을 절세하는 방안 중 가장 기본적이고 중요한 것은 "증빙 관리"이다. 세법에서는 적격 증빙 수취를 사업자의 기본적인 의무로 규정하고 있는데, 적격 증빙에 대해 미수취하는 경우 과세관청에서 가산세를 부과함은 물론 미수취한 부분에 대한 소명자료 요구, 나아가 세무조사까지 진행할 수 있다.

여기서 이야기하는 세법상 적격증빙은 크게 세금계산서(계산서), 현금영수증, 신용카드매출전표 등이다. 앞서 말한 인건비(원천세) 신고 또한 적격 증빙으로 볼 수 있다. 지출된 비용뿐만 아니라 매출에 있어서도 거래상대방에게 매출에 대한 적격 증빙을 발행하는 것이 의무이고 특정 업종의 경우에는 거래상대방이 요구하지 않더라도 현금영수증 의무발행 등과 같은 제도를 두고 있기도 하다. 매출 증빙은 발급 기한도 중요하다. 세금계산서의 경우 일반적으로 거래일로부터 다음달 10일까지 발행하여야 하며 지연발급이나 미발급의 경우에는 가산세가 부과된다. 현금영수증의 경우에도 현금을 수취한 즉시 발급해야 하며 의무발행업종의 경우 소비자가 요청하지 않더라도 5일 이내 발급하여야 한다.

지출한 비용에 대한 증빙 관리도 꼼꼼히 하여야 한다. 거래상대방에 부가 가치세를 제외한 금액으로 견적을 내고 증빙 발행을 거부하는 경우 부가 가치세 금액에 대해서는 손해를 볼 것이 없지만 공급가액에 대해서는 증빙불비 가산세(미수취금액의 2%)가 부과될 수 있다.

제2절 세법상 공제감면제도 활용하기

　대부분의 중소기업은 세무대리인이 법인세를 계산하고 신고 납부하기는 하지만 세법상 마련된 공제감면제도를 꼼꼼히 확인하는 것이 중요하다. 법인세법, 소득세법, 조세특례제한법에서는 창업자들을 위한 다양한 공제감면제도를 마련하고 있는데 매년 세법 개정을 통해 공제감면의 범위가 확대되기도 하고 축소되기도 한다. 최근에는 경기 부양, 고용시장의 불안정성을 해결하기 위해 기업의 고용 증대에 대해 세제혜택을 많이 주고 있으며 스타트업 기업에서 주로 활용되는 공제감면제도는 아래와 같다.

구분	지원 내용
창업중소기업에 대한 세액 감면	창업 중소기업 등의 최초 소득 발생 과세 연도 및 이후 4년간 50%~100% 세액 감면
중소기업특별세액 감면	제조업 등 소득에 대해 업종별로 5~30% 세액 감면
통합고용세액공제	일정 요건을 만족한 근로자 채용 시 최대 3년간 세액 공제 (인당 850~최대 1,550만 원까지)
연구인력개발비 세액 공제	연구개발비 지출에 따른 세액공제 (일반연구인력개발비의 경우 당해연도 지출액의 25%)
통합투자세액공제	각종 시설투자금액에 대한 세액공제 (중소기업의 경우 투자에 따라 10~16%)

이상 스타트업을 위한 지침서-세무 파트에서는 사업자등록과 스타트업 세금에 대한 이해, 사업자 세금 절세방안에 대해 이야기해 보았다. 창업 후 세금까지 신경 쓸 겨를이 없을 정도로 치열하겠지만 세금은 기업의 자금흐름에 매우 중요한 지표이기 때문에 기본적인 사업자 세금 종류와 구조를 이해하길 바라며 이 책이 기본 지침이 되길 희망한다.

공인회계사, 경영자문 전문가

삼덕회계법인 이사
공인회계사 오진광

주요 경력

- 제42회 공인회계사 시험 합격
- 전) 안진회계법인 금융본부 Manager
- 전) 수협중앙회 조합감사실 과장
- 전) 농협캐피탈 기업심사팀 과장
- 전) 코스닥 상장사 아이원스 사외이사
- 현) 삼덕회계법인 이사

전문 분야

- 회계감사, 재무실사, 비상장주식평가, 합병비율산정, 기업진단

스타트업을 위한 한 마디 조언

"초기부터 회계를 정리하면,
투자와 성장의 속도가 달라진다."

많은 스타트업이 회계는 나중에 정리해도 된다고 생각하지만,
초기 자금 흐름과 지출 내역, 주주 구조, 세무 리스크는 사업의 신뢰성과 직결됩니다.

04

회계

성장을 위한 숫자의 언어, 회계를 제대로 시작하는 법

제1장 초기단계 재무관리 핵심 공략
제1절 재무제표에 대한 이해

재무제표는 단순한 보고용 문서가 아닙니다.

현금흐름 관리, 투자유치, 핵심 지표 최적화, 위험관리, 그리고 전략적 의사결정까지 스타트업의 전 과정에서 재무제표는 방향을 잡아 주는 핵심 도구입니다.

따라서 각 재무제표 항목의 의미와 숫자가 말하는 메시지를 정확히 이해하고, 이를 실제 경영에 능동적으로 반영해야 합니다.

"숫자를 읽는 능력"은 더 이상 회계팀의 몫이 아닌, 대표의 기본 자질입니다.

1. 자산의 개념과 종류

자산은 기업이 보유한 가치 있는 것으로, 현금화할 수 있거나 기업 운영에 활용되는 항목을 포함한다.

유동자산: 1년 이내 현금으로 바꿀 수 있는 자산(예, 현금, 매출채권, 재고자산)이다. 예시로는 회사 계좌에 있는 돈, 고객이 아직 갚지 않은 금액 등이 있다.

비유동자산: 1년 이상 보유한 자산(예: 건물, 기계, 특허권, 회원권, 임차보증금)이다. 예시로는 회사 소유의 사무실, 생산에 필요한 기계, 개발한 특허권, 임차한 사무실 보증금 등이 있다.

2. 부채의 개념과 종류

부채는 기업이 갚아야 할 금액으로, 만기에 따라 유동부채(단기 부채)와 비유동부채(장기 부채)로 구분된다.

유동부채는 1년 이내에 갚아야할 부채(예: 매입채무, 단기차입금)이다. 예시로는 재료를 구매한 후 아직 갚지 않은 돈, 은행으로부터 빌린 후 1년 이내에 갚아야 할 돈이다.

비유동부채는 1년 이후에 갚아야 할 부채(예: 장기 대출, 퇴직급여충당부채)이다. 예시로는 회사가 설비를 구매하기 위하여 빌린 장기 대출, 1년 이상 근무한 직원을 위해 지급해야 해야 하는 퇴직금이다.

3. 자본의 개념과 역할

자본은 기업이 보유한 자산에서 부채를 차감한 금액으로, 기업의 순수한 가치(소유주의 몫)를 의미한다.

회사가 소유한 자산(10억 원)에서 부채(6억 원)를 차감하면, 자본은 4억 원이 된다. 즉 자본은 주주나 소유주가 투자한 금액이나 회사의 이익이 누적된 금액을 의미한다.

제2절 초기 스타트업의 재무제표 이슈

스타트업은 초기 단계에서 누적된 적자로 인해 자본잠식이 발생하는 경우가 흔하다. 자본잠식은 기업의 순자본(자산-부채)이 자본금보다 작아지는 상태를 의미하며, 이는 투자자 및 금융기관과의 신뢰도에도 영향을 미칠 수 있다. 따라서 올바른 회계 처리 전략과 자본 구조 개선이 필요하며, 기업은 회계 기준에 맞춰 장기적인 재무 건전성을 유지해야 한다.

1. 자본잠식의 개념과 발생 원인

자본잠식은 기업의 누적 적자로 인해 자본이 감소하는 상황이며, 주요 원인은 다음과 같다.

원인	설명
지속적인 적자	초기 스타트업은 매출보다 비용이 높은 경우가 많아 적자가 지속될 수 있음
비효율적인 비용 관리	불필요한 비용이 과다 지출되거나 원가 절감이 제대로 이루어지지 않음
재무제표상의 회계 처리 문제	개발비 등 특정 지출을 비용으로 처리하지 않고 자산으로 인식하여 문제가 발생할 가능성이 있음

스타트업은 자본잠식을 해결하기 위해 회계 기준에 맞춘 재무 전략과 비용 절감 방안을 마련해야 한다.

2. 자본잠식 해결을 위한 회계 처리 방법

기업은 특정 지출을 즉시 비용으로 처리하거나, 자산으로 먼저 인식한 후 일정 기간 동안 비용으로 점진적으로 반영할 수 있다. 올바른 회계 처리를 위해 일반기업회계기준(K-GAAP)을 따르는 것이 중요하다.

회계 처리 방식	설명	예시
즉시 비용 처리	소액 지출(소모품 등)은 즉시 비용으로 반영	사무용품, 광고비, 소액의 연구개발 비용
자산으로 인식 후 감가상각	장기적 사용이 예상되는 항목은 자산으로 인식한 후 일정 기간 동안 비용 반영	시설 장치, 기계, 연구개발 비용

올바른 회계 처리 방식을 선택하면 기업의 재무 구조 개선에 도움을 줄 수 있으며, 투자자 및 금융기관의 신뢰를 얻을 수 있다.

3. 개발비를 통한 자본잠식 해결 전략

스타트업은 금융기관으로부터 자금 조달을 위해 재무구조를 개선하려는 유인을 가지며, 많은 경우 개발비를 자산으로 처리하는 방식이 이용된다. 개발비는 연구개발 활동에서 발생한 비용을 자산으로 처리하는 방식이며, 수익-비용 대응 원칙에 따라 미래 수익이 발생할 때 비용을 반영하는 전략이다.

① 개발비를 자산으로 인식하기 위한 요건(일반기업회계기준)

개발비를 자산으로 인식하려면 다음 조건을 충족해야 한다.

요건	설명
기술적 실현 가능성	해당 무형자산을 완성할 수 있는 기술적 가능성을 입증해야 한다
사용 또는 판매 의도	기업이 해당 자산을 사용할 계획이 있거나 판매하려는 의도가 있어야 한다
사용 또는 판매 능력	완성된 무형자산을 실제로 사용할 수 있거나 시장에서 판매할 수 있어야 한다
미래 경제적 효익 창출 가능성	해당 자산이 경제적 가치를 창출할 수 있음을 입증해야 한다
충분한 기술적 및 금전적 자원 확보	개발을 완료하고 상업화할 수 있는 충분한 자원을 확보하고 있어야 한다
신뢰성 있는 지출 측정	개발 단계에서 발생한 비용을 명확하게 구분하여 측정할 수 있어야 한다

4. 개발비를 자산으로 인식하는 문제점

스타트업이 개발비를 자산으로 인식하면 단기적으로 재무구조 개선에 도움이 될 수 있지만, 회계감사나 실사 과정에서 문제가 발생할 가능성이 높다. 특히, 외부 검토를 받지 않은 경우에는 문제가 드러나지 않을 수 있지만, 향후 실사에서 개발비의 자산성을 입증하는 것이 어려울 수 있다.

① 자산으로 인식하는 방식의 단점

- 자산성을 입증해야 하는 부담: 매출 증대나 원가 절감 가능성을

보여야 하지만, 시장 지배력이 부족한 스타트업에게 쉽지 않다. 외부 감사 및 투자 실사에서 문제가 될 가능성: 회계 감사 시 개발비를 비용으로 재조정할 경우 재무제표에 큰 부담을 줄 수 있으며, 장기적인 해결책이 아님: 단기적으로 재무제표를 개선하는 방식일 뿐, 근본적인 해결책이 될 수 없다.

② 신중한 접근이 필요한 이유

스타트업이 성장하는 과정에서 재무구조 개선을 위해 개발비를 자산으로 처리하는 것은 일종의 분식회계로 볼 수 있다. 만약 재무제표가 외부 검토를 받지 않았다면 문제가 드러나지 않을 수 있지만, 향후 회계 감사나 실사 과정에서 개발비의 자산성을 입증하는 것은 매우 어려운 일이 될 수 있다.

- 이를 비용으로 재조정해야 하는 상황이 발생하면 기업의 재무 부담이 커지고, 투자자 신뢰도에도 부정적인 영향을 미칠 수 있다.

5. 스타트업이 고려해야 할 장기적인 재무 전략

① 단기적 조치 vs. 장기적 해결책

구분	단기적 조치	장기적 해결책
재무제표 조정	개발비를 자산으로 인식	투명한 비용 관리 및 매출 성장 기반 마련
자금 조달	대출 심사를 위한 회계적 조정	투자자 신뢰 확보 및 지속적인 수익 모델 개발
회계 전략	비용 처리를 늦추는 방식	성장 단계에 맞춘 회계 기준 적용

② 기업의 지속 성장 기반 마련

스타트업은 자본잠식 해결을 위한 단기적인 회계 조치보다는 장기적인 성장 전략을 고민해야 한다.

- 투명한 회계 관리 및 비용 절감 전략을 수립하여 재무 건전성을 확보해야 한다.
- 매출 증대 및 시장 확장을 통해 수익 기반을 안정적으로 구축해야 한다.
- 투자자 및 금융기관의 신뢰를 얻기 위해 건전한 회계 기준을 준수해야 한다.

6. 중소기업 특례 규정

중소기업 회계 처리 특례는 중소기업이 보다 간소화된 방식으로 회계를 처리할 수 있도록 제공되는 규정이다. 이는 기업의 재무 부담을 완화하고 회계 관리의 효율성을 높이는 데 목적이 있으며, 주요 내용은 다음과 같다.

① 스톡옵션 회계 처리 특례

- 일반적으로 스톡옵션의 공정가치를 측정하여 가득 기간(vesting period)에 걸쳐 회계 처리 해야 한다. 하지만 중소기업 회계 처리 특례를 적용하면 최종 행사 시점에만 회계 처리를 하면 된다. 이를 통해 기초자산인 주식의 공정가치 평가 부담을 완화할 수 있다.

② 비상장 지분증권 평가 특례
- 비상장 주식(활성시장이 없는 지분증권)의 경우, 일반적으로 공정가치로 평가해야 하지만, 특례를 적용하면 취득원가로 평가할 수 있다. 다만, 보고 기간마다 회수 가능 가액을 분석하여 손상 여부를 판단해야 한다. 즉, 보유 지분이 시장 변동과 관계없이 취득 당시의 가격으로 유지될 수 있지만, 손상 가능성을 검토해야 한다.

③ 관계기업·공동지배기업 회계 처리 특례
- 원칙적으로 종속기업(지분율 50% 초과)은 연결재무제표를 작성하고, 관계·공동기업(지분율 20% 이상)은 지분법을 적용해야 한다. 하지만 중소기업 회계 처리 특례를 적용하면 관계·공동기업 투자 주식을 일반적인 금융상품(예: 매도가능증권)으로 회계 처리할 수 있다. 이를 통해 지분법을 적용하는 대신 보다 간소한 방식으로 회계 관리가 가능해진다.

④ 채권·채무의 현재가치 평가 특례
- 일반적으로 장기 연불 조건 거래에서 발생하는 채권과 채무는 공정가치로 평가해야 한다. 하지만 중소기업 회계 처리 특례를 적용하면 현재가치 평가를 생략할 수 있다. 즉, 미래 현금흐름을 할인하여 현재가치를 계산하지 않고, 계약된 금액 그대로 회계 처리할 수 있다.

⑤ 용역 및 할부매출 수익 인식 특례
- 원칙적으로 용역 제공은 진행기준(Progress Method)을 적용하여 계약 진행 상태에 따라 수익을 인식해야 한다. 하지만 중소기업 회계 처리 특례에서는 진행기준 대신 완성기준(Completed Method)을 적용하여, 단기 용역(1년 내 완료)은 용역 제공 완료 시점에 수익을 인식할 수 있다. 또한, 할부매출의 경우 원칙적으로 총 판매가격의 현재가치만큼 수익을 인식해야 하지만, 특례를 적용하면 약정 회수기일마다 수익을 인식할 수 있다.

⑥ 감가상각 내용연수 및 잔존가치 적용 특례
- 일반적으로 경영진이 합리적인 판단을 통해 자산의 내용연수를 결정해야 한다. 하지만 중소기업 회계 처리 특례에서는 법인세법 규정에 따른 감가상각비 계산을 허용한다. 즉, 세법에서 정한 감가상각 연수와 방식(정률법, 정액법 등)을 그대로 적용할 수 있어 회계 부담을 줄일 수 있다.

⑦ 법인세 비용 인식 특례
- 일반적으로 법인세 비용은 이연법인세를 포함하여 회계 처리 해야 한다. 하지만 중소기업 회계 처리 특례에서는 당기의 납부세액만 법인세 비용으로 인식할 수 있다. 즉, 향후 납부할 법인세를 미리 회계 처리하지 않고, 당해연도 실제 납부한 법인세만 반영할 수 있다.

제3절 지분관리의 중요성

스타트업 창업자의 지분 관리는 기업 경영의 필수적인 요소이며, 창업 이후 투자유치, 경영권 유지, 사업 확장 등의 과정에서 지분이 지속적으로 변동할 수 있다. 적절한 지분 관리 전략을 수립하면 창업자의 경영권을 보호하고 기업 성장의 균형을 유지할 수 있다.

1. 지분 변동 유형과 회계·세무 처리

스타트업의 지분 변동은 다양한 형태로 발생하며, 각 유형에 따른 세무 및 회계 처리 방식이 다르다.

양도(주식 매각)

- 주식은 자유롭게 거래할 수 있으며, 창업자는 일정 조건하에서 자신의 지분을 매각할 수 있다. 양도차익에 대해 양도소득세를 신고·납부해야 하며, 세법상 주식의 시가 평가가 중요하다. 특수관계자 간 거래는 세금 이슈가 발생할 수 있으므로 신중한 검토가 필요하다.

증여(무상 주식 양도)

- 주식을 무상으로 양도하는 경우 수증자는 증여세를 신고·납부해야 한다. 비상장법인은 상속세 및 증여세법에 따라 주식 가치를 평가한 후 세금을 산출해야 한다. 증여한 주식이 향후 경영권 변동에 영향을 미칠 수 있으므로 신중한 지분 설계가 필요하다.

유상증자(투자유치)
- 기업이 신주를 발행하여 새로운 투자자로부터 자금을 조달하는 방식이다. 기업가치를 평가한 후 신주의 발행가액을 설정해야 하며, 기존 주주의 지분 희석을 고려해야 한다. 유상증자는 기업의 성장과 투자유치 전략의 핵심이므로, 창업자의 지분 유지 전략을 함께 고민해야 한다.

무상증자
- 기업이 보유한 잉여금을 활용하여 기존 주주들에게 추가 주식을 배분하는 방식이다. 지분율 변동 없이 주식 수와 자본금이 증가하며, 기업 규모를 회계적으로 키우는 효과가 있다. 투자자의 신뢰도를 높이고 기업의 재무 건전성을 개선하는 데 활용할 수 있다.

유상감자(자본금 감소)
- 기업이 자본금을 줄이고 기존 주주에게 현금을 지급하는 방식이다. 투자금 회수 과정에서 세금 이슈가 발생할 수 있으며, 배당소득으로 간주될 가능성이 있다. 창업자가 지분을 조정하고 투자자와의 관계를 정리하는 데 활용할 수 있지만, 재무적 영향을 충분히 고려해야 한다.

2. 지분 관리의 핵심 원칙

스타트업 창업자는 기업 성장과 경영권 보호를 위한 지분 관리 전략을 수립해야 한다.

지분 희석 방지 전략
- 투자유치 과정에서 창업자의 지분이 희석되지 않도록 신중하게 계약을 체결해야 한다. 전환사채(CB), 상환전환우선주(RCPS) 등의 금융상품을 활용하여 창업자의 지분 유지 전략을 수립할 수 있다. SAFE(Simple Agreement for Future Equity) 투자 방식도 고려할 수 있다.

세금 이슈 고려
- 주식 양도 및 증여 시 발생하는 세금 문제를 이해하고, 전문가의 자문을 받아야 한다. 특수관계자 간 거래는 세법상 문제가 될 가능성이 높으므로 신중한 접근이 필요하다. 주식 가치를 임의로 산정하지 않고, 회계 및 세무 기준에 따라 평가해야 한다.

장기적인 지분 전략 수립
- 경영권 유지와 기업 성장을 균형 있게 고려하는 지분 구조를 설계해야 한다. 투자유치 이후 창업자의 지분율 변화와 주요 의사결정권을 미리 예상해야 한다. 장기적으로 IPO(기업공개) 또는 M&A(인수합병)까지 고려하여 지분 계획을 수립하는 것이 바람직하다.

3. 스타트업 창업자가 고려해야 할 지분 관리 전략

지분 유지 및 보호
- 스타트업 창업자는 주요 투자 계약 시 창업자의 지분 유지 조항을 포함하는 것이 중요하다. 창업자 보호 조항(Founder Protection

Clause)이나 경영권 보호 조항을 계약서에 명확히 명시할 필요가 있다.

투자유치 과정에서 지분 조정

- 투자자가 요구하는 우선주와 보통주의 차이를 이해하고, 지분 구조를 최적화해야 한다.
- 지분을 활용한 스톡옵션 부여 및 내부 팀의 보상 전략도 미리 계획해야 한다.

IPO 및 M&A를 고려한 지분 전략

- 기업 성장 과정에서 IPO(기업공개) 또는 M&A(인수합병)를 고려해야 한다.
- 기업 가치 평가 방식을 이해하고, 장기적인 지분 배분 계획을 수립하는 것이 중요하다.

제2장 성장단계 스타트업의 재무관리 및 회계관리
제1절 기업가치 평가 방법

기업가치를 측정하는 방법에는 다양한 접근 방식이 있으며, 각 방법은 기업의 유형과 평가 목적에 따라 다르게 적용될 수 있다.

일반적으로 비상장 기업의 평가 방법으로는 현금흐름할인법(DCF), EV/EBITDA 분석, 그리고 상증세법에 따른 비상장주식 평가가 활용된다.

1. 현금흐름할인법(Discounted Cash Flow, DCF)

기업이 미래에 창출할 것으로 예상되는 순현금흐름(FCFF)을 현재 가치로 할인하여 기업가치를 평가하는 방식이다.

예상 현금흐름을 정확하게 추정할 수 있다면 신뢰성이 높은 평가 방식이지만, 미래 예측이 어렵다는 단점이 있다.

특히 스타트업과 같이 현재 수익이 없더라도 향후 수익 창출 가능성을 평가할 수 있다는 점에서 널리 사용된다.

2. EV/EBITDA 분석

EV(기업가치)와 EBITDA(이자, 세금, 감가상각비 차감 전 영업이익)를 비교하여 기업가치를 평가하는 방식이다.

동종 업계 기업의 평균적인 EV/EBITDA 배수를 적용하여 대략적인 기업가치를 산정한다. 상대적인 가치를 평가하는 방식으로 M&A 시장에서 거래 가격을 산출할 때 많이 사용된다.

3. 상증세법 비상장주식 평가

기업의 순자산 가치와 순손익 가치를 가중 평균(일반적으로 2:3)하여 기업가치를 평가하는 방식이다. 설립 초기의 스타트업은 순자산가치(또는 80% 적용)만으로 평가받기도 한다. 특수관계자 간 주식 거래 시 과세 관청이 적정 가격을 판단하는 기준으로 사용된다.

이 외에도 기업가치를 평가하는 다양한 방법이 있으며, 스타트업의 경우 벤처 캐피털 방식이나 거래 사례 분석 등을 고려할 수도 있으며, 기업의 성장 단계와 목적에 따라 적절한 평가 방식을 선택하는 것이 중요하다.

제2절 투자유치 시 주요한 회계 이슈

스타트업이 투자유치를 준비할 때 회계 및 재무적으로 주의해야 할 사항을 정리하여, 투자자의 신뢰를 확보하고 안정적인 재무 구조를 유지할 수 있도록 해야 한다. 회계 투명성과 세무 리스크를 고려한 재무 전략은 기업 가치 평가, 주식 거래, 전환사채, 투자 구조 설계 등 다양한 요소와 밀접한 관련이 있다.

1. 특수관계인과의 거래 지양

- 배우자, 가족 등 특수관계자와 얽힌 거래는 투자자들이 선호하지 않는다.
- 거래 조건이 시장 가격과 다를 경우 세금 이슈가 발생할 수 있으

며, 투자자의 신뢰가 낮아진다.

- 특수관계자와의 거래가 필수적인 경우, 투명한 증빙과 공정한 가격 산정을 통해 회계 처리를 명확하게 해야 한다.

2. 불분명한 거래처 및 가지급금 관리

- 거래처가 명확하지 않거나 적격 증빙이 없는 경우 회계 처리가 어려워지며, 투자자들의 신뢰를 떨어뜨릴 수 있다.
- 세금 신고가 제대로 이루어지지 않으면 세무 리스크가 발생할 가능성이 크다.
- 가지급금(임직원에게 회사 자금이 일시적으로 지급된 금액)은 명확하게 회수 계획을 설정해야 한다.

3. 비상장주식 가치를 임의로 산정하지 않기

- 동일한 주식을 다른 사람에게 서로 다른 가격으로 매매하면 세금 문제가 발생할 수 있다(예: 증여세 이슈).
- 투자자는 회사의 과거 주식 거래 내역을 검토하여 불규칙한 거래가 발견되면 경계할 수 있다.
- 기업은 주식 가치 평가를 일관되게 적용하고, 공정한 기준을 준수해야 한다.

4. 지나치게 복잡한 거래 구조 피하기

- 너무 다양한 이해관계자가 포함된 거래 구조는 투자자의 의사결정을 어렵게 만들 수 있다.

- 거래 방식이 불명확하면 수익 배분, 매출 인식 등의 문제가 발생할 수 있으므로, 단순하고 명확한 구조를 설계해야 한다.

5. 유상증자 시 신주 발행가액 및 세무 이슈 확인
- 세법상 비상장 주식의 시가는 투자자가 생각하는 기업 가치와 다를 수 있다.
- 신주 발행가액이 너무 높거나 낮으면 증여세 문제가 발생할 수 있으므로, 시장 가치 평가를 신중히 진행해야 한다.
- 기업은 합리적인 주식 평가 기준을 설정하고, 투자자와 논의하여 공정한 발행가를 결정해야 한다.

6. 증자대금 대납 시 세무 처리 주의
- 회사가 투자자의 인수대금을 대신 납부하면, 법인세법상 가지급금으로 간주될 수 있다.
- 특수관계자의 경우 인정이자가 발생하여 소득세·법인세 이슈가 발생할 수 있다.
- 투자유치 시 자금 흐름을 명확하게 관리하고, 세금 이슈를 사전에 검토해야 한다.

7. 전환사채(CB) 회계 처리 및 전략적 활용
　스타트업은 자금 조달 가능성을 높이고, 투자유치 효율성을 극대화하기 위해 전환사채(CB, Convertible Bond)를 활용하는 경우가 많다.

① 전환사채의 주요 특징

특징	설명
부채와 자본의 혼합적 성격	초기에는 부채로 인식되지만, 투자자가 주식으로 전환하면 자본으로 변경됨
상환할증금의 존재 여부	만기까지 주식으로 전환되지 않으면, 일정한 수익률을 보장하거나 액면가보다 높은 금액을 상환하는 조건이 포함될 수 있음

② 전환사채의 회계 처리

- 발행 시 부채(차입금)와 자본(전환권대가)으로 구분하여 인식.

- 부채는 현재가치 할인 방식으로 평가하며, 나머지 금액을 자본으로 처리.

- 투자자가 주식으로 전환하면 부채가 자본으로 변경되며, 재무상태표상 부채비율이 개선됨.

③ 전환사채 조기 상환 또는 매입

- 기업이 전환사채를 조기 상환하는 경우, 상환 금액을 부채와 자본으로 구분하여 처리.

- 부채 부분의 변동액은 손익으로 회계 처리하지만, 자본 부분(전환권대가)의 변동액은 손익이 아닌 자본조정으로 반영.

④ 회계·세무적 유의 사항

- 전환사채 지급명세서 제출 필수: 발행일이 속한 분기 다음 달 말일까지 관할 세무서에 제출해야 하며, 미제출 시 가산세(0.2%)가

부과됨.

- 신주 발행가액과 세법상 시가 문제: 투자유치 시 평가된 기업 가치와 세법상 시가가 다를 경우 증여세 이슈 발생 가능.

8. SAFE 투자와 상환전환우선주(RCPS) 비교

① SAFE(Simple Agreement for Future Equity)
- 기업가치를 후속 투자에서 평가하는 방식.
- 만기 및 이자가 없으며, 후속 투자 시 지분을 확정하는 구조.
- 투자자에게 보다 유연한 조건을 제공할 수 있어 초기 스타트업이 많이 활용.

② 상환전환우선주(RCPS, Redeemable Convertible Preferred Stock)
- 상환권(R)이 포함된 형태이며, 투자자가 일정 기간 후 원금 상환을 요구할 수 있음.
- RCPS의 상환권(R)은 기업의 부채비율에 영향을 미칠 수 있음.
- 일부 기업은 이를 제거하여 CPS(전환우선주)로 변경하기도 함.

구분	SAFE 투자	RCPS 투자
만기 및 이자	없음	있음
부채비율 영향	없음	있음(상환권 포함)
투자 형태	미래 투자 시 지분 확정	일정 기간 후 원금 상환 가능
활용 목적	초기 스타트업이 선호	안정적인 투자자 보호 기능

제3절 스타트업의 재무관리

스타트업 경영자의 관점에서 회계를 바라보면, 의사결정에 필요한 다양한 재무적 질문이 생기며, 이에 따라 회계를 활용하여 사업을 효과적으로 운영할 수 있도록 원가 관리와 재무 전략을 구축하는 것이 중요하다. 다음은 스타트업 경영자가 반드시 고려해야 할 주요 회계 요소를 정리한 내용이다.

① 핵심 개념 정리

손익분기점(BEP)은 기업의 총비용과 총수익이 같아지는 시점으로, 이 단계에서는 이익도 손실도 없는 상태이며, 손익분기점을 넘어 매출이 증가하면 기업은 이익을 창출하기 시작하며, 그 이하에서는 손실을 보게 된다. 손익분기점은 비즈니스 운영의 안정성 확보 및 자금 조달 계획 수립에 필수적인 요소이다.

② 회사 성장 단계 구분

스타트업은 기획, 개발, 마케팅, 브랜딩, 생산, 유통 등 다양한 핵심 비즈니스 요소에 집중해야 하며, 초기 단계에서는 제품 및 서비스의 시장 적합성을 검증하고, 고객 확보 및 브랜드 정착에 집중하는 것이 중요하다. 이 과정에서 원가관리회계는 필수적이지 않지만, 재무 안정성을 확보하기 위해 기본적인 자금 흐름과 예산 관리를 진행해야 한다. 이후 성장 단계에서 점차적으로 체계적인 원가관리회계를 구축하는 것이 필요하다.

③ 조직화 시기의 중요성

스타트업이 30명 이상의 조직으로 성장하면 본격적인 경영 체계 구축이 필요하며, 이 시점에서 원가관리회계를 도입하면 비용 절감과 효율적 운영이 가능해지고, 이를 통해 투자유치와 사업 확장을 보다 효과적으로 계획하고 실행할 수 있다.

경영 효율성을 극대화하고 성장 속도를 높이려면 정확한 재무 관리와 원가 분석이 필수적이며, 이를 통해 기업이 장기적으로 안정적인 성장을 이루는 기반을 마련할 수 있다.

④ 고정비 관리

고정비는 사업 운영에서 필수적인 비용이므로 이를 철저하게 분석하고 장기적인 계획을 수립하는 것이 중요하며, 기업은 현재 비용을 파악하고, 향후 증가 패턴을 예측하며, 적절한 수익 목표를 설정해야 한다. 이를 통해 사업 확장 시 재무 리스크를 최소화하고 안정적인 운영을 이어갈 수 있다.

⑤ 원가명세서 작성

원가 구조를 분석하여 비용 절감과 수익성을 개선할 수 있으며, 이를 체계적으로 관리하기 위해 원가명세서를 작성하는 것이 필요하다. 원가명세서에는 직접비와 간접비를 포함하지만, 판매활동과 관련된 비용은 포함하지 않아야 한다.

- 매입비용·재료비: 제품을 제조하는 데 필요한 원자재 및 구매한 상

품 원가를 의미하며, 원재료, 부품, 포장재 등의 비용이 포함된다.
- 인건비: 제품이나 서비스를 직접 생산하는 인력의 급여가 포함된다. 생산직 근로자의 급여, 수당, 복리후생 비용이 해당한다.
- 간접비: 제품을 직접 생산하지 않지만 반드시 필요한 부가적인 비용이며, 제조 과정에서 필요한 전기료, 수도비, 설비 유지 비용, 포장비, 운송비 등이 포함된다.

⑥ 현금흐름 분석

현금흐름 분석은 기업이 일정 기간 동안 얼마나 많은 현금을 유입하고 지출했는지를 평가하는 과정이며, 이는 기업의 재무 건전성을 파악하고, 향후 자금 조달 및 투자 계획을 수립하는 데 필수적이다. 현금흐름 분석의 중요성은 다음과 같다.

현금 유동성 확인: 기업이 일정 기간 동안 원활한 자금 운영이 가능한지 판단할 수 있다.

자금 조달 필요성 분석: 추가적인 대출이나 투자유치가 필요한지를 검토할 수 있다.

비용 절감 및 효율적 운영 전략 수립: 불필요한 비용을 파악하고 현금 흐름을 최적화할 수 있다.

재무 위험 관리: 현금 부족으로 인한 사업 운영 리스크를 미리 방지할 수 있다.

제4절 스타트업의 재고관리

재고는 커머스 기업의 운영에서 가장 중요한 요소 중 하나이며, 철저한 관리가 필요하다. 제대로 관리되지 않으면 매출원가 계산이 잘못될 수 있으며, 이는 손익 보고서의 신뢰도를 떨어뜨릴 수 있다.

도난·분실·파손 등의 물리적 손실이 발생하면 기업은 재무적인 부담을 가지게 되며, 지속적인 오류가 누적될 가능성이 크다. 이를 방지하기 위해서는 주기적인 실사 수행, 재고수불부 관리, 정확한 단가 산정 등이 필요하다.

재고 수량과 단가를 체계적으로 관리하면 기업은 자금 운용의 효율성을 높이고, 불필요한 손실을 최소화하며, 정확한 원가 관리로 이익을 극대화할 수 있다. 따라서 재고 관리 시스템을 구축하고 지속적으로 점검하는 것이 필수적이다.

① 재고와 이익의 관계

기업의 손익을 정확하게 산출하기 위해 기말 재고금액을 관리하는 것이 중요하며, 특히 재고가 많으면 매출원가가 낮아지고, 재고가 적으면 매출원가가 증가하여 최종 이익이 달라지기 때문에, 정확한 재고 수량과 단가 관리가 필수적이다. 만약 재고 오류가 발생하면 손익 계산이 왜곡될 수 있으며, 이는 기업의 실제 재무 상태와 다른 결과를 초래할 수 있다.

② 실사를 통한 재고 수량 관리

재고 실사는 기업의 재무 건전성과 운영 효율성을 유지하기 위한 필수 과정이다. 특히 샘플이나 증정품 지급으로 인해 누락될 가능성이 존재하므로 주기적인 실사 수행이 필요하다. 정확한 실사를 통해 전산 기록과 실제 재고 수량이 일치하는지 확인하고, 오류 발생을 최소화할 수 있다.

③ 재고수불부를 통한 단가 관리

상품군별로 기초-입고-출고-기말의 수량 및 금액을 기록하는 것은 재고 흐름을 관리하고 원가를 정확하게 산출하는 핵심 과정이다. 이를 통해 기업은 재고 변동을 체계적으로 추적하고 손익 분석을 더욱 정밀하게 수행할 수 있다.

단가 관리가 제대로 이루어지지 않으면 원가 관리에서 심각한 오류가 발생할 수 있으며, 원자재 가격 변동, 매입 부대비용 증가, 외주 가공비 상승 등이 반영되지 않으면, 실제 비용과 장부상의 원가가 불일치하게 된다.

이러한 차이는 제품 가격 설정, 이익 계산, 투자 의사결정 등에 영향을 미칠 수 있어 철저한 관리가 필요하다.

④ 감모손실(재고 감소)의 원인과 방지 방법

ㄱ. 감모손실 발생 원인

감모손실은 기업의 재고 관리에서 발생할 수 있는 대표적인 문제로,

다양한 원인에 의해 발생한다. 기업이 보유한 재고가 전산 기록과 일치하지 않는 경우 손실로 처리되며, 재무적 부담이 발생할 수 있다. 주요 원인은 다음과 같다.

- 도난, 분실, 파손 등 물리적 요인

창고 내 도난, 운송 과정에서 분실, 보관 중 파손 등의 문제가 발생할 수 있다. 보안 강화와 체계적인 창고 관리가 중요하다.

- 매입·판매 수량 오류로 인한 시스템 관리 실패

매입한 재고 수량이 제대로 입력되지 않거나, 판매된 제품의 출고 기록이 누락될 경우 발생할 수 있다. 전산 시스템과 실물 재고를 정기적으로 점검해야 한다.

- 정상감모가 발생하는 업종(정육점·화학품 제조업 등)

정육점에서는 도축 후 지방 제거 과정에서 중량이 감소하며, 화학품 제조업에서는 원료가 자연적으로 증발하는 경우가 있다. 정상적인 감모를 미리 예측하고 원가 계산에 반영해야 한다.

나. 감모손실 방지 방법

감모손실을 최소화하기 위해서는 체계적인 관리가 필수적이며, 다양한 전략을 적용할 필요가 있다.

- 정기적인 실사 수행

월별·분기별·반기별 실사 계획을 설정하여 재고 오류를 사전에 방지해야 한다. 주기적인 실사를 통해 누락된 재고를 빠르게 찾아낼 수 있다.

- **책임자 보고 체계 구축**

실사 결과를 대표이사나 주요 관리층에 보고하여 감모 문제를 빠르게 대응할 수 있도록 해야 한다. 손실 발생 시 원인을 분석하고 즉각적인 해결책을 마련해야 한다.

- **다양한 부서 참여**

물류, 구매, 회계 부서가 협력하여 실사 정확도를 높이고 책임 소재를 명확히 해야 한다. 한 부서의 문제로 인해 감모손실이 발생하지 않도록 내부 관리 체계를 강화해야 한다.

- **샘플 실사 활용**

전체 재고가 많아 전수 조사가 어려운 경우 샘플을 선정해 주기적으로 변경하며 실사를 진행해야 한다.

특정 제품군을 집중 점검하여 감모 가능성이 높은 항목을 분석할 필요가 있다.

제5절 스타트업의 회계관리

1. 수익 인식 기준

기업이 매출을 총액(Gross)으로 인식할지, 순액(Net)으로 인식할지는 회계 및 세무의 중요한 이슈로, 재무제표뿐만 아니라 법인세와 부가가치세에 영향을 미치는 복잡한 문제이다. 올바른 매출 인식 방식은 기업의 재무 건전성과 세금 부담을 결정하는 요소이므로 신중한 검토가 필요하다.

① 총액 매출 인식 vs. 순액 매출 인식의 차이

총액 매출(Gross Revenue): 제품 또는 서비스의 전체 판매 금액을 매출로 인식하고, 이에 대응되는 비용(매출원가)을 따로 기록하는 방식이다. 순액 매출(Net Revenue): 판매 금액에서 비용을 차감한 금액만을 매출로 인식하는 방식이다.

총액과 순액 방식은 기업의 실제 이익에는 영향을 미치지 않지만, 매출 규모와 회계 처리 방식이 달라지므로 신중한 판단이 필요하다.

② 총액과 순액 방식의 회계적 판단 기준

일반기업회계기준에서는 다음 주요 지표와 보조 지표를 바탕으로 총액과 순액을 결정해야 한다.

- 주요 지표

기업이 거래의 당사자로서 재화 또는 용역 제공에 대한 주된 책임을 부담하는 경우 → 총액 방식 적용

기업이 재고자산의 전반적인 위험을 부담하는 경우 → 총액 방식 적용

- 보조 지표

기업이 가격 결정권을 가지고 있는 경우

기업이 재화를 추가 가공하거나 용역의 일부를 수행하는 경우

기업이 공급자를 선정할 수 있는 재량권을 가지는 경우

기업이 제공되는 재화·용역의 유형이나 사양을 결정하는 경우

기업이 재고자산의 물리적 손상에 대한 위험을 부담하는 경우

기업이 신용 위험을 부담하는 경우

이 기준에 따라 기업은 거래 구조를 분석하여 총액 또는 순액 방식을 결정해야 한다.

③ 총액과 순액 방식의 세무적 영향

• 법인세 측면

법인세는 과세소득(수익-비용)을 기준으로 하므로, 매출을 총액 또는 순액으로 인식하더라도 과세소득이 동일하면 영향이 없다.

기업이 총액과 순액 방식 중 어느 것을 적용해도 법인세 부담에는 변동이 없다.

• 부가 가치세 측면

부가 가치세법에서는 총액·순액 구분이 중요하며, 매출세액을 과세표준으로 하여 매입세액을 공제하는 방식으로 과세된다.

총액 방식으로 처리해야 할 거래를 순액으로 처리하면 매입세액 공제가 어려워질 수 있다.

예를 들어, 총액 방식(매출 100, 매출원가 80)으로 처리해야 하지만 순액 방식(매출 20)으로 세금계산서를 발행하면 매입세액을 공제받지 못해 추가 세금 부담이 발생할 수 있다.

④ 기업이 총액 또는 순액 방식을 선택할 때 고려해야 할 사항

총액과 순액 방식은 단순한 선택이 아니라 기업의 회계·세무 처리와 경영 전략에 영향을 미치는 중요한 결정이다. 따라서 다음 사항을 고려해야 한다. 기업의 거래 구조 분석: 계약 형태, 재고 위험 부담 여부 등을 고려해야 한다.

세무 부담 최소화: 부가 가치세 공제 여부를 확인하고 적정한 방식으로 처리해야 한다.

투자자 및 내부 보고 기준: 투자자의 신뢰도 확보 및 내부 재무 보고 기준을 준수해야 한다.

법적 리스크 방지: 총액과 순액 구분이 모호한 경우 전문가 자문을 통해 최적의 방식을 결정해야 한다.

기업이 매출을 총액 또는 순액으로 인식하는 것은 회계, 법인세, 부가 가치세에 영향을 미치는 복잡한 이슈이며, 신중한 판단이 필요하다. 총액 방식은 제품·서비스의 전체 판매 금액을 매출로 인식하며, 순액 방식은 수익에서 비용을 차감한 금액을 매출로 인식한다. 일반기업회계기준에서는 기업의 책임과 위험 부담 여부를 기준으로 총액 또는 순액 방식을 결정하여야 한다.

2. 회계에서 숨겨진 부채와 그 영향

기업은 부채를 최소화하려 하지만, 회계적으로 인식해야 하는 숨겨진 부채들이 존재한다. 이는 눈에 보이지 않는 회계적 의무로, 재무 실

사나 회계 감사에서 예상치 못한 영향을 미칠 수 있다. 대표적인 숨겨진 부채들을 살펴보며, 그 개념과 회계 처리 방법을 정리한다.

① 퇴직급여충당부채

퇴직급여충당부채는 기업이 근로자의 퇴직금을 지급할 의무를 회계적으로 반영한 부채이다.

확정급여형(DB, Defined Benefit) 퇴직연금을 채택한 기업은 근로자의 퇴직금 지급 책임이 있으며, 이를 부채로 인식해야 한다.

확정기여형(DC, Defined Contribution) 퇴직연금을 운영하는 기업은 퇴직금을 정기적으로 지급하여 책임이 없어지므로 부채로 인식하지 않는다.

즉, 기업의 퇴직연금제도에 따라 퇴직급여충당부채를 인식할지 여부가 결정된다.

② 연차충당부채

연차충당부채는 근로자가 발생시킨 유급휴가에 대한 회계적 의무를 의미한다. 근로자는 일정 근속기간에 따라 법적으로 연차휴가를 사용할 수 있는 권리를 갖는다. 휴가를 사용하지 않더라도, 근로자가 유급휴가를 사용할 권리가 존재하기 때문에 기업은 부채로 인식해야 한다. 연차촉진제도를 운영하더라도 부채 인식을 면제받지 못하며, 연차휴가가 발생한 회계연도에 맞춰 부채를 인식해야 한다.

③ 판매보증충당부채

판매보증충당부채는 기업이 제품이나 서비스를 판매한 후 A/S(사후 서비스) 비용을 예상하여 반영하는 부채이다. 자동차, 가전제품 등은 일정 기간 무상 수리 보증이 제공되며, 이를 위한 예상 비용을 부채로 인식해야 한다. 기업은 과거의 서비스 제공 데이터를 기반으로 향후 예상되는 불량률과 수리 비용을 합리적으로 추정하여 반영한다. 즉, 제품을 판매한 시점에서 A/S 비용이 미래에 발생할 것이므로 이를 판매보증충당부채로 기록해야 한다.

④ 복구충당부채

복구충당부채는 기업이 특정 사업을 운영한 후, 원상복구해야 하는 의무를 반영한 부채이다. 주유소 사업의 경우, 영업 종료 시 오염된 토양을 원상복구해야 하는 비용이 발생할 수 있다.

사무실을 임차한 경우, 계약 종료 시 원상복구 의무가 있으면 해당 비용을 예상하여 부채로 인식해야 한다. 이러한 원상복구 비용을 미리 계산하여 기업이 복구충당부채로 기록하는 것이 필요하다.

이러한 회계 부채를 인식하지 않으면 회계 감사 및 재무 실사 과정에서 기업의 재무 상태가 실제와 다르게 평가될 수 있다. 따라서 숨겨진 부채들을 미리 파악하고 적절히 관리하여 기업의 재무 안정성을 유지하는 것이 중요하다.

제3장 후기 단계의 스타트업의 회계관리

제1절 자회사가 있는 스타트업의 주요 회계 처리

자회사를 운영하는 스타트업은 채권·채무 관리, 재고 및 유형자산 정리, 회계 계정 표준화, 회계기간 및 회계정책 통일, 재무보고 시스템 확립 등의 과정이 필요하다. 본사가 자회사를 관리하기 어려운 경우에도 체계적인 관리 시스템을 구축하면 문제없이 운영할 수 있다.

1. 각종 채권·채무 정리

영업팀 및 자금팀과 협력하여 현재 부담해야 하는 채권과 채무를 확정한다. 채권 소멸시효 및 대손상각비의 세법적 인정 여부는 전문가의 자문을 받아 결정한다. 금액적 중요성을 고려하여 검토에 들이는 시간과 노력을 적절히 배분해야 한다.

2. 재고 및 유형자산 정리

재고자산: 기준일을 설정하고 전수 실사를 수행하거나 3PL(Third-Party Logistics) 업체의 재고 보유 문서를 확인하여 재고 수량을 확정한다.

유형자산: 실사를 수행하여 유형자산 목록과 실제 자산을 비교하고, 과거 감가상각비가 반영되지 않은 부분을 조정한다.

적절한 단가를 계산한 후 재고금액을 산정하고 재무제표상 오류를 수정해야 한다.

3. 회계 계정 표준화

동일한 거래라도 모회사와 자회사가 다른 회계 계정을 사용하는 경우가 많다.

스타트업은 담당자의 기장 방식에 따라 회계 계정이 달라지므로 표준화가 필요하다.

계열사 전체적으로 회계 계정을 일치시키는 프로젝트를 진행하고, 연 단위로 모니터링을 실시해야 한다.

4. 회계기간 및 회계정책 통일

연결회계를 적용하려면 모회사와 자회사 간 결산종료일 차이가 3개월을 초과할 수 없다. 결산종료일 차이가 크다면 정관 변경 및 법인세 사업연도 변경 신청을 검토해야 한다.

모회사와 자회사가 재고자산 단가 계산 방식(선입선출법, 평균법, 후입선출법)을 일치시켜야 한다. 해외 소재 자회사의 회계 기준이 다를 경우, 모회사 기준에 맞춰 재산출해야 한다.

5. 재무보고 시스템 확립

보고 주기 및 기한을 설정하여 지속적인 모니터링을 수행해야 한다. 모회사에서 필요로 하는 정보를 표준화된 서식으로 관리하면 효율성이 높아진다. 모·자회사 간 내부 거래 및 채권·채무를 정기적으로 대조하여 차이를 검토해야 한다.

6. 지분법 및 연결재무제표 적용 여부

스타트업이 여러 개의 법인을 운영하는 경우 회계 기준에 따라 지분법 또는 연결재무제표 적용이 필요할 수 있다. 기업 간 지분 관계에 따라 재무제표 작성 방식이 달라지므로, 이를 적절히 이해하고 반영하는 것이 중요하다.

가. 종속기업과 관계기업

기업 간 지분율에 따라 종속기업과 관계기업으로 분류된다.

종속기업: 모회사가 지분율 50% 초과를 보유한 경우

관계기업: 모회사가 지분율 20% 이상 50% 이하를 보유한 경우

종속기업은 모회사의 경영 지배력이 있는 기업으로 연결재무제표 작성이 필요할 수 있으며, 관계기업은 모회사에 영향을 미치지만 완전한 지배력을 행사하지 않는 기업으로 지분법을 적용할 수 있다.

나. 특수관계법인

스타트업이 여러 개의 법인을 운영하는 경우 특수관계법인이 될 가능성이 크다.

동일한 지배주주가 여러 회사를 소유하는 경우

법적으로는 별개의 법인이지만 실질적으로 관련성을 가지는 경우

특수관계법인은 일반적으로 재무제표 작성 시 별도로 반영되지 않지만, 국세청이 내부 거래를 중점적으로 점검하는 대상이 될 수 있으므로 주의가 필요하다.

다. 지분법 회계 처리

지분법은 모회사가 관계·종속기업의 손익을 지분율만큼 반영하는 방식이다. 예를 들어, 모회사가 자회사 지분 40%를 보유한 경우, 자회

사 손익의 40%를 모회사의 재무제표에 반영한다.

지분법을 적용하면 모회사 재무제표에서 자회사의 손익이 주식 평가손익으로 반영된다.

법정 감사를 받는 기업이라면 지분법 적용이 필요할 수 있다.

지분법 회계 처리는 난이도가 높으므로, 미리 자회사 재무 정보를 검토하여 회계 처리 방식을 결정해야 한다.

라. 연결재무제표 작성

연결재무제표는 모회사와 종속기업을 하나의 경제적 실체로 보고 재무제표를 통합하는 방식이다. 법정 감사를 받는 법인이고 종속기업도 법정감사 대상인 경우, 연결재무제표 작성이 필요하다.

연결재무제표를 작성하면 모회사와 종속기업의 자산, 부채, 수익, 비용이 모두 통합하여 반영된다. 연결재무제표 작성이 필요한 기업은 회계 기준에 따라 모든 종속기업을 통합하여 하나의 실체처럼 처리해야 한다. 기업 내부 거래가 많을수록 작성이 어려워지므로 전문가의 도움을 받는 것이 좋다.

제2절 스타트업의 주요 경영관리

스타트업은 일반적으로 지분 인수 대상이 되지만, 스케일업을 위해 지분을 인수하는 경우도 있다. 그러나 경험 부족으로 인해 지분 인수 시 발생할 수 있는 여러 이슈를 충분히 이해하지 못하는 경우가 많다.

지분 인수 및 사업 양수도를 고려하는 스타트업이 반드시 알아야 할 핵심 사항을 자세히 정리한다.

1. 지분인수와 합병의 차이

지분인수: 개별 법인의 법적 실체를 유지하면서 모회사와 자회사 관계를 형성하는 방식이다.

- 지분을 일부만 인수하거나 추후 다시 양도할 수 있어 유연성이 높다.
- 그러나 지분법, 연결재무제표 작성 등 복잡한 회계 이슈가 발생할 수 있다.

합병: 두 개의 회사를 합쳐 법적으로 하나의 기업으로 만드는 방식이다.

- 합병된 회사는 법적 실체가 사라지며, 모든 권리와 의무가 승계된다.
- 그러나 절차가 복잡하고 법무·회계·세무 전문가의 도움이 필요하며, 많은 비용과 시간이 소요된다.

2. 거래가액 결정

지분을 인수할 때 거래가액을 올바르게 산정해야 하며, 특수관계자 여부에 따라 세법적 영향을 고려해야 한다.

- 특수관계자 간 거래: 세법상 시가(비상장주식평가액 등)를 기준으로 인수해야 하며, 시가보다 낮은 금액으로 거래하면 세금이 부과될 수 있다.
- 비특수관계자 간 거래: 일반적으로 거래가액에 대한 문제는 적지만, 규모가 크다면 밸류에이션 보고서를 마련하여 이슈를 최소화

하는 것이 좋다.
- 특수관계자와 비특수관계자의 거래가액(주당 단가)이 다를 경우 세무 문제가 발생할 수 있으므로 주의해야 한다.

3. 실사의 중요성

지분 인수 후 예상치 못한 부채나 자산 손실이 발생할 경우, 이를 사전에 방지하기 위해 실사를 철저히 수행하는 것이 중요하다.

재무실사(FDD, Financial Due Diligence)
- 인수 대상 회사의 재무 정보가 올바르게 작성되었는지 확인하는 절차이다.
- 필요에 따라 수익성과 안정성을 검토하여 인수 후 재무 리스크를 최소화한다.

세무실사(TDD, Tax Due Diligence)
- 과거 세무 신고 내역을 검토하여 세무 리스크를 분석하고, 문제가 있는 경우 거래가액에 반영할 수 있다.
- 거래 규모가 크거나 세금계산서 발행이 정상적으로 이루어지지 않았던 회사라면 세무 실사를 필수적으로 수행해야 한다.

4. 지분법 회계 처리

지분을 20% 이상 인수한 경우, 지분법 회계 처리를 적용해야 한다 (일반기업회계기준 기준).
- 법정감사 대상이 아닌 경우, 반드시 지분법을 적용할 필요는 없지

만, 기업의 재무 투명성을 위해 고려해야 한다.
- 지분법 회계 처리는 난이도가 높으며, 자회사 재무 정보의 정확성이 요구되므로 인수 시점부터 철저한 준비가 필요하다.
- 감사를 받는 회사는 감사 의견에 영향을 줄 수 있는 중요한 항목이므로 반드시 신경 써야 한다.

5. 연결재무제표 작성 필요성

법정감사 대상인 기업이 종속기업을 보유한 경우, 연결재무제표 작성이 요구된다.

- 연결재무제표는 단순 합산이 아니라 두 회사를 하나의 법인처럼 간주하여 재무제표를 재작성하는 개념이다.
- 기업 내부 거래가 많을수록 작성이 어렵기 때문에, 전문가의 도움을 받는 것이 필수적이다.

6. 출자금 회수 방식과 세금 영향

가. 유상감자

- 유상감자는 주식 양도로 보지 않으므로 증권거래세 또는 양도소득세가 과세되지 않는다.
- 감자대가가 주식의 취득가액을 초과할 경우 의제배당으로 보아 소득세가 부과될 수 있다.
- 불균등 감자의 경우, 대주주가 일정 수준 이상의 이익을 얻으면 증여세가 추가로 발생할 가능성이 있다.

나. 주식양도

- 양도소득세 및 증권거래세가 부과되며, 유상감자보다 세금 부담이 작을 가능성이 있다.

- 유상감자와 주식양도를 비교하여 최적의 회수 방법을 선택해야 한다.

7. 사업양수도 시 고려해야 할 사항

가. 부가 가치세가 과세되지 않는 사업양수도 요건

- 사업장의 모든 사업을 승계해야 한다.

- 모든 권리와 의무를 포괄적으로 승계해야 하지만, 미수금·미지급금·비업무용 부동산은 포함하지 않아도 된다.

나. 특정 사업부문만 포괄양수도 하는 경우

- 별도 사업장이 아니라면 부가 가치세가 과세될 가능성이 있다.

- 같은 사업장에서 일부 사업만 양도할 경우, 부가 가치세를 납부해야 한다.

다. 회계 처리 방식

- 양도 회사의 자산과 부채를 그대로 가져와 합산하는 것이 원칙이다. 내부 관리 목적으로 별도 계정으로 표시할 수 있으나, 법인세 신고 및 외부 감사 시 합산이 필요하다.

라. 기타 세금 신고

- 사업 양수 시 취득세 납부 의무가 발생할 수 있으므로, 부동산·차량·기계장비 등 과세 대상 자산을 확인해야 한다.

마. 부가 가치세 대리납부 제도 활용

- 부가 가치세 과세 여부가 애매할 경우, 사업 양수인이 양도인으로부터 부가 가치세를 징수하여 대리납부할 수 있다. 대리납부한 세금은 추후 매입세액으로 공제 또는 환급 가능하다.

스타트업이 성장하는 과정에서 지분 인수 및 사업 양수도 전략을 명확하게 설정하면 재무 안정성을 확보할 수 있으며, 장기적인 성장을 위한 발판을 마련할 수 있다.

**고도의 전문성과 업무 경험을 바탕으로
스타트업의 성장을 위한 IP 솔루션을 제공하는 전문가**

온어스특허법률사무소 대표

변리사 윤영진

주요 경력

- 제 47회 변리사 시험합격
- 미국 워싱턴 D.C 변호사
- 창업보육전문매니저, 기술가치평가사, 산업보안관리사
- 전) 중소벤처기업부 비즈니스지원단 기술·특허전문위원
- 현) 한국산업기술보호협회 전문위원
- 현) 온어스특허법률사무소 대표변리사

전문 분야

- 기술 포지셔닝, 시장선점 전략, IP 트렌치 구축, 밸류업, 파이낸싱

스타트업을 위한 한 마디 조언

"특허, 스타트업에게는 선택이 아니라 전략이다"

05

특허

스타트업에게 특허는
선택이 아니라
생존 전략이다

스타트업의 시작은 언제나 하나의 아이디어에서 비롯된다. 작은 문제를 해결하려는 창의적 발상일 수도 있고, 기존 시장의 비효율을 개선하려는 기술적 시도일 수도 있다. 하지만 그 아이디어가 현실이 되어 시장에 진입하는 순간부터, 경쟁과 모방의 위험이 본격적으로 시작된다. 바로 이때, 특허는 단순한 법적 보호 수단을 넘어 사업 전략의 중심축이 된다.

특허란 일정한 요건을 만족하는 발명에 대해 일정 기간 독점적 권리를 부여함으로써, 아이디어를 단순한 생각이 아니라 '배타적 자산'으로 바꾸어 주는 제도이다. 스타트업에게 특허는 경쟁을 피하고 가격 경쟁에 휘말리지 않기 위한 가장 실질적인 방패가 될 수 있다. 특허가 없을 경우, 기술력보다는 결국 '가격'이 유일한 경쟁 수단이 된다. 중국 전기차 시장의 배터리 가격 사례가 이를 단적으로 보여 준다. 2024년 초,

중국의 대표 배터리 기업 CATL은 리튬인산철(LFP) 배터리 셀의 공급가를 와트시(Wh)당 0.4위안 이하로 낮추겠다고 발표하였다. 이는 불과 1년 전 대비 가격이 절반 이하로 떨어진 수치이다. 기술력에 기반한 차별화를 확보하지 못한 기업들은 이 같은 가격 하락 흐름에 무방비로 노출될 수밖에 없다. 결국 품질을 유지하면서도 가격을 낮추는 '치킨 게임'에 휘말리고, 이익을 확보하기 어려운 구조 속에서 버티기 경쟁을 벌이게 된다. 이는 단순히 제조업에 국한된 이야기가 아니다. 플랫폼, 콘텐츠, 서비스 업종에서도 독창적인 기술이 특허로 보호되지 않는다면, 결국 가격과 마케팅 비용 경쟁만이 남게 되는 것이다.

특허는 기술 그 자체만을 보호하는 것이 아니라, 문제를 해결하는 새로운 방식, 서비스가 작동하는 독창적 흐름, 사용자의 경험을 극대화하는 알고리즘적 아이디어 등을 폭넓게 포괄한다. 즉, 겉으로 드러나는 제품이나 앱이 아니라, 그 이면의 논리적·기술적 차별성을 지켜 내는 수단이 되는 것이다. 특허는 또한 기업의 무형 자산으로 회계에 반영될 수 있으며, 정부지원사업, 기술 인증, 투자유치 등에서 기업의 기술력과 성장 가능성을 입증하는 핵심 지표로 기능한다. 특허를 보유하고 있다는 사실만으로도, 시장은 그 기업의 미래 가능성을 다시 보게 된다.

이제부터는, 그간 스타트업을 대상으로 IP 업무를 수행해 오면서 가장 자주 받아온 특허 관련 질문들을 중심으로, 특허가 왜 사업에 꼭 필요한 전략적 자산인지 하나씩 살펴보고자 한다.

제1장 스타트업이 가장 많이 문의하는 5가지 특허 질문

Q1. 기술 기업이 아니더라도 특허가 필요한가요?

🅐 특허는 흔히 '기술기업'만의 것이라고 생각되지만, 실제로는 그렇지 않다. 생활 속 아이디어나 서비스 분야의 기업도 자신의 독창적인 아이디어나 문제 해결 방식을 특허로 보호받을 수 있다. 중요한 것은 기술의 복잡성보다는 '신규함'과 '진보함'이다.

예를 들어, 프랜차이즈 업계에서도 특허를 전략적으로 활용하는 사례가 적지 않다. 잘 알려진 치킨 프랜차이즈인 BHC와 BBQ는 바삭한 식감을 구현하는 조리 방법에 대해 각각 특허를 출원한 바 있다. 이는 단순히 치킨을 판매하는 것이 아니라, '바삭한 치킨을 구현하는 조리 기술'을 통해 기술적 차별화를 꾀하고, 이를 마케팅 및 경쟁력 확보 수단으로 활용한 사례라 할 수 있다.

참고로 치킨 프랜차이즈 업계에서도 이러한 조리 기술을 둘러싸고 특허 분쟁이 실제로 발생한 적이 있으며("[판결] 네네치킨, "bhc 뿌링클 치킨은 특허침해" 소송 냈지만 1심서 '패소'", 법률신문, 2018.06.22.), 이는 기술 기반 경쟁이 치열하게 전개되고 있음을 보여 준다.

서비스업도 마찬가지이다. 고객의 행동 데이터를 분석하여 최적의 마케팅 시점을 자동으로 추천하는 알고리즘, 음식 배달 과정을 효율화하는 주문 프로세스 등은 모두 특허로 보호 가능한 아이디어이다.

이처럼 업종을 불문하고 새로운 방식으로 문제를 해결하거나 기존과는 다른 사업 방식을 제안한다면, 특허를 통해 해당 아이디어를 독점적으로 보호할 수 있다. 더 나아가, 특허는 단순한 권리 확보를 넘어 기업의 전문성과 기술력을 보여 주는 지표가 되기도 한다. 투자자에게는 신뢰를, 소비자에게는 차별화를 전달할 수 있는 일종의 '브랜드 자산' 역할을 하게 되는 것이다.

Q2. 특허 등록되면, 제품이 보호되는 것 맞나요?

A 특허 상담을 하다 보면, 많은 대표님들이 제품과 특허를 동일한 개념으로 혼동하는 경우가 많다. 하지만 특허는 제품 자체를 보호하는 것이 아니라, 그 제품 속에 담긴 기술적 아이디어를 보호하는 권리이다. 예를 들어, 우리가 일상적으로 사용하는 스마트폰 하나에도 수십만 개의 특허가 얽혀 있는 것으로 알려져 있다. 공개된 정보에 따르면, 안테나 관련 7,500건, 디스플레이 15,000건, 모뎀 7,000건, 파워 회로 14,000건, 카메라 4,800건, 디바이스 구조 6,300건, 소프트웨어 관련 20,000건 등 총 250,000건 이상의 특허가 스마트폰 한 대에 포함되어 있다. 이처럼 눈에 보이는 완제품 뒤에는 수많은 기술 요소가 존재하며, 각각의 기술이 별개의 특허로 보호되고 있다.

따라서 특허를 준비할 때는 단순히 제품의 외형이나 구성요소가 아니라, 그 속에 숨은 핵심 원리와 기술적 작동 방식에 집중해야 한다. 예컨대, 새로운 기능을 가진 '스마트 컵'을 개발했다면, 컵의 형태를 특허로 보호하기보다는 온도를 자동으로 조절하는 방식이나 센서의 작동 원리 등 기술적 요소를 특허로 확보해야 한다. 그래야만 경쟁업체가 겉모양만 살짝 바꾼 유사 제품을 내놓더라도 효과적으로 대응할 수 있다. 결국 특허는 제품 그 자체가 아니라, 기술의 '핵심 개념'을 보호하는 수단이라는 점을 명확히 인식할 필요가 있다.

제품과 기술의 차이

제품
VS
기술

안테나 7,500개
디스플레이 15,000개
모뎀 7,000개
파워 14,000개
카메라 4,800개
디바이스 6,300개
소프트웨어 20,000개
…
특허 약 250,000개

Q3. 특허 등록이 되면, 특허 침해 이슈가 발생하지 않는 것이 맞나요?

A 특허를 등록했다고 해서, 그 기술을 마음대로 사용할 수 있는 것은 아니다. 얼핏 보면 납득하기 어려운 말처럼 들릴 수 있지만, 이것이 바로 특허 제도의 핵심적인 특징이다. 특허는 '배타적 권리'이지, '사용 허가증'이 아니기 때문이다.

즉, 내가 어떤 기술에 대해 특허를 받았더라도, 그 기술이 기존의 넓은 범위 특허에 일부 포함되는 경우에는 오히려 내가 타인의 특허를 침해하는 상황이 발생할 수 있다. 이는 특히 기술의 발전이 점진적으로 이루어지는 분야에서 자주 발생하는 문제이다.

쉽게 말해, 특허는 방패가 아니라 창에 가깝다. 내가 먼저 무언가를 발명했더라도, 그것이 다른 사람의 기존 특허 영역을 침범한다면 자유롭게 사용할 수 없는 것이다. 특허권은 남이 내 기술을 쓰지 못하게 막는 권리이지, 내가 해당 기술을 자유롭게 사용할 수 있는 권리는 아니다.

이러한 구조 때문에, 스타트업의 대표자는 특허를 출원하고 등록받는 것만큼이나, '기존 특허에 대한 사전 조사'가 중요하다. 내 발명이 등록되었더라도, 이를 제품이나 서비스로 사업화하기 전에 선행 특허들이 존재하는지, 그로 인해 침해 가능성이 없는지를 반드시 검토해야 한다.

필요하다면 '회피 설계' 즉, 타인의 특허 권리범위를 침해하지 않도록 기술 내용을 일부 조정하는 설계 방식을 통해 리스크를 줄이는 작업도 병행해야 한다.

결국, 특허 등록은 기술 보호의 시작일 뿐이다. 침해 위험을 줄이기 위해서는 등록 이후에도 관련 분야의 특허 지형에 대한 지속적인 분석과 대응이 반드시 필요하다.

Q4. 특허를 받기 위해서는 제품이 있어야 할까요?

A "다음 달쯤에 제품이 완성되니까, 그때쯤 특허를 의뢰드리면 될까요?"라는 질문은 스타트업 창업자들 사이에서 자주 들을 수 있는 이야기다. 하지만 결론부터 말하자면, 제품이 없어도 특허는 충분히 출원 가능하다.

특허는 구체적이고 실현 가능한 기술적 아이디어에 부여되는 권리이지, 완제품의 존재를 요구하지 않는다. 실제로 특허 심사는 제출된 명세서와 도면에 기반하여 발명의 신규성, 진보성 등의 특허요건을 판단할 뿐, 시장에 출시된 완성품이 있는지를 기준으로 하지 않는다.

다만, 아이디어가 막연하기만 하고 기술적으로 어떻게 구현할 수 있는지 설명할 수 없다면 특허 등록은 어려울 수 있다. 즉, 실현 가능성이 인정되려면 아이디어를 어떻게 구성하고 어떤 방식으로 동작하는지를 구체적으로 서술해야 한다.

예를 들어 앱 서비스의 경우, 단순히 "사용자가 편리하게 이용할 수 있는 서비스"라고만 설명해서는 안 되고, 서비스 화면의 구성 흐름, 데이터 처리 방식, 서버와의 통신 구조 등 구체적으로 실현가능한 관련 기술 요소들을 명확하게 제시해야 한다.

제품이 아직 완성되지 않았더라도, 설계도, 시제품 이미지, 실험 결과 등의 보조 자료가 있다면 함께 제출하여 아이디어의 구현 가능성을 입증할 수 있다.

특히, 창업 초기라면 '임시명세서 출원 제도(가출원)'를 활용하는 것도 좋은 전략이다. 이 제도는 아이디어가 구체화되기 전이라도 기존 자료를 활용하여 출원일을 확보할 수 있게 하고, 이후 1년 이내에 본 출원으로 전환할 수 있는 제도이다.

요컨대 제품은 나중에 출시하더라도, 기술에 대한 권리는 먼저 확보해 두는 것이 바람직하다. 초기 단계일수록 아이디어를 안전하게 보호하는 전략적 사고가 필요하다.

Q5. 비즈니스 방법도 특허가 된다고요?

🅐 과거에는 특허라고 하면 주로 기계, 화학, 전자 등 전통적인 기술 분야만을 떠올렸지만, 오늘날에는 소프트웨어 및 인터넷 기반의 비즈니스 모델도 중요한 특허 대상이 되고 있다. 이러한 분야는 흔히 BM(Business Method) 특허라고 불리며, PC나 인터넷을 통해 구현되는 사업 방식이라면 특허로 보호받을 수 있다.

예를 들어, 온라인 쇼핑몰의 주문·결제 시스템, O2O(Online to Offline) 서비스의 사용자-업체 매칭 방식, 모바일 앱의 콘텐츠 추천 알고리즘 등은 모두 BM 특허의 대표적인 사례에 해당한다.

해외 사례로는 아마존의 '원클릭 주문' 특허가 유명하다. 사용자가 로그인한 상태에서 클릭 한 번만으로 주문을 완료할 수 있게 하는 이 시스템은, 기존 기술을 조합한 것이지만 새로운 방식으로 상거래를 수행한다는 점에서 특허로 인정받았다.

아마존의 미국등록특허 제5,960,411호('원클릭 특허')

즉, 기존 기술을 단순히 사용하는 것을 넘어서, 이를 새로운 비즈니스 방식으로 연결하고 구현했다면, 기술 기반이 아닌 서비스 중심의 아이디어라 하더라도 특허를 받을 가능성이 존재한다.

물론 단순한 비즈니스 아이디어만으로는 특허 등록이 어려울 수 있다. "이런 서비스 해보면 어떨까?" 수준의 구상은 특허가 되지 않는다. 어떤 기술적 수단을 통해 해당 서비스를 구현할 것인지에 대한 구체적인 구조와 절차가 요구된다.

BM 특허를 준비할 때는, 서버의 동작 흐름도, 데이터의 처리 방식, 사용자 인터페이스와의 상호작용 과정 등을 명확히 서술해야 하므로, 개발자와의 협업을 통해 기술적 세부 내용을 충분히 확보하고, 이를 특허 명세서에 체계적으로 반영하는 것이 중요하다.

결론적으로, 기술 기반이 약한 서비스업 창업자라 하더라도 독창적인 사업 모델과 그 구현 기술이 있다면, 이를 특허로 확보하는 전략은 충분히 가치가 있다. 이후 유사한 서비스가 시장에 등장하더라도, 핵심 기술을 특허로 보호하고 있는 기업은 원천기술을 보유한 선도자로서 시장에서 주도권을 가질 수 있다.

제2장 특허 획득을 위한 여정과 난관
제1절 특허출원에서 등록까지의 흐름

특허를 얻는 과정은 종종 마라톤에 비유된다. 단순히 아이디어를 떠올리는 데서 끝나는 것이 아니라, 특허권을 확보하기까지 여러 단계의 절차와 긴 시간이 소요되기 때문이다. 전체적인 절차는 다음과 같은 흐름으로 진행된다.

① **출원 준비**: 가장 먼저 발명의 내용을 특허 명세서라는 형태로 정리해 특허청에 출원해야 한다. 이 명세서에는 발명의 상세한 설명, 도면, 청구항 등이 포함되며, 보통 변리사의 도움을 받아 약 1개월 내외의 기간을 들여 준비하게 된다.

② **출원 및 공개**: 출원이 되면 '출원일'이 부여되며, 이 시점부터 권리 획득을 위한 절차가 공식적으로 시작된다. 출원일로부터 1년 6개월이 지나면 해당 내용은 자동으로 공개된다(특허법 제64조).

③ **심사 청구**: 한국 특허 제도는 출원했다고 해서 자동으로 심사가 진행되는 것은 아니다. 출원일로부터 3년 이내에 '심사청구'를 해야 비로소 심사가 개시된다. 대부분은 조기에 권리를 확보하기 위해 출원과 동시에 심사청구를 진행하는 경우가 많다.

④ **심사 단계**: 특허청은 심사청구가 접수되면 심사관이 선행기술 조사 및 법적 요건 검토를 통해 해당 발명이 특허로서의 요건을 충족하는지를 판단하게 된다. 주요 심사 기준은 신규성(이전에 공개

된 기술에 해당하는지 여부), 진보성(기존 기술보다 진보된 내용인지 여부), 산업상 이용가능성(실제로 산업에 활용할 수 있는지 여부)이다. 일반적으로, 첫 번째 심사 결과가 나오기까지 평균 18개월에서 24개월 정도 소요된다.

⑤ **심사 결과**: 심사관이 거절 사유를 발견하지 못한 경우, 출원은 곧바로 등록결정이 내려지게 된다. 반면, 심사관이 일부 요건이 충족되지 않았다고 판단할 경우에는 그 사유를 출원인에게 통지하고 보완을 요구하는 거절 이유통지서가 발부된다.

⑥ **의견 대응 및 보정 절차**: 거절 이유가 통지된 경우 출원인은 의견서 또는 보정서를 제출해 반박하거나 수정할 수 있다. 보정은 청구항이나 명세서 일부를 수정하여 거절 사유를 해소하는 절차이고, 의견서는 왜 해당 발명이 특허로서의 요건을 충족하는지를 논리적으로 설득하는 문서이다. 이러한 대응은 한 두 차례 또는 그 이상 이뤄질 수 있으며, 보통 수개월(2~6개월) 이상 소요될 수 있다.

⑦ **등록 및 후속관리**: 모든 심사를 통과하면 최종적으로 등록결정이 내려지고, 설정등록료를 납부하면 특허권이 발생한다. 일반적인 경우, 출원일부터 등록까지 약 26개월이 소요된다는 통계가 있다. 등록 후에는 특허 유지 관리를 위해 매년 또는 일정 주기마다 연차등록료를 납부해야 하며, 특허권은 원칙적으로 최대 20년간 유지된다.

위와 같은 과정을 보면, 특허 획득은 단기간에 끝나는 절차가 아니며 상당한 인내와 전략적 대응이 요구되는 여정이다. 스타트업은 이 기간을 감안하여 IP 전략을 사전에 수립할 필요가 있으며, 특히 거절 이유가 나왔을 때 어떻게 대응할지에 대한 Plan B 계획도 함께 마련해 두어야 한다.

이하에서는, 심사 속도를 가속하는 방법과, 거절 이유에 대한 효과적인 대응 전략에 대해 살펴본다.

제2절 특허권을 빠르게 확보하기 위한 우선심사

스타트업에게 있어 1~2년씩 심사 결과를 기다리는 것은 큰 부담이 될 수 있다. 기술과 시장이 빠르게 변하는 상황에서는, 특허가 등록되기 전에 경쟁사가 유사한 제품을 먼저 출시하거나 시장 주도권을 뺏길 위험이 있기 때문이다.

이러한 경우에 활용할 수 있는 제도가 바로 우선심사 제도이다. 우선심사란 말 그대로 심사 순서를 앞당겨, 빠르게 특허 여부를 판단해 주는 제도이다. 한국 특허청은 일정한 요건을 갖춘 출원에 대해 우선심사를 허용하고 있으며, 스타트업이 주로 활용하는 사유는 다음과 같다:

① 출원인이 출원된 발명을 업으로서 실시 중이거나 실시 준비 중인 출원

② 벤처기업의 확인을 받은 기업의 출원

③ 인공지능, 사물인터넷, 삼차원 프린팅, 자율주행차, 빅데이터, 클라우

드컴퓨팅, 지능형로봇, 스마트시티, 가상증강현실, 혁신신약, 신재생에너지, 맞춤형 헬스케어, 드론, 차세대 통신, 지능형반도체, 첨단소재, 블록체인, 스마트제조, 차세대바이오의약품 기술을 활용한 특허출원으로서 특허청이 별표 3에서 정하는 4차 산업혁명 관련 新특허분류를 부여한 특허출원

위 요건 외에도 다양한 요건들이 있으며, 우선심사를 신청하면 일반 심사보다 훨씬 빠르게 심사에 착수하게 된다. 통상적으로 일반 심사는 심사 청구 후 1년 이상 대기해야 하지만, 우선심사로 결정되면 2~5개월 내에 심사가 개시되는 것이 일반적이다.

실제 사례에서도, 출원부터 등록까지 2년 이상 걸리는 일반적인 흐름과 달리, 우선심사를 통해 평균 3~6개월 이내에 등록된 사례들도 있다. 스타트업에서 우선심사를 전략적으로 활용할 수 있는 상황은 다음과 같다.

① 경쟁사가 속속 등장하고 있는 경우: 시장 선점이 시급할 때, 조기에 특허 등록을 받아 경쟁사에 대한 경고 또는 견제 수단으로 활용할 수 있음

② 투자유치를 앞두고 있는 경우: 확정된 특허권은 기술력 입증 수단이 되므로, 우선심사를 통해 빠르게 등록을 확보하면 특허 포트폴리오의 신뢰도를 높일 수 있음

③ 정부 R&D 과제 또는 각종 지원사업에 참여하는 경우: 일부 사업에서는 특허 등록 여부에 따라 가산점이 부여되므로, 우선심사를 통해 등록 시점을 앞당기는 것이 유리할 수 있음

다만, 우선심사는 별도 신청이 필요하며, 소정의 수수료가 발생하게 된다. 또한, 명세서의 기술적 완성도가 충분히 갖춰진 상태여야 심사가 순조롭게 진행되므로, 성급한 출원은 오히려 불리하게 작용할 수 있다.

결국, 우선심사는 신속성과 완성도 사이의 균형을 어떻게 잡느냐에 따라 그 효과가 달라지는 전략적 제도이다. 스타트업이라면 특허 확보 시점이 중요한 사업 전략과 맞물릴 때, 우선심사를 적극 고려할 필요가 있다.

제3절 특허권을 빠르게 확보하는 것이 무조건 좋은 건 아니다.

스타트업에게 있어 특허 등록을 빠르게 받는 것이 무조건 좋다고 보기는 어렵다. 많은 창업자가 특허를 빨리 확보하면 안정감을 느끼겠지만, 때로는 특허의 등록 시기를 전략적으로 조정하는 것이 더 효과적일 수도 있다.

첫째, 기술의 완성도와 관련된 문제이다. 기술 개발이 지속적으로 이루어지는 분야의 경우, 초기 버전의 기술로 너무 일찍 특허를 등록하면 이후 기술이 발전했을 때 다시 특허를 추가로 출원해야 하는 번거로움이 발생할 수 있다. 따라서 기술이 충분히 성숙한 시점에서 특허를 출원하거나, 초기 출원 후 심사청구를 미뤄 기술을 더욱 보완하는 전략이 유리할 수 있다.

둘째, 사업 방향의 유연성 문제이다. 스타트업은 피봇(pivot)을 통해 사업 모델이 자주 변경될 수 있다. 만약 특허를 너무 빨리 등록하면 이후 변경된 사업 방향과 특허 청구항이 맞지 않는 상황이 발생할 수 있다. 특허법상 출원 후 최대 3년 동안 심사청구를 유예할 수 있는데, 이를 활용하면 시장 변화에 따라 특허의 방향성을 조정하거나 기술을 보완하는 시간을 확보할 수 있다.

그러나 심사 시기를 늦출 경우 경쟁사가 빠르게 시장에 진입하거나, 유사 기술에 대한 후속 특허가 먼저 등록될 가능성이 있으므로 이러한 점을 충분히 고려하여 신중하게 전략을 수립해야 한다.

또한, 특허 공개와 관련한 전략적 고려도 필요하다. 특허는 출원 후 1년 6개월이 지나면 자동으로 공개되며, 이때 공개된 정보를 통해 경쟁사들이 기술을 미리 분석하고 대응 전략을 수립할 수도 있다. 따라서 아직 시장에 진입하지 않은 단계라면 특허를 최대한 비공개 상태로 유지하면서 경쟁사에게 기술의 범위를 명확히 드러내지 않고 불확실성을 주는 전략을 구사할 수도 있다.

특허 등록을 빨리 진행할지 아니면 심사 시점을 전략적으로 조율할지는 스타트업의 사업 속도와 상황에 따라 달라져야 한다. 항상 빠르게 특허를 등록하는 것이 최선이라는 생각에서 벗어나, 사업 전략과 시장 상황에 맞춰 적절한 타이밍에 특허를 확보하는 것이 중요합니다. 때로는 'Patent Pending(특허 출원 중)' 상태를 유지하며 전략적 유연성을 가지는 것도 현명한 선택이 될 수 있다.

제4절 심사관 의견 대응: 보정과 거절 이유 극복 전략

특허 출원 과정에서 심사관으로부터 거절 이유 통지를 받는 일은 흔하게 발생할 수 있는 일이다. 하지만 이런 통지를 받았다고 해서 지나치게 낙담할 필요는 없다. 오히려 심사관의 거절 이유 통지는 자신의 특허를 더욱 견고하고 경쟁력 있게 만들 수 있는 좋은 기회로 활용할 수 있다.

그렇다면 거절 이유 통지를 받았을 때는 어떻게 대응하면 좋을까?

먼저, 심사관이 지적한 거절 사유를 차분히 분석하여 정확히 파악하는 것이 중요하다. 일반적으로는 선행기술과의 차별성이 불충분하거나, 명세서의 기재 내용이 미비한 경우가 대부분이다. 거절 이유가 명확히 파악되었다면, 이에 대한 대응은 주로 '의견서 제출' 또는 '명세서 보정'이라는 두 가지 방법으로 이루어진다.

① (의견서 제출) 의견서 제출은 심사관이 지적한 거절 사유에 대해 반박 논리를 제시하고, 심사관을 설득하여 특허성을 인정받도록 하는 방법이다. 예를 들어, 자신의 발명이 선행기술과 어떻게 구체적으로 다른지, 그리고 그 기술적 의의와 효과가 무엇인지 논리적으로 상세히 설명하는 것이다. 필요하다면 선행기술과 자신의 발명을 비교한 표를 작성하여 심사관이 차이점과 그 효과를 보다 명확히 이해할 수 있도록 하는 것도 좋은 전략이 될 수 있다.

② (명세서 보정) 명세서 보정은 심사관이 지적한 거절 이유를 해소하기 위

해 명세서, 특히 청구항을 수정·보완하는 방법이다. 예를 들어, 청구항의 범위가 너무 넓어 선행기술과 중복된다고 판단될 경우, 발명의 특정 구성요소를 구체화하거나 일부 한정 요소를 추가하여 발명의 범위를 좁히는 방식으로 신규성 및 진보성을 확보할 수 있다. 또한, 명세서에 설명이 부족하여 기재불비가 지적된 경우에는 필요한 설명을 추가하여 기재 요건을 충족시키도록 한다. 다만, 명세서의 보정은 법적으로 정해진 제한된 범위 내에서만 허용되므로 신중하게 접근할 필요가 있다.

실제로 많은 경우 의견서 제출과 명세서 보정을 적절히 병행하면 상당수의 거절 사유를 효과적으로 극복할 수 있다.

만약 의견서 제출과 명세서 보정을 진행했음에도 불구하고 최종적으로 거절결정이 내려졌다면, 곧바로 특허 출원을 포기할 필요는 없다. 이 경우, 특허심판원에 거절결정불복심판을 청구하여 다시 한번 심사받을 수 있는 기회를 얻을 수 있다. 불복심판을 통해 최초 심사관의 판단이 적절했는지 다시 한 번 객관적으로 검토받고, 경우에 따라 등록으로 이어질 수도 있다.

이 외에도, 기존 출원의 내용을 보완하여 개선된 발명으로 새롭게 재출원을 시도하는 방법도 있다. 중요한 것은 한 두 번의 거절 이유 통지에 좌절하거나 포기하지 않고, 거절된 이유를 명확히 파악하여 발명을 지속적으로 개선해 나가는 태도이다. 이런 과정을 통해 다듬어진 특허권일수록 더욱 견고하고 경쟁력 있는 권리로 발전할 수 있다.

제3장 스타트업이 특허를 활용하는 3가지 전략

특허를 확보했다면, 이제 그 특허를 어떻게 사업에 적극적으로 활용할지 고민해야 한다. 특허는 단지 벽에 걸어놓기 위해 존재하는 것이 아니라, 실제 사업 현장에서 활용될 때 그 가치가 극대화되기 때문이다. 스타트업이 특허를 효과적으로 활용할 수 있는 대표적인 방법은 크게 세 가지로 나누어 볼 수 있다.

① (경쟁에서 살아남기 위한 전략적 무기) 특허는 스타트업이 거대 기업과 경쟁할 때 사용할 수 있는 매우 강력한 무기이자 방패 역할을 한다. 공격적인 활용의 예로, 경쟁사의 제품이 내 특허를 침해하는 경우에는 법원에 판매금지 가처분이나 손해배상을 청구하는 등의 법적 조치를 취할 수 있다. 반대로 방어적인 관점에서는 경쟁사가 함부로 내 기술을 모방하지 못하도록 특허로 높은 진입 장벽을 세워 시장을 보호할 수 있다. 예를 들어, 스타트업이 주력 제품의 핵심 기술에 대한 특허를 확보한 경우, 대기업조차도 특허 침해 리스크 때문에 유사 제품 출시를 꺼리게 된다. 즉, 특허는 규모가 작지만 빠른 스타트업이 시장 내 경쟁자를 견제하고 생존할 수 있도록 돕는 실질적인 무기이다.

이때, 효과를 극대화하기 위해서는 단발성 특허보다는 서로 연관된 기술을 포괄하는 특허 포트폴리오를 체계적으로 구축하는 것이 필요하다. 관련된 여러 개의 특허를 확보하면 경쟁사가 유사 기술을 개발할 여지를 줄이고, 시장 지배력을 확실하게 높일 수 있다. 실제로 글로벌 면도기 브랜드인 질레트는 다중날 면도기와 관련된 여러 특허를 중첩적으로 확보하여 경쟁사들의 시장 진입을 효과적으로 차단한 사례가 대표적이다.

② (기술 신뢰성 확보 및 마케팅 도구로의 활용) 특허는 스타트업이 보유한 기술력을 효과적으로 알릴 수 있는 훌륭한 마케팅 도구이다. 규모가 작거나 인지도가 낮은 스타트업일수록 자신들의 기술력을 외부에 증명할 방법이 부족하기 마련이다. 이때, 등록된 특허나 출원 중인 특허가 있다면 그것만으로도 확실한 기술 증빙 자료가 될 수 있다.

예를 들어, 투자유치를 위한 IR 자료나 홍보 자료에 "자사 보유 특허 #건"이라고 표기하면, 투자 심사역들의 관심을 끌고 스타트업의 혁신성을 강조할 수 있다. 실제로 많은 벤처캐피털(VC)은 특허 보유 여부를 기업의 기술 경쟁력이나 혁신성의 주요 지표로 활용한다. 또한 소비자를 대상으로 하는 B2C 사업에서도 "특허 받은 기술"이라는 문구는 제품에 대한 신뢰성을 높이는 데 큰 효과가 있다.

특허는 출원만 완료해도 "특허출원 중"이라는 표현을 사용할 수 있으며, 이는 합법적이고 유용한 홍보 수단이다. 특히, 마케팅 예산이 부족한 스타트업에게 특허는 소비자나 미디어의 관심을 자연스럽게 이끌 수 있는 좋은 홍보 포인트이다. 다만, 특허로 홍보할 때 지나친 과장이나 특허와 무관한 부분까지 특허 기술로 소개하는 것은 주의해야 한다. 특허의 정확한 범위 내에서 진솔하게 홍보하는 것이 중요하다.

③ (수익 창출 및 자금조달 수단으로서 활용) 특허는 금융적 가치가 있는 무형자산으로서 스타트업의 재무적 성장에도 큰 도움이 된다.

첫째, 라이선싱이나 기술 이전을 통해 직접적인 수익을 창출할 수 있다. 예를 들어, 보유한 기술을 다른 산업 분야에 응용할 수 있다면 관련 기업에 사용권을 부여하고 로열티를 받는 방식으로 추가적인 수익원을 만들 수 있다.

둘째, 특허를 담보로 은행 등 금융기관에서 자금을 조달할 수도 있다. 최근 들어서는 특허권에 대해 전문 기관의 가치평가를 받아 은행 대출을 받거나, 기술보증기금의 IP 담보대출 또는 신용보증기금의 IP 보증을 통해 운영자금을 확보하는 사례가 점점 늘어나고 있다. 이미 2024년 8월 말 기준 IP 금융 규모가 10조 원을 넘어설 정도로 특허는 금융기관이 인정하는 명실상부한 자산으로 자리 잡았다.

셋째, 투자유치나 M&A 과정에서 특허는 기업가치를 높여 주는 핵심 요소가 된다. 잘 구성된 특허 포트폴리오를 가진 스타트업은 보다 높은 평가를 받을 수 있으며, 인수합병 시에도 유리한 협상 조건을 이끌어 낼 수 있다. 경우에 따라 특허를 매각하여 엑시트(Exit) 전략으로 활용하는 스타트업도 있다. 결국 특허는 단순히 보호의 수단을 넘어 사업의 지속적인 성장과 수익 창출의 중요한 발판이 된다.

종합적으로 정리하면, 특허는 경쟁력 강화를 위한 보호막, 기술력을 입증하는 명함, 그리고 스타트업의 성장을 촉진하는 재무자산이라 할 수 있다. 다만, 이러한 다양한 활용이 가능하기 위해서는 무엇보다 탄탄한 특허권 확보가 필수적이다. 권리가 허술하거나 전략적이지 않은 특허는 막상 활용하려고 할 때 힘을 제대로 발휘하기 어렵다. 따라서 특허를 처음 출원할 때부터 이후 활용 방안까지 고려하여 전략적으로 접근하는 것이 매우 중요하다. 이렇게 체계적으로 구축한 특허 포트폴리오는 스타트업의 든든한 성장 동력으로 자리 잡을 것이다.

자산을 지키는 평가사, 함께 성장하는 부동산 전문가

나무감정평가법인 대표

감정평가사 황재하

주요 경력

- 제 28회 감정평가사 시험 합격
- 전) MT-Planner 기획이사
- 전) 제일감정평가법인 감정평가사
- 한권에 끝내는 감정평가사 합격생 서브노트 저자
- 감정평가 및 보상법규 완벽정리 저자
- 감정평가사 법전 저자
- 현) 나무감정평가법인 이사

전문 분야

- 부동산(토지, 건물), 영업권, 특허권, 비상장주식 가치, 자산재평가

스타트업을 위한 한 마디 조언

"자산을 증식시키기 위한 초석을 잘 다져야 합니다. 감정평가 생소하지만 필수적인 분야입니다."

06

감정평가

사업 단계별로 필요한 가치 평가와 자산 전략

제1장 감정평가의 대상

제1절 감정평가란

평생을 살면서 감정평가를 접할 기회가 많지 않은 것이 사실이다. 하지만 사업을 영위하면서 의외로 감정평가를 접할 기회가 많은데 초기 사업체를 운영할 때보다 회사가 성장기에 있거나 성숙되었을 때 감정평가를 접할 기회가 많다. 감정평가에 익숙하지 않은 상황에서 평가를 진행한다고 하면 당황스럽거나 올바른 선택을 하지 못하는 경우가 있으므로 감정평가가 어떤 것인지, 왜 필요한 것인지 어느 물건이 평가가 가능한지 어떻게 활용할 수 있는지에 대하여 미리 알고 있는 것은 중요하다.

감정평가의 사전적 정의는 **토지 등의 경제적 가치를 판정하여 그 결과를 가액(價額)으로 표시하는 것**을 말한다. 감정평가의 대상은 '토지 등'이고 구하고자 하는 가치는 '경제적 가치'이다. 토지 등의 경제적 가치를 판단하는 행위로 그 결과를 일정요건에 맞추어 가액으로 표시해야 효력이 있는 감정평가이다. 감정평가는 특히 부동산 활동 중에서 핵심적이고 중요한 활동이다. 우리나라에서 부동산 자산이 차지하는 비율은 약 75%로 가장 큰 비중을 차지한다. 따라서 부동산 영역에서 감정평가의 영향력은 매우 크게 나타나는데, 각 경제 주체들의 재산권에 직접적인 영향을 미치면서 동시에 결과에 따라 당사자 및 이해관계인 간의 상호 이익이 대립되기 때문이다.

제2절 감정평가의 대상

감정평가의 대상이 되는 '토지 등'은 토지 및 그 정착물, 동산, 저작권과 같은 물권에 준하는 권리, 공장재단과 광업재단, 입목 등기 또는 등록하는 재산 및 유가증권 등이 있다. 구체적으로 감정평가 대상이 되는 물건은 토지, 건물, 구분소유부동산과 복합부동산, 산림, 과수원, 공장재단 및 광업재단, 자동차, 건설기계, 선박, 동산, 광업권, 어업권, 영업권, 특허권, 상표권 등의 무형자산, 유가증권과 소음 등으로 인한 대상 물건의 가치하락분 등이 있다.

이 중 가장 대표적인 감정평가 대상은 부동산이며, 사업을 영위하는

데 감정평가가 필요한 대상은 영업권, 특허권, 상표권과 같은 무형자산, 자동차, 건설기계와 같은 의제부동산 및 재고자산 등과 같은 동산이라 할 수 있다.

제3절 감정평가 진행 절차

감정평가는 크게 「감정평가 의뢰-현장 조사-감정서 작성-감정서 발송」단계로 진행된다. 감정평가는 의뢰인이 의뢰서를 접수함으로써 성립한다. 의뢰서를 접수할 때에는 의뢰인, 대상물건, 감정평가 목적, 기준시점, 감정평가 조건, 기준가치, 관련 전문가에 대한 자문 또는 용역에 관한 사항, 수수료 및 실비에 관한 사항 등을 확정하여야 한다. 이 중 가장 중요한 내용은 감정평가 대상물건과 감정평가 목적 및 기준시점이다. 감정평가를 의뢰할 때에는 감정평가사와 충분한 상담을 통해서 의뢰를 해야하는데 감정평가가 왜 필요한지에 대하여 의뢰할 때 명확하게 전달하여야 한다. 통상적으로 감정평가 의뢰할 때 평가를 받아야 한다는 것만 알고 있는데 어떤 사유에서 감정평가를 받아야 하는지 상황 설명을 잘해주어야 한다. 또한 평가 대상에 대한 소유자의 충분한 설명이 감정평가의 능률성을 제고하고 신뢰성을 확보할 수 있다. 감정평가를 의뢰받고 현장 조사를 통해 감정평가사가 대상 물건을 다시 확인하기는 하지만 의뢰인이 대상물건에 대하여 충분하게 설명해주면 업무의 효율성을 높일 수 있다. 마지막으로 감정평가서에는 기준시점이 표기되는데 감정평가 대상 물건의 가격은 시시때때로 변동하기 때문에 감정평가서상 감정평가금액은 기준시점 당시의 금액으로 표기하게 되어있다. 따라서 감정평가서의 기준시점은 중요한 부분인데 의뢰 단계에서 감정평가 기준시점에 대해 확정을 짓고 진행하여야 한다. 예를 들어 자산재평가의 경우 보통은 회계 결산일을 기준시점으로 감정평가를 진행하게 되며, 법인전환을 위한 영업권 감정평가도 회계 결산일을 기준시점으로 진행하는 경우가 많다. 하지만 기준시점에 관한 사항은 상담을 통해 유동적으로 결정할 수 있으니 의뢰 단계에서 감정평가사와 충분한 상담이 필요하다.

감정평가가 의뢰되면 감정평가사는 현장 조사를 필수적으로 진행하여야 한다. 부동산을 예를 들면 감정평가 대상 물건의 소재지(주소)의 공부서류(등기사항 전부 증명서, 토지대장, 건축물대장, 지적도, 토지이용계획확인서 등)를 통해 1차적으로 감정평가 대상 물건의 특성을 확인한다. 하지만 서류를 통해서 확인되지 않은 사항들이 현장 조사에서 확인되는 경우가 많다. 건물의 관리상태, 주변 토지의 이용상황, 대상 물건의 접면 도로, 접근성, 인근 환경 등은 현장 조사를 통해서 확인한다. 같은 지하철역 앞의 토지라 하더라도 유동에 따라 토지 가격은 차이가 나는데, 이는 지도나 공부 서류를 통해 확인할 수 없는 부분이며 현장 조사를 통해 확인한다.

무형자산이 감정평가의 대상인 경우에는 의뢰인과 인터뷰가 감정평가 물건의 특성을 파악하는데 중요한 부분이다. 예를 들어 영업권의 감정평가를 진행하는 경우 사업을 영위하고 있는 의뢰인과 인터뷰를 통해 정보를 수집하게 되는데 과거 매출 추이, 비용의 추이 및 현재 재무제표상의 특이 사항 등을 의뢰인과 인터뷰를 통해 확인할 수 있다. 이 때에 의뢰인은 감정평가사에게 자세한 정보를 제공하여야 객관적이고 신뢰할 수 있는 감정평가액이 산정될 수 있다.

다음은 일반적인 감정평가 절차를 도식화 한 표이다. 융통성 있게 변경은 가능하니 업무 의뢰 단계에서 감정평가사와 협의하기 바란다.

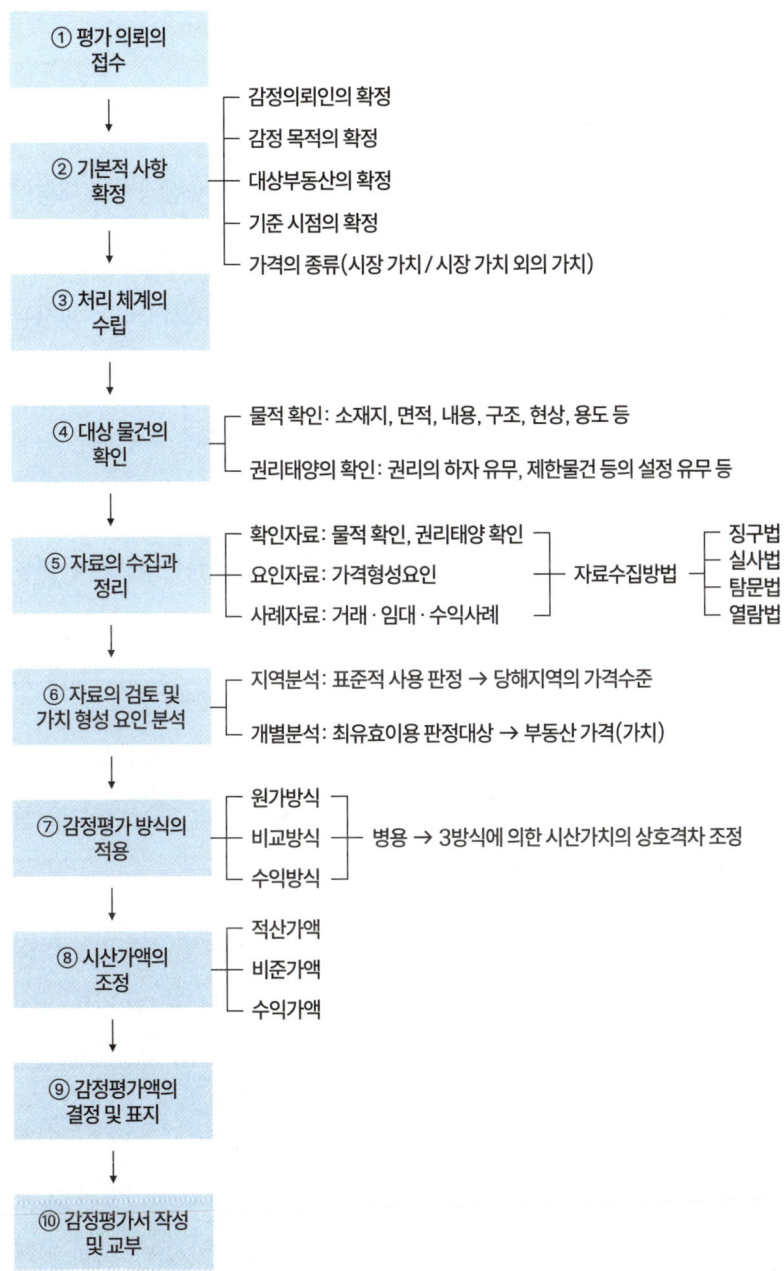

제2장 사업주기별 감정평가
제1절 사업 초기 단계

　사업 초기 단계에서는 감정평가 이슈가 많지 않다. 감정평가 대상이 되는 물건은 유형자산 중에는 부동산, 무형자산 중에는 영업권, 특허권과 같은 물건인데, 사업 초기부터 자산을 많이 가지고 시작하는 회사는 없기 때문에 감정평가 이슈가 발생하지 않는다. 감정평가 관련된 내용은 아니나 사업장을 계약할 때에 기본적으로 알아두면 좋을 내용을 설명하고자 한다.

　부동산의 유형은 크게 토지·건물, 집합건물로 구분된다. 토지·건물 유형의 부동산은 토지 전체, 건물 전체를 소유하고 있는 유형의 부동산으로 일반적으로 대형 오피스 건물, 상가주택, 소형 꼬마빌딩 등이 있다. 집합건물은 각 호수별로 소유자가 상이한 유형의 부동산으로 가장 대표적인 집합건물은 아파트, 빌라가 있고, 사무실 유형으로는 지식산업센터가 대표적인 집합건물 유형의 사무실이다.

　토지·건물 유형의 사무실의 장점은 관리비가 비교적 저렴하다는 것이다. 그리고 소유자의 재량에 따라 임대료 책정이 유동적인 것도 장점이 될 수 있다. 다만 주차장, 공용 회의실 등 편의시설이 부족한 경우가 단점이 될 수 있다. 집합건물의 경우 규모에 따라 다르긴 하나 대형 지식산업센터를 기준으로 주차장, 화장실 및 1층 상가 등 편의 시설이 잘 갖추어져 있는 경우가 많으나 관리비가 비싸다는 단점이 있다. 특히 지식산업센터의 경우 각 층별로 업종 제한이 있을 수 있다는 점도 유의하여야 한다. 지식산업센터의 경우 건축물 대장상 공장으로 등재되어 있는 경우가 많은데 공장에 들어갈 수 있는 업종이 제한적이어서 관리사무실, 중개사 사무실 등에서 제한 사항을 확실히 확인하고 입주해야 한다.

두 부동산 유형 모두 공통적으로 확인해야 할 사항은 공부 서류를 잘 확인하여야 한다는 것이다. 부동산을 매입할 때 보통은 담보 대출을 통해 매입 자금을 융통하는 경우가 많은데, 이러한 담보 물건에 대한 내용은 등기사항전부증명서상 을구에 기재되어 있다. 대출 금액은 추후 계약기간이 만료된 후 보증금 반환을 받는 데에 직접적인 영향을 미치는 부분이기에 등기사항전부증명서상 을구의 근저당권액을 확인하여야 한다. 또한 건축물대장에서 위반건축물 여부를 확인하여야 안전하게 임차할 수 있다.

임대가 아니라 매매를 생각하는 경우에는 고려해야 할 사항이 더욱 많은데 특히 향후 가격이 상승할지 여부를 고민하는 것이 제일 중요한 부분이다. 토지·건물로 구성된 부동산의 경우 지금까지 서울, 수도권은 가격이 우상향 하고 있는 상황이나 초기 투자 비용이 큰 단점이 있다. 지식산업센터의 경우 현재 전국적으로 공급이 너무 많이 가격이 떨어져 있는 상태이다. 저렴한 물건을 매입해서 임대료를 아낄 수 있으나 추후 가격 상승은 미지수이다. 감가가 될 수도 있으니 유의하여 결정하여야 한다.

제2절 사업 중기 단계

사업 초기 단계를 잘 넘어가 중기단계로 들어서는 경우 감정평가 이슈가 생길 수 있는 부분은 개인사업자 법인 전환에 따른 영업권 감정평가, 대표자 개인 소유 특허권 및 상표권의 법인 매각, 회사 합병 및 매각을 위한 기업가치 평가, 법인사업자의 경우 추가 투자를 받기 위한 주식가치 평가 등의 이슈가 발생할 수 있다.

각 평가대상별 상세 내용은 아래의 내용에서 자세히 설명하겠다.

제3절 사업 성숙 단계

사업이 성숙되었을 때에는 개인 자산의 현물출자, 법인 소유 자산의 자산재평가, 각종 내부 거래 등을 위한 일반거래(시가참고) 목적의 감정평가, 소유하고 있는 토지 보상 평가 등의 이슈가 발생할 수 있으며 각 목적별 감정평가 효과와 내용은 아래에서 설명하겠다.

제3장 물건 및 목적별 감정평가

제1절 영업권 감정평가

영업권의 감정평가 이슈가 발생할 때는 보통 개인사업자로 사업체를 운영하다가 법인으로 변경하는 경우나 사업체 합병 또는 매각이 있는 경우 영업권 감정평가 이슈가 발생한다.

영업권이란 대상 기업이 경영상의 유리한 관계 등 배타적 영리기회를 보유하여 같은 업종의 다른 기업들에 비하여 초과수익을 확보할 수 있는 능력으로서 경제적 가치가 있다고 인정되는 권리이다. 풀어서 얘기해 보면 사업체의 가치에서 순영업자산을 차감했을 때 남는 차액분을 무형의 영업권으로 보는 것이다. 영업 능력에 따라 초과수익이 발생하는 데 다른 경제적 권리를 영업권으로 평가하는 것이다.

이러한 영업권을 감정평가하는 방법은 크게 3가지로 수익환원법, 거래사례비교법, 원가법이다. 수익환원법으로 영업권을 감정평가하는 방법은 영업권을 초과이익의 현재가치 또는 잔여개념으로 보고 수익에 기반을 둔 영업권의 가치를 산정하는 방법이다. 영업권을 초과이익의 현재가치 환원 또는 잔여가치 개념으로 이해할 때 영업권의 정의상 이론적으로 가장 우수한 평가 방법이다. 수익환원법은 2가지 방법으로 나누어지는데 기업전체 가치에서 영업투하자본을 차감하는 잔여법, 초과이익을 환원하는 추과순이익 환원법이다. 첫 번째 방법이 가장 많이 활용되는 감정평가 방법으로 사업체의 가치를 산정한 후 영업투하자본의 가치를 차감하는 방법이다. 이때 사업체 가치의 산정은 영업 관련 사업체 가치를 의미하고 비영업용자산의 가치는 고려하지 않는다. 영업투하자본의 경우에도 영업자산에서 영업부채를 차감하여 산정하는데 영업과 관련없는 자산과 부채는 고려하지 않는다.

거래사례비교법은 영업권만의 거래사례가 있는 경우 적용 가능한 방법으로 영업권이 다른 자산과 독립하여 거래되는 관행이 있는 경우 같거나 비슷한 업종의 영업권만의 거래사례를 이용하여 대상 영업권과 비교하는 방법이다. 영업권만의 거래가 없는 경우 기업 전체에 대한 거래사례를 찾아 영업권만의 가격을 추출한 후 거래사례비교법을 적용할 수 있다. 주당 가격을 기준하는 방법도 거래사례비교법에 들어가는데, 시장에서 거래되는 발행주식의 주당가격을 기초로 해당 정보를 참고하여 영업권만의 가격을 구한 후 거래사례비교법을 적용하는 방법으로 대상기업이 상장사인 경우 활용 가능하다. 하지만 다른 거래사례비교법의 적용에 있어서 한계점이 있는데 유사한 기업의 영업권만의 거래사례를 찾을 수 없는 경우가 대부분이고 찾았다 하더라도 경영 방침, 거래처 등 개별성이 강하기 때문에 개별적으로 비교하기가 매우 어렵다는 한계가 있다.

원가법을 적용하는 경우 현재 대상 영업권을 재생산하거나 재취득하는데에 드는 비용으로 산정하는 것인데 이 또한 현실적으로 적용이 어려운 방법이다.

따라서 실무적으로 영업권을 감정평가할 때에는 수익환원법을 적용해서 감정평가 하는 경우가 대부분이며 특히 수익환원법 중 잔여방법을 활용하는 경우가 대부분이다.

이렇게 영업권의 감정평가를 받아 금액이 결정되는 경우 세금적인 혜택을 얻을 수 있는데, 개인사업자에서 법인사업자로 전환하는 경우에 개인사업 대표자의 영업권을 법인에 이관함으로써 대표자는 법인에서 영업권 가격을 받게 되는데 이때 영업권 가격의 60%를 비용으로 인정받게 되어 영업권의 40%에 대해서만 소득세를 납부하면 된다. 즉 60%는 비과세 대상으로 절세효과를 얻을 수 있다. 또한 영업권을 매입한 법인의 경우 재무제표상 무형자산을 등재하고 감가상각을 진행하면서 법인 비용 처리가 가능한 점에서 법인세 절세 효과를 얻을 수 있다.

사업체 합병 또는 매각에 있어서도 재무제표상 영업권 금액을 등재함으로써 감가상각비 만큼 비용처리가 가능하고 이에 따른 법인세 절세 효과를 얻을 수 있다.

그렇다면 이러한 영업권 감정평가 금액을 잘 받기 위해서는 어떻게 하면 좋을까? 위에서 설명한 바와 같이 영업권을 감정평가하는 방법 중 가장 많이 활용되는 잔여방법의 경우 사업체의 가치를 산정한 후 순영업자산을 차감하여 남는 차액분을 영업권으로 보고 감정평가하는 방법이다. 따라서 영업권 감정평가 금액이 잘 나오기 위해서는 첫 번째로 사업체의 가치가 잘 나와야 한다. 사업을 영위하면서 매년 재무제표를 받아 보게 될 것이다 이 중 손익계산서의 구성이 매우 중요한데 사업체 가치가 높게 산정된다는 것은 영업이익이 많이 발생하고 있는 사업체라는 것이다. 따라서 매출액이 잘 나와야 하고 매출원가가 낮고 판매비 및 관리비가 낮은 경우 높은 영업이익이 산정되고 이에 따라 높은 사업체 가치가 평가된다. 간혹 과도한 비용처리로 인해 손익계산서상 영업이익이 많이 발생하지 않는 경우가 있는데 이런 경우에는 사업체 가치가 낮게 나오고 이에 따라 영업권의 평가금액이 낮게 나오게 된다. 또한 순영업자산이 낮게 나와야 영업권의 가액이 높게 산정되는데 재무제표 중 재무상태표에서 순영업자산을 산정하게 된다. 부동산을 소유하고 있는 기업이라면 순영업자산이 높게 산정되는 경우가 대부분이다. 공장과 같은 사업장을 소유하고 있는 경우가 아니라 한다면 재무상태표상 투자 부동산으로 구분하여 부동산을 소유하는 경우 순영업자산이 크게 상승되는 것을 방지할 수 있다.

제2절 특허권 및 상표권 감정평가

특허권이란 특허법에 따라 발명 등에 관하여 독점적으로 이용할 수 있는 권리이다. 상표권은 등록 상표를 독점적으로 이용할 수 있는 권리를 말한다. 특허권이나 상표권의 감정평가 이슈가 있는 경우는 대부분 특허권 또는 상표권을 대표자 개인이 소유하고 있다가 법인에 매각하는 경우이다.

특허권 감정평가를 위해서 필요한 자료는 아래와 같다.

1. 등록특허공보를 통한 특허권의 내용
2. 특허의 기술적 유효성과 경제적 유효성
3. 특허권, 특허권의 존속기간, 존속기간 연장여부
4. 특허권의 효력 및 계약관계
5. 특허권의 수용어부 및 질권설정 여부
6. 특허권에 관한 심판, 소송여부
7. 재무상태표상 특허권의 장부가치
8. 사업자 등록증 및 3개년치 이상 재무상태표

상표권 감정평가를 위해서 필요한 자료는 아래와 같다.

1. 상표등록증을 통한 상표권의 내용
2. 상표권자, 출원인, 상표권의 존속기간, 존속기간 갱신여부
3. 상표권의 효력, 계약관계 및 등록상표 등의 보호범위
4. 상표권의 소송여부 및 질권설정 여부
5. 재무상태표상 상표권의 장부가치
6. 사업자 등록증 및 3개년치 이상 재무상태표

특허권 또는 상표권을 감정평가의 경우 현금흐름을 할인하거나 환원하는 방법, 영업가치에 기술기여도를 곱하는 방법을 가장 많이 활용한다. 특허 또는 상표를 통해 발생하는 매출이나 절감하는 비용을 산정하여 현금흐름을 추정하고 이를 현재가치로 환원하여 특허권의 가격을

산정한다. 특히 특허권의 경우 영업가치에 기술기여도를 곱하는 방법은 기업 전체에 대한 영업가치에 해당 지식재산권의 기술기여도를 곱하여 지식재산권의 가치를 산정하는 방법도 많이 활용되는데 이러한 기술기여도는 기업의 경제적 이익창출에 기여한 유·무형의 기업자산 중 해당 지식재산권이 차지하는 상대적 비율로 비슷한 지식재산권의 기술기여도를 적용하거나 산업기술요소, 개별기술강도, 기술비중 등을 고려한 기술요소법을 활용해 산정할 수 있다.

이렇게 특허권 및 상표권의 감정평가를 받아 금액이 결정되는 경우 영업권과 마찬가지로 세금적인 혜택을 얻을 수 있는데, 대표자 개인이 소유하고 있던 특허 또는 상표권을 법인에 매각함으로써 특허 또는 상표권자는 법인에서 특허권 또는 상표권 가격을 받게 되는데 이때 특허권 또는 상표권 가격의 60%를 비용으로 인정받게 되어 특허권 또는 상표권 가격의 40%에 대해서만 소득세를 납부하면 된다. 즉 60%는 비과세 대상으로 절세효과를 얻을 수 있다. 또한 특허권 또는 상표권을 매입한 법인의 경우 재무제표상 무형자산을 등재하고 감가상각을 진행하면서 법인 비용 처리가 가능한 점에서 법인세 절세 효과를 얻을 수 있다.

제3절 기업가치 감정평가

사업체를 운영하다가 기업가치의 평가가 필요한 경우가 종종 발생한다. 기업을 합병한다면 합병하려는 사업체의 가치가 얼마나 되는지 파악하여야 한다. 외부 투자를 받기 위해서 운영하고 있는 사업체의 가치가 얼마나 되는지 전문적이고 객관적인 자료가 필요할 때가 있다. 이럴 때에 감정평가를 통해 기업가치를 산정할 수 있다.

기업가치를 평가하는데 있어서 재무적 정보도 중요하지만 비재무적 정보도 이에 못지 않게 중요한 요소이다. 대상 사업체를 둘러싼 경제 여건, 해당 산업 동향 등에 관한 정보를 수집, 분석하여 감정평가에 반영된다. 일반적으로 고려되는 비재무적 정보는 조직의 형태, 기업 연혁 및 사업배경, 주요 제품과 서비스, 경쟁사 현황, 시장 및 고객의 현황, 경영진의 자질, 경제, 산업 및 회사에 대한 전망, 비상장주식의 과거 거래 내역, 계절적 요인이나 경제 순환적 요인에 대한 민감도 등의 위험요인, 이용정보의 출처, 기타 평가대상 기업을 이해하기 위해 필요한 정보 등이 비재무적 정보이다. 이러한 비재무적 정보는 감정평가사가 리서칭을 통해서 확보하기도 하지만 사업체 운영의 내부적인 사항은 인터뷰를 통해서 정보를 득하게 된다. 이때에 의뢰인은 감정평가사와 충분한 상담 및 정보 교류를 통해 사업체 운영의 특징을 반영하여 기업가치 평가를 받을 수 있다.

기업가치 평가에 있어 재무적 정보는 재무제표를 분석하는 것을 말한다. 영업권의 평가를 진행하기 위해서는 사업체의 가치를 산정해야 하는데 기업가치 또한 동일한 방식을 통해 평가가 진행된다. 따라서 재무제표상 손익계산서 재무상태표 등을 분석하고 과거년도와 현재를 비교하면서 특이한 사항에 대해서 면밀히 검토하여 평가가 진행된다.

기업가치의 평가 방법에도 역시 수익환원법, 거래사례비교법, 원가법을 적용할 수 있는데 주로 사용되는 방식은 수익환원법이다. 기업의 과거 매출자료, 매출원가, 판매비 및 관리비용 등 손익계산서상 데이터를 가지고 미래 기업의 영업활동으로 인해 발생하는 영업이익을 추정한다. 이때 영업이익에서 현금흐름 추정을 그치지 않고, 법인세, 이자비용과 배당, 감가상각비, 자본적 지출, 추가운전자본 등을 고려하여 잉여현금흐름(FCFF)을 추정한다.

현금흐름이 추정되었으면 추정한 현금흐름을 얼마의 할인율로 환원할 것인가가 기업가치 평가에 크게 영향을 미친다. 할인율을 추정하는데 있어서 자기자본비용, 타인자본비용을 산정하고 가중평균 자본비용을 구하여 최종 할인율을 산정한다.

자기자본비용이란 무위험이자율에 시장의 기대수익률, 시장 수익률 변화에 대한 해당기업의 민감도를 분석하여 산정하는데 자기자본비용은 실질적으로 시장의 상황에 따라 변동하기 때문에 별도의 조정 여지가 있는 영역은 아니다. 타인자본비용은 해당 사업체가 자금을 부채를 통하여 조달할 때에 부채를 제공하는 채권자가 요구하는 수익률을 의미한다. 즉 부채에 대한 이자율이다. 보통 시장의 대출 금리를 고려하기도 하며, 해당 사업체가 부채를 활용하고 있는 경우 해당 사업체가 사용하는 부채의 금리를 적용하기도 한다.

이렇게 자기자본비용과 타인자본비용이 산정된다면 가중평균 자본비용을 할인율로 결정하게 되는데 가중평균 자본비용은 해당 사업체의 재무제표상 자기자본과 부채의 비율을 고려하고 추후 사업체가 목표로 하는 부채비율을 적용하여 가중평균한다.

이렇게 현금흐름이 추정되고 할인율이 산정된다면 추정한 현금흐름을 산정한 할인율로 현가 하여 기업가치를 구하게 된다. 기업가치 산정에 있어서 적정한 현금흐름의 추정은 감정평가액에 직접적으로 영향을 미치게 되는데 감정평가 진행에 있어서 사업계획서, 시장 분석 자료, 경쟁사 분석 자료 등 풍부하게 준비가 되어있다면 기업가치 평가에 유리하게 작용할 수 있을 것이다.

해당 사업체가 유형자산을 가지고 있는 경우 재무제표에 등재되어 있는 금액과 감정평가가 진행되는 시점의 유형자산 가격이 상이할 경우가 있다. 예를 들어 부동산을 소유하고 있는 회사의 경우 별도 자산 재평가를 진행하지 않았다면 토지는 취득한 금액 그대로 등재되어 있을 것이고 건물은 감가상각이 되어 감가상각된 금액이 등재되어 있을 것이다. 토지의 가격이 큰 틀에서 우상향 하고 있는 상황이기 때문에 취득한 금액보다 평가 시점 토지 가격이 높을 것이고 감가상각 기간을 짧게 잡고 생각하는 재무제표상 건물 가격은 평가시점 건물 가격보다 낮을 것이다. 감정평가를 통해서 유형자산의 금액을 현실화 시킨다면 기업 가치의 평가에 있어서 높은 금액으로 평가될 수 있으니 유형 자산 가격의 현실화 또한 기업가치에서 중요한 요소 중 하나이다.

적정한 기업가치 평가서를 잘 활용한다면 외부 투자자를 모집한다거나 인수 합병에서 유리한 위치를 점할 수 있는 등 한 단계 더 발전할 수 있는 기회가 될 수 있다.

제4절 주식가치 감정평가

주식가치의 감정평가는 기업가치 평가의 연장선에 있는 평가영역이라 할 수 있다. 사업체의 인력을 채용하면서 스톡옵션을 제공하는 경우, 외부 투자자에게 일정 지분을 지급하고 투자금을 유치하는 경우, 일부 주식의 상속 또는 증여로 인해 주식가치의 감정평가가 필요한 경우가 발생한다.

주식가치의 감정평가는 기업가치를 평가하고 법인을 설립하면서 발행한 주식 수로 기업가치를 나누어 주당 주식가치를 산정한다.

상장사의 경우 주식시장에서 거래되는 금액이 존재하기 때문에 기준시점 이전 30일 평균 시장 거래 가격을 기준으로 주식가치를 평가하지만 비상장사의 경우 시장에서 거래되는 주식의 가격이 존재하지 않기 때문에 위와 같은 방식으로 주식을 감정평가 하는 것이다.

제5절 자산재평가

   기업자산의 현재 가액이 장부가액과 비교해 많은 차이를 보일 경우 그 자산을 재평가하는 것을 말한다. 법인 또는 개인 기업에 소속된 사업용 자산이나 이에 제공한 자산을 현실에 적합한 가액으로 장부가액을 증액하는 것을 일컫는데「자산재평가법」으로 정하고 있다. 물가의 현저한 상승이나 자산에 대한 급격한 수요증대로 자산의 명목적 또는 실질적 가치가 증대된 경우 장부가액의 원가를 고수하기보다 실질가치 파악을 위한 자산의 재평가가 필요하다. 특히 인플레이션 시기에 화폐가치가 급락하므로 기업재정의 안정을 위해 자산의 재평가가 필요하다. 이를 통해 법인 또는 개인의 자산을 현실에 적합하도록 재평가하여 적정한 감가상각을 할 수 있도록 하고 정확한 기업자본을 평가하여 경영합리화를 도모하도록 한다.

   기업가치 평가에서 언급한 것처럼 처음 부동산을 취득하고 별도 자산재평가를 진행하지 않는 경우 취득한 자산이 현재 시장에서 거래되는 금액과 괴리가 있는 경우가 있다. 이 때에 자산재평가를 통해 재무제표상 자산의 가격을 현실화 하는 것이 주 목적이다.

   자산재평가를 진행할 때에 자산재평가법에는 동일한 유형의 물건은 모두 재평가 대상이 되어야 한다. 예를 들어 하나의 부동산이 아니라 여러 부동산을 소유하고 있는 특정 주소지의 토지만 자산재평가를 통해 가격을 현실화 할 수 없고 기업이 소유하고 있는 모든 부동산의 토지를 자산재평가의 대상으로 삼아야 한다는 것이다. 이때 토지와 건물은 구분하여 재평가 대상으로 삼을 수 있다.

또한 자산재평가법에는 일정 주기를 특정하고 있지 않다. 정기적으로 자산재평가 받아야 한다고 규정하고 있으므로 기간에 대하여 부담을 가질 필요는 없다.

그렇다면 자산이 늘어나는 결과를 가져가는 것까지는 좋은데, 혹시 자산재평가를 통해 늘어난 자산으로 인해 법인세가 과도하게 많이 나오지 않을까 걱정될 수 있다. 하지만 자산재평가를 통해 늘어난 자산의 차액은 당기순이익에 영향을 미치지 않고 기타포괄손익으로 처리된다. 기타보괄손익은 자본항목에 해당하기 때문에 법인세 부과 대상이 되는 순이익과는 상관이 없는 영역이다. 따라서 자산재평가를 통해 자산이 늘어난 차액 분에 대하여 법인세가 늘어날 걱정은 하지 않아도 된다.

자산재평가를 통해 재무상태를 개선시킨다면 외부 투자자 유치, 입찰경쟁에 참여하는 경우, 대출이 있는 경우 이자율에 긍정적인 영향을 미치기 때문에 자산재평가를 통해 재무상태표의 질을 개선시키는 것은 사업을 영위하면서 긍정적으로 작용할 수 있다.

제6절 일반거래(시가참고) 감정평가

이 외에도 사업체를 운영하면서 일반거래 목적의 감정평가를 접할 기회가 많을 수 있다. 계열사가 여러 개로 늘어난 경우 각 계열사 간 소유하고 있는 자산의 이동이 이루어질 때 감정평가금액으로 거래가 이루어져야 세법상 문제를 방지할 수 있다. 특수관계 상태에 있는 계열사 간 감정평가 없이 거래가 이루어 진다면 불공정거래, 증여 이슈가 발생할 수 있으니 감정평가를 통해 미연에 문제를 방지하여야 한다.

대표자가 소유하고 있는 부동산을 법인이 임대하고 임대료를 대표자에게 지급하는 경우에도 특수관계인간 거래로 보기 때문에 적정한 임대료의 감정평가가 필요하다. 과도하게 높은 임대료를 대표자에게 지급하고 있다면 소득세와 관련하여 이슈가 발생할 수 있기 때문이다.

또한 법인에 현물 출자를 할 때에도 감정평가가 필수적으로 필요하다. 주식회사는 현금출자를 원칙으로 하고 있으나 회사의 설립 또는 신주 발행 시에 예외적으로 현물출자를 인정한다. 현물출자란 금전 이외의 재산인 토지, 건물과 같은 부동산, 유가증권, 상품과 같은 동산 및 특허권 등 무형자산 등에 의한 출자 형태를 말한다.

현물출자를 통해 법인으로 자산을 전환하는 이유는 첫째 세금혜택을 받을 수 있기 때문이다. 양도소득세가 이월과세처리된다. 현물출자를 통해 법인으로 넘겨진 부동산에 대해서는 양도소득세가 이월과세 됨으로써 개인이 내야 할 양도소득세를 즉시 납부하지 않고 해당 부동산이 법인에서 양도될 때 법인의 자금으로 양도소득세를 납부할 수 있다. 또한 취득세가 감면된다. 법인이 현물출자를 통해 취득한 부동산에 대하여 지방세특례제한법에 따라 취득세가 75% 감면된다.

현물출자를 진행할 때에도 감정평가가 활용되어야 함을 숙지하고 있어야 한다.

제7절 보상 감정평가

마지막으로 보상감정평가 이슈가 발생할 수 있다. 사업이 성숙기에 도달하여 안정적으로 운영되다가도 소유하고 있는 부동산이 공익사업에 편입되어 보상 대상이 되는 경우가 발생할 수 있다. 공익사업에 편입되어 사업시행자가 수용권을 가지는 경우 취득하는 부동산 및 동산 등에 대하여 적절한 보상가로 보상해 주어야 한다.

보상평가는 4번 사업시행자와 협의할 수 있는 기회가 주어진다. 사업인정 전 협의, 사업인정 후 협의, 수용재결, 이의재결 4번의 기회를 잘 활용하여 적정한 금액으로 보상받아야 한다. 보상평가는 소유자에게 불리할 수도 있기 때문에 소유자 추천 제도를 시행하고 있는데 소유자가 감정평가법인을 선정하여 적정한 보상을 받을 수 있도록 한 제도이다.

부동산뿐 아니라 영업권에 대해서도 일정 요건을 구비할 경우 보상의 대상이 되기 때문에 소유자 추천 제도를 적극 활용하여 권리를 보장받아야 한다.

제4장 감정평가 수수료 체계 및 기간

마지막으로 감정평가 수수료에 대하여 알아보고자 한다. 감정평가 수수료는 국토교통부공고 제2025-334호에 의거하여 법정 수수료율이 정해져 있다. 따라서 감정평가액에 따라 감정평가 수수료는 자동 산정되며 이 외에 실비, 부가세가 포함된 수수료가 최종적으로 청구된다. 아래는 감정평가 수수료 체계이다.

감정평가액	수수료 요율 체계		
	하한 수수료 (0.8배 부터)	기준 수수료	상한 수수료 (1.2배 까지)
5천만 원 이하	250,000원		
5천만 원 초과 5억 원 이하	250,000원 +5천만 원 초과액의 11/10,000×0.8	250,000원 +5천만 원 초과액의 11/10,000	250,000원 +5천만 원 초과액의 11/10,000×1.2
5억 원 초과 10억 원 이하	646,000 +5억 원 초과액의 9/10,000×0.8	745,000 +5억 원 초과액의 9/10,000	844,000 +5억 원 초과액의 9/10,000×1.2
10억 원 초과 50억 원 이하	1,006,000 +10억 원 초과액의 8/10,000×0.8	1,195,000 +10억 원 초과액의 8/10,000	1,384,000 +10억 원 초과액의 8/10,000×1.2
50억 원 초과 100억 원 이하	3,566,000 +50억 원 초과액의 7/10,000×0.8	4,395,000 +50억 원 초과액의 7/10,000	5,224,000 +50억 원 초과액의 7/10,000×1.2
100억 원 초과 500억 원 이하	6,366,000 +100억 원 초과액의 6/10,000×0.8	7,895,000 +100억 원 초과액의 6/10,000	9,424,000 +100억 원 초과액의 6/10,000×1.2

500억 원 초과 1,000억 원 이하	25,566,000 +500억 원 초과액의 5/10,000×0.8	31,895,000+ 500억 원 초과액의 5/10,000	38,224,000+ 500억 원 초과액의 5/10,000×1.2
1,000억 원 초과 3,000억 원 이하	45,566,000 +1,000억 원 초과액의 4/10,000×0.8	56,895,000 +1,000억 원 초과액의 4/10,000	68,224,000 +1,000억 원 초과액의 4/10,000×1.2
3,000억 원 초과 6,000억 원 이하	109,566,000 +3,000억 원 초과액의 3/10,000×0.8	136,895,000 +3,000억 원 초과액의 3/10,000	164,224,000 +3,000억 원 초과액의 3/10,000×1.2
6,000억 원 초과 1조 원 이하	181,566,000 +6,000억 원 초과액의 2/10,000×0.8	226,895,000 +6,000억 원 초과액의 2/10,000	272,224,000 +6,000억 원 초과액의 2/10,000×1.2
1조 원 초과	245,566,000 +1조 원 초과액의 1/10,000×0.8	306,895,000 +1조 원 초과액의 1/10,000	368,224,000 +1조 원 초과액의 1/10,000×1.2

감정평가 수수료는 위 체계에 따라 산정되며 소급평가, 지분평가, 일정 기간 내 재평가 등에 따른 할증 할인 규정이 있으니 감정평가를 의뢰할 때 감정평가사와 충분히 협의하여야 한다.

또한 영업권, 특허권, 상표권, 기업가치, 주식가치 등과 같은 무형자산의 감정평가는 별도 수수료 규정이 존재하지 않아 감정평가를 의뢰할 때 감정평가사와 별도 협의가 필요하다. 평가의 난이도, 평가 금액에 따라 수수료가 달라질 수 있다.

보상평가의 경우 소유자가 감정평가 수수료를 지급하지 않는다. 사업시행자가 소유자 추천 감정평가의 수수료까지 납부하도록 되어 있으니 소유자 추천 제도는 필수적으로 활용하는 것이 유리하다.

감정평가 기간 또한 업무 난이도에 따라 달라질 수 있으니 업무 의뢰 시에 감정평가사와 충분히 협의하여야 한다.

생소하지만 여러 분야에서 감정평가가 활용되고 있다. 감정평가를 적절히 활용하여 효율적으로 사업체를 운영해야 할 것이다.

좋은사람들 대표
마케팅컨설턴트 최순규

주요 경력

- 숭실대학교 대학원 경영학박사(마케팅)
- 전) MBC아카데미 '게임프로그래밍' 대표 강사
- 현) 트립이지 사외이사
- 현) 애덕의 집 마케팅 자문
- 현) 좋은사람들 대표

전문 분야

- 스타트업 브랜딩 전략 수립, 브랜드 포지셔닝, 콘텐츠 마케팅 기획, 브랜드 경험 설계 및 커뮤니케이션 전략, 디지털 마케팅 채널 운영

스타트업을 위한 한 마디 조언

"우리의 제품이나 서비스가 좋다고 팔리지 않고,
마케팅을 해도 브랜드가 없다면 기억되지 않습니다.
스타트업이 시장에서 살아남으려면 '무엇을 만들었는가'보다
'누가, 어떻게 보이고, 어떻게 말하는가'에 대한
답을 먼저 고민해야 합니다."

07

브랜딩 & 마케팅

고객의 선택을 이끌어 내는 방법

제1장 스타트업의 브랜딩

제1절 스타트업이란?

'스타트업(Startup)'이라는 용어는 2000년대 초 닷컴 버블 시기에 미국 실리콘밸리에서 본격적으로 사용되기 시작했다. 당시에는 혁신적인 아이디어와 기술을 바탕으로 새로운 비즈니스 모델을 제시한 신생기업들이 빠르게 성장하면서 이들을 통칭하는 말로 자리 잡았다. 스타트업의 정의와 기준은 국가마다 다소 상이하지만 공통적으로 신생기업, 혁신적인 기술 또는 서비스를 기반으로 하며, 성장 잠재력이 크고 위험도 높은 특징을 가진 기업이라는 점에서 일치한다. 예컨대 우리나라에서는 보통 설립 7년 이내의 기술기반 창업기업을, 유럽은 10년 이내, 미국은 기간보다는 혁신성과 확장성을 지닌 기업을 스타트업으로 간주한다.

스타트업은 아직 존재하지 않는 시장 혹은 기존 질서를 흔들 만한 새로운 시장을 개척하며 나아가기 때문에 전통적인 일반기업과는 본질적으로 다른 환경 속에서 출발한다. 대부분 기존의 수요를 단순히 따라가는 것이 아니라, 새로운 수요를 창출하거나, 고객의 미충족 니즈(unmet needs)를 해결하는 방식으로 비즈니스를 설계한다. 문제는 이러한 시도가 실제 시장에서 '먹히는가'에 대한 보장이 없다는 데 있다. 따라서 시장 반응은 예측 불가능하고, 제품 또는 서비스의 성공 가능성 역시 철저히 불확실한 상태에서 사업을 전개하게 된다. 또한 자본과 인프라의 제약 속에서 운영되어 기존 기업들이 이미 갖추고 있는 고객, 조직 시스템, 브랜드 인지도, 유통망 등을 갖추지 못한 상태에서 경쟁 시장에 뛰어들어야 한다. 이는 한정된 자원으로 시장에서 빠르게 검증받아야 한다는 압박을 의미한다.

스타트업 시장의 또 다른 중요한 특징은 성장 속도에 대한 기대치가 비정상적으로 높다는 점이다. 일반 기업이 분기별로 안정적인 실적 향상을 목표로 삼는 반면, 스타트업은 단기간 내 폭발적인 성장과 시장 점유율 확보를 요구받는다. 특히 외부 투자자들의 관심을 받고 있는 스타트업일수록, 매출·사용자 수·다운로드 수와 같은 핵심 지표에서 가파른 상승 곡선을 그려야만 생존 가능성을 높일 수 있다. 이러한 압박은 스타트업의 모든 전략을 '빠른 실행(fast execution)'에 집중히게 만든다. 하지만 이런 환경 속에서도 혁신적인 아이디어와 뛰어난 실행력으로 급격한 성장을 이룬 사례들이 있었기에, 오늘날 스타트업 시장은 '고위험 고수익(high risk, high return)' 구조의 대표적인 예로 인식되고 있다.

결국 스타트업은 '위험을 감수하는 집단'이자, 동시에 '위험 속에서 기회를 발굴하는 집단'이다. 그리고 그 기회는 기존의 정형화된 질서 밖에서 존재한다. 따라서 스타트업의 생존 전략은 고객과 시장을 움직일 수 있는 핵심 질문에서 출발해야 한다.

제2절 브랜딩이란?

브랜딩이란 소비자와의 관계를 형성하고 유지하는 전략적 활동으로, 브랜드의 정체성을 수립하고 이를 지속적으로 고객에게 인식시키는 일련의 과정이다. 즉, 단순히 기업의 이름이나 로고를 만드는 작업을 넘어, 기업이 제공하는 가치, 철학, 경험을 고객이 일관되게 인식하고 공감하도록 만드는 활동이다.

미국 마케팅학회(AMA)는 브랜드를 "판매자가 자신의 상품이나 서비스를 경쟁자와 차별화하기 위해 사용하는 명칭이나 기호, 디자인, 상징 또는 이들의 조합"이라 정의하였다. 하지만 오늘날의 브랜딩은 이러한 전통적인 정의를 넘어, 소비자와의 감정적 연결을 형성하고 유지하는 전략적 수단으로 확장되고 있다. 브랜딩은 소비자가 브랜드를 '인지'하고 '기억'하며 '신뢰'하게 함으로써 브랜드에 대한 긍정적인 이미지를 구축하는 것이다. 소비자는 브랜드를 통해 제품의 품질을 예측하고, 브랜드가 전달하는 가치를 통해 자신의 정체성과 라이프 스타일을 표현한다. 다른 말로 브랜드는 소비자와의 관계를 정의하는 '언어이자 경험'이다. 따라서 브랜딩은 스타트업에 있어 시장에서의 존재 가치를 증명해 내는 가장 효과적인 수단이 될 수 있다. 브랜딩은 일반적으로 '차별화', '보증', '상징'의 세 가지 핵심 기능을 수반하며, 각각의 기능은 스타트업의 생존과 성장에 실질적인 영향을 미친다.

1. 차별화(Differentiation)

브랜딩의 주요 기능 중 하나인 차별화는 소비자가 수많은 브랜드와 제품 중에서 특정 브랜드를 인지하고 기억하도록 돕는 역할을 한다. 이는 브랜드가 단순히 존재하는 것을 넘어, 선택받는 이유를 제공해주는 기반이 된다. 차별화의 대표적인 사례로는 생활가전 브랜드인 다이슨(Dyson)을 들 수 있다. 다이슨은 청소기, 헤어드라이어, 공기청정기 등 다양한 제품군에서 기술 혁신과 미니멀한 디자인, 그리고 프리미엄 이미지를 일관되게 유지하며, 차별화된 브랜드 아이덴티티를 구축해왔다.

예를 들어, 날개 없는 선풍기와 먼지봉투가 필요 없는 청소기는 다이슨 고유의 기술력을 바탕으로 설계된 것으로, 이로 인해 소비자들로 하여금 "다이슨은 기술이 뛰어난 프리미엄 가전이야"라는 인식을 갖게 한다. 또한 광고, 패키징, 사용자 설명서에 이르기까지 통일된 디자인과 색상(보라색과 메탈릭 실버의 조합)으로 시각적으로도 쉽게 구별 가능한 브랜드가 되었다. 이렇듯 다이슨은 기능과 디자인, 가격, 광고 메시지 전반에 걸쳐 기술과 프리미엄이라는 차별화 요소를 일관되게 유지함으로써 경쟁 브랜드와의 경계를 형성했고, 이는 고객에게 명확한 선택 기준을 제공하는 차별화 전략의 모범 사례가 되었다.

2. 보증(Guarantee)

브랜드는 소비자에게 품질과 신뢰에 대한 일종의 약속이다. 고객은 브랜드명을 듣는 순간, 그 브랜드가 제공할 경험의 수준과 가치를 직관적으로 예측할 수 있어야 한다. 이는 특히 고관여 제품, 또는 반복 구매가 이루어지는 서비스에서 더욱 중요하게 작용하며, 브랜드가 기업에서 제공하는 제품이나 서비스를 보증하는 일종의 인증 마크처럼 작동한다. 배달 전문 스타트업 브랜드 '쿠팡이츠(Coupang Eats)'는 모회사 '쿠팡'의 강력한 브랜드 파워와 아이덴티티를 자연스럽게 계승했다. '쿠팡'이 소비자에게 빠른 로켓배송, 정직한 고객 서비스, 철저한 환불 정책 등의 일관된 브랜드 경험을 제공해 온 덕분에, 소비자는 '쿠팡이츠'의 로고만 보더라도 '늦지 않겠지' 혹은 '문제가 생겨도 잘 해결해 줄 거야'라는 기대감을 자연스럽게 품게 된다. 이는 브랜드 자체가 신뢰의 보증 수단으로 작동하고 있음을 보여 준다.

스타트업 입장에서 이러한 신뢰는 쉽게 얻을 수 있는 것이 아니다. 특히 신생 브랜드일수록 브랜드명만으로 신뢰를 확보하기란 더욱 어렵다. 하지만 초기부터 고객 응대 정책(CS), 서비스 품질, 브랜드 정체성을 정교하게 설계하고 일관되게 실행한다면, 일정 시점 이후에는 브랜드 이름만으로도 고객의 선택을 이끌어 낼 수 있다. 신뢰는 단 한 번의 경험으로 형성되지 않는다. 결국 브랜딩이란, 고객에게 약속된 경험을 일관되게 반복 제공함으로써 브랜드 이름 하나에 신뢰를 차곡차곡 쌓아 가는 작업이라 할 수 있다.

3. 상징(Symbolism)

브랜딩의 세 가지 핵심 기능 중 하나인 상징적 기능은, 소비자가 브랜드를 통해 자신의 자아와 정체성, 나아가 사회적 위치를 표현할 수 있도록 해 주는 역할을 한다. 이는 단순히 제품을 소비하는 행위를 넘어, 브랜드가 지닌 상징성과 의미를 통해 개인의 라이프스타일이나 세계관을 드러내는 것이다.

대표적인 사례로는 프랑스 명품 브랜드 샤넬(Chanel)을 들 수 있다. 샤넬은 단순한 패션 브랜드를 넘어, '우아함', '세련됨', '독립적인 여성성'이라는 이미지를 성공적으로 구축해 왔으며, 트위드 재킷, 향수(No.5), 그리고 상징적인 로고는 전 세계 여성들이 동경하고 내면화하고자 하는 정체성의 아이콘이 되었다.

샤넬의 향수 광고나 패션쇼에서 표현되는 고급스럽고 예술적인 감성은 브랜드에 독자적인 문화적 아우라를 부여하며, 고객은 샤넬을 사용함으로써 자신만의 정체성을 표현할 수 있다고 느낀다.

샤넬은 제품의 가격이나 품질에 의존하지 않고, '샤넬을 소유하는 것' 자체가 사회적 지위와 감성적 정체성을 의미하도록 브랜딩 전략을 정교하게 설계해 왔다. 이처럼 브랜드가 상징적 기능을 효과적으로 수행하면, 제품의 기능을 넘어 하나의 '상징'으로 자리매김하게 되며, 고객과의 감성적 유대감과 충성도는 더욱 깊어진다.

제3절 스타트업에 브랜딩이 중요한 이유

스타트업에게 브랜딩은 단순한 마케팅 활동이나 시각적 장식이 아니다. 그것은 곧 생존의 장치이며, 시장에서 자신이 누구인지, 어떤 가치를 지향하는지를 증명하는 본질적인 수단이다. 기존 기업들이 오랜 시간에 걸쳐 브랜드 자산을 축적해 온 반면, 스타트업은 철저히 무명에서 시작한다. 대안이 넘쳐나는 치열한 시장에서, 고객은 브랜드를 통해 제품의 가치를 해석하고, 신뢰 여부를 판단하며, 선택을 결정한다. "왜 이 브랜드를 선택해야 하는가"라는 질문에 명확하고 일관되게 답할 수 있을 때, 비로소 고객은 만들어진다. 특히 스타트업이 진입하는 시장은 대부분 신기술 기반이거나 기존 질서를 뒤흔드는 혁신 영역인 경우가 많기 때문에, 소비자에게는 익숙하지 않은 선택이자 잠재적인 위험 요소로 받아들여질 수 있다. 이때 브랜딩은 고객의 불확실성을 해소하고 신뢰를 형성하는 구조를 제공한다. 로고 하나, 카피 한 줄, 웹사이트의 디자인, 고객 응대 방식 등 모든 것이 브랜드의 메시지를 구성하며, 고객은 이를 무의식적으로 해석하고 신뢰 여부를 결정한다.

브랜딩은 외부 커뮤니케이션뿐 아니라 투자유치와도 밀접하게 연결된다. 브랜드는 기업의 철학, 전략, 실행력을 시각적·언어적으로 드러내는 증거이며, 이는 종종 사업계획서나 재무제표보다 먼저 투자자의 인식을 사로잡는다. 투자자들은 단순한 아이디어보다 명확한 방향성과 지속 가능한 비전을 갖춘 기업을 원한다. 그런 점에서 브랜드는 설득의 수단이자, 기업의 가능성을 압축해 보여 주는 가장 효과적인 도구이다.

브랜딩은 또한 내부 구성원에게도 강력한 영향을 미친다. 브랜드는 외부를 향한 약속인 동시에 내부 구성원에게는 방향성과 행동 기준을 제시하는 기업 정체성의 기준이다. '우리는 왜 이 일을 하는가', '어떤 방식으로 행동해야 하는가'에 대한 해답이 브랜드 철학 안에 담겨 있다면, 구성원들은 이를 하나의 공동 목표로 받아들이고 자발적으로 몰입하며, 조직 전체가 일관된 문화로 움직이게 된다. 실제로 패타고니아는 '환경 보호'라는 브랜드 철학을 전 직원이 공감하고 실천할 수 있도록 브랜드 가이드라인과 조직 문화를 일관되게 운영하고 있으며, 이는 단순한 업무 수행을 넘어 사회적 가치를 실현한다는 자부심으로 이어진다. 국내 연구에서도 이러한 경향은 확인된다. 이러한 경향은 국내 최순규&유재원(2022)의 연구에서도 직원이 브랜드 가치에 대해 심리적으로 동일시할수록 조직을 위해 자발적으로 행동하고, 새로운 아이디어와 변화를 주도 하려는 의도가 강해진다는 것을 확인할 수 있다. 이는 브랜딩이 외부 고객을 위한 활동일 뿐만 아니라, 내부 구성원에게도 자부심과 일체감을 제공하고, 조직의 혁신 역량을 끌어올리는 동력으로 작용되고 있음을 의미한다.

결국 스타트업에게 브랜딩은 눈에 보이는 결과보다 눈에 보이지 않는 신뢰와 관계를 포함하는 전략적 기반이다. 시장에서 브랜드 없이 성공한 스타트업은 없다. 무엇을 만들었느냐 못지않게, 어떻게 보이느냐가 생사를 가르는 현실 속에서, 스타트업은 처음부터 그리고 지금부터 브랜딩에 진심이어야 한다.

제2장 브랜딩 전략 수립 절차
제1절 브랜드 목표 및 설정

브랜딩의 시작은 브랜드가 존재하는 이유와 고객 및 사회에 제공하고자 하는 가치를 명확히 설정하는 데서 출발한다. 이는 기업이 어떤 철학과 방향성을 지니고 있으며, 그것이 어떻게 고객의 삶을 긍정적으로 변화시킬 것인가에 대한 근본적인 질문에 답하는 과정이다.

브랜드 목표는 기업 내부의 구성원에게는 조직의 방향성과 업무의 의미를 제공하고, 외부 고객에게는 브랜드의 차별성과 신뢰를 전달하는 도구가 된다. 이를 위해서는 기업의 미션(Mission)과 비전(Vision) 그리고 브랜드 가치(Brand Values)를 통합적으로 설정하는 것이 중요하다.

브랜딩을 말할 때 우리는 종종 '미션(Mission)'을 가볍게 여긴다. 회사 홈페이지 하단에 적혀 있는 문장, 또는 인사말 속 수식어처럼 생각하기 쉽다. 하지만 제대로 작동하는 미션은 브랜드의 정체성을 규정하고, 구성원의 행동을 통제하며, 고객에게 철학을 전파하는 강력한 동력이다.

미션은 브랜드가 세상을 어떻게 바꾸고 싶은지를 선언하는 문장이자, 조직 전체가 일관되게 움직이도록 돕는 전략적 기초 장치다. 제품 기획, 디자인, 마케팅, 고객 응대에 이르기까지 미션은 모든 판단의 기준으로 작용한다.

브랜드 미션이 단순한 문구로만 존재할 때, 그것은 벽에 걸린 공허

한 표어에 불과하다. 하지만 세계적인 커피 프랜차이즈 스타벅스는 그들의 미션을 실제 브랜드 경영의 전반에 녹여 낸다.

"인간의 정신에 영감을 불어넣고 더욱 풍요롭게 한다. 이를 위해 한 분의 고객, 한 잔의 음료, 하나의 이웃에 정성을 다한다(To inspire and nurture the human spirit - one person, one cup, and one neighborhood at a time)."는 그들의 미션은 감성적인 문장처럼 보이지만, 스타벅스가 고객에게 전달하고자 하는 경험의 핵심을 그대로 담고 있다. 이 문장은 매장 설계, 서비스, 제품 개발, 사회적 활동에 이르기까지 스타벅스의 모든 의사결정의 출발점이 된다.

스타벅스는 '제3의 공간(Third Place)'이라는 개념을 통해 매장을 심리적 안식처로 재정의했다. 매장은 가정과 직장 사이에 머무는 편안한 공간으로, 조용한 음악과 따뜻한 조명, 오랜 시간 머물러도 눈치 보지 않는 분위기를 통해 고객의 일상에 여유와 안정감을 제공한다. 바리스타가 고객의 이름을 물어보고 컵에 적으며, 음료를 건넬 때 이름을 불러 주는 방식은 고객과의 정서적 연결을 형성하려는 의도에서 비롯된다. 이러한 스타벅스의 서비스 철학은 구성원 전체가 공감하고 실천하는 문화로 자리잡았다. 또한, 스타벅스는 매장이 위치한 지역 커뮤니티에 참여하고 기여하기 위해 다양한 사회공헌 활동을 펼친다. 지역 사회 봉사활동, 친환경 캠페인, 공정무역 커피 구매 등은 브랜드가 단지 수익만을 위해 존재하는 조직이 아닌, 더 나은 사회를 위한 구성원이라는 인식을 고객에게 심어 준다. 나아가 종이 빨대 사용, 재사용 컵 장려, 윤리적 공급망 운영 등 지속 가능한 브랜드 철학 또한 이 미션의 실천 범주에 속한다. 특히 주목할 점은 이러한 미션 기반의 브랜드 경험이 전 세계 어디에서나 동일하게 유지된다는 것이다.

스타벅스는 한국, 미국, 유럽, 일본 등 어느 나라에서든 동일한 감성의 공간, 서비스 태도, 음료 품질을 제공한다. 이러한 일관성은 고객에게 신뢰를 주고, 스타벅스를 하나의 문화적 아이콘으로 성장시켰다. 낯선 도시에서 스타벅스를 찾는 고객은 그곳이 익숙한 분위기와 정서적 안정을 제공할 것이라는 기대를 갖고 문을 연다. 이것이 브랜드가 정신적 경험과 연결되는 지점이다.

이 같은 사례는 브랜드 미션이 조직 전체에 실질적으로 공유되고 내면화되었을 때 어떤 결과를 만들어 내는지를 보여 준다. 커피라는 일상적인 소비에 감정적 경험과 공동체 의식을 더해, 스타벅스는 고객에게 음료 이상의 가치를 전달한다. 이는 미션이 조직의 전략과 문화, 그리고 고객 경험의 중심축이 되어야 한다는 사실을 명확히 보여 주는 사례이며, 브랜드가 고객의 삶에 깊이 스며들 수 있는 강력한 무기가 된다.

브랜드의 미션이 현재의 행동을 정의하는 실천적 기준이라면, 비전은 브랜드가 장기적으로 도달하고자 하는 이상적인 미래 즉, '우리는 앞으로 어떤 세상을 만들고자 하는가'라는 질문에 대한 답이다. 또한, 브랜드가 향하는 방향이며, 조직 전체가 그 미래를 함께 상상하고 실현하기 위해 나아가는 여정의 목적지다. 명확한 비전을 가진 브랜드는 내부적으로는 구성원의 에너지를 결집시키고, 외부적으로는 고객과 투자자에게 브랜드가 지향하는 가치를 설득력 있게 전달할 수 있다. 이러한 비전은 반드시 현실적일 필요는 없다. 오히려 다소 비현실적으로 보일 정도로 대담한 미래를 상상하는 것이 비전의 본질이다. 중요한 것은 그 미래에 대한 상상이 얼마나 강력하게 공유되고 있는가이다. 전 구성원이 같은 방향을 바라보며 일관된 에너지로 움직일 수 있도록 만드는 것이 비전의 기능이며, 이때 비전은 추상적인 이상이 아니라 행동으로 옮겨질 수 있는 전략적 프레임이 된다.

테슬라는 전기차를 만드는 기업으로 시작했지만, 그들의 비전은 '지속 가능한 에너지로의 전환을 가속화한다'이다. 이러한 비전 아래 테슬라는 전기차 외에도 에너지 저장 장치, 태양광 발전 솔루션, 자율주행 기술 개발 등 다양한 사업을 전개하고 있다. 이들은 화석연료 기반 산업에서 벗어나 인류가 지속 가능한 방식으로 살아갈 수 있는 미래를 설계한다. 이러한 비전은 제품과 기술력 이상의 설득력을 가지며, 소비자는 '테슬라를 구매하는 것'이 곧 '지속 가능한 세상을 선택하는 행위'라고 느끼게 된다. 이처럼 비전은 고객의 정체성과 브랜드의 목적을 일치시키는 매개가 된다.

아마존 또한 초기부터 뚜렷한 비전을 바탕으로 성장한 브랜드다. "지구상에서 가장 고객 중심적인 기업이 되겠다"는 아마존의 비전은 단순히 쇼핑몰을 운영하는 데 그치지 않고, 고객의 삶을 둘러싼 거의 모든 분야로 확장되어 갔다. 온라인 서점에서 시작해, 전자상거래, 물류, 클라우드 컴퓨팅, 음성 인식 AI, 무인 매장에 이르기까지 아마존의 서비스는 일관되게 '고객을 위한 더 나은 경험'을 추구한다. 고객이 원하는 상품을 가장 빠르고 정확하게, 그리고 신뢰할 수 있는 방식으로 전달한다는 그들의 운영 철학은 비전에서 비롯된 것이다. 아마존은 비전을 단순한 문구로 끝내지 않고, 기술과 시스템, 조직 구조 전반에 일관되게 반영시킴으로써 '고객 중심'이라는 가치를 현실 속에 실현해 내고 있다.

비전이 비전으로서 기능하기 위해서는 몇 가지 조건이 필요하다. 첫째, 구성원 모두가 이해할 수 있는 언어로 제시되어야 한다. 조직 내부에서 공감대를 형성하지 못한 비전은 실행력 없는 이상에 불과하다. 둘째, 지금 당장 실현할 수는 없지만, 일정한 시간과 노력으로 도달 가능하여야 한다. 지나치게 추상적이거나 모호한 비전은 오히려 혼란을 가져온다. 셋째, 브랜드의 정체성과 연결되어야 한다. 현재의 미션과 단절된 비전은 조직의 공감을 얻지 못하며, 외부 고객에게도 신뢰를 주지 못한다.

브랜드 비전은 상황이 변하고 환경이 흔들려도, 브랜드가 잃지 말아야 할 방향을 제시한다. 브랜드가 장기적인 관점에서 정체성을 유지하며 성장하기 위해서는 반드시 우리가 가고자 하는 곳에 대한 명확한 비전이 필요하다. 그리고 이 비전이 실현 가능한 구체적인 전략으로 이어질 때, 브랜드는 사회적 가치와 문화적 영향력을 지닌 존재로 자리매김할 수 있다. 브랜드의 미래는 그 브랜드가 어떤 비전을 품고 있느냐에 따라 결정된다.

브랜드 미션이 '우리는 왜 존재하는가'라는 질문에 대한 대답이고, 비전이 '우리는 어디로 가고자 하는가'에 대한 상상이라면, 브랜드 가치는 그 미션과 비전을 일상적으로 실현하기 위한 구체적인 행동의 기준이다. 가치란 곧 브랜드가 무엇을 중요하게 여기며, 어떤 원칙을 가지고 판단하고 행동하는지를 나타내는 기준점이다. 그리고 이 가치는 브랜드가 고객과 사회, 그리고 내부 구성원에게 어떤 존재로 기억되기를 원하는지를 결정짓는 정성적 좌표다.

브랜드 가치는 단순한 철학적 선언이 아니다. 제품을 어떻게 설계할 것인지, 어떤 문구로 광고를 제작할 것인지, 고객의 불만에 어떻게 응대할 것인지, 직원 평가와 보상 기준을 어떻게 설정할 것인지 등 브랜드의 모든 행동과 결정에 실질적인 영향을 미치는 실행의 언어다. 가치가 추상적이거나 형식적으로 제시될 경우, 조직은 각자 다른 방향으로 움직이게 되며 일관된 브랜드 경험을 만들어낼 수 없다. 따라서 브랜드 가치는 조직 내부적으로는 구성원 모두가 공유하고 실천해야 하는 행동 원칙이며, 외부적으로는 브랜드를 판단하는 정체성의 잣대가 된다.

애플은 '단순함(Simplicity)'을 핵심 가치 중 하나로 삼는다. 이 가치는 제품 디자인, 사용자 인터페이스, 광고 문구, 심지어 제품 박스 포장에 이르기까지 모든 접점에서 철저히 구현된다. 아이폰의 인터페이스가 불필요한 설명 없이 누구나 직관적으로 사용할 수 있도록 설계되어 있는 이유도, 매장에서 일하는 직원이 고객에게 복잡한 기술 설명 대신 실제 사용 경험을 중심으로 안내하는 이유도 바로 이 '단순함'이라는 가치 때문이다. 이처럼 브랜드 가치는 고객 경험의 디테일 속에 스며들며, 브랜드 일관성의 핵심 축으로 기능한다.

브랜드 가치는 한두 번의 슬로건 캠페인으로 전달될 수 없다. 가치란 오랜 시간 일관되게 실천될 때에만 진정성을 얻는다. 따라서 브랜드는 가치를 조직문화와 운영방식, 커뮤니케이션 전반에 일관되게 반영해야 하며, 구성원 모두가 그 가치를 이해하고 실천할 수 있도록 교육하고 소통해야 한다. 가치가 실천되지 않는 조직은 말과 행동이 달라지고, 이는 브랜드 신뢰의 붕괴로 이어진다. 이러한 가치 중심의 브랜드는 위기에 강하다. 외부 환경이 급변하더라도 브랜드가 중심으로 삼는 가치가 명확하다면, 조직은 혼란 속에서도 일관된 판단을 내릴 수 있다. 또한 고객과의 관계에서도, 가격이나 유행 같은 단기적 요소에 흔들리지 않고 신뢰를 유지할 수 있다. 브랜드 가치는 제품이나 서비스의 일시적인 유행을 넘어, 브랜드가 지속 가능한 힘을 갖도록 만드는 근본적인 경쟁력이다.

브랜드가 진정성을 갖추기 위해서는, 명확한 미션과 비전 위에 실천 가능한 가치가 더해져야 한다. 그 가치가 조직의 일상적인 행동에 스며들고, 고객과의 모든 접점에서 일관되게 드러날 때, 브랜드는 하나의 철학이 되고, 하나의 문화가 된다. 브랜드 가치란, 브랜드가 어떻게 존재할 것인가에 대한 깊은 고민이며, 그것이 실천될 때 비로소 사람들은 그 브랜드를 신뢰하고 사랑하게 된다.

1. 브랜드의 목표 설정

브랜드 목표를 설정할 때는 반드시 기업 내부의 관점과 외부, 즉 고객의 관점을 함께 고려해야 한다. 기업 관점에서의 브랜드 목표는 경영전략과 조직 정체성, 역량의 중심축이 된다. 반면 고객 관점에서의 브랜드 목표는 브랜드가 고객의 삶 속에서 어떤 가치를 제공하고, 어떤 방식으로 기억되는지를 결정짓는다.

이 두 관점이 조화를 이룰 때, 브랜드는 시장에서 실질적인 경쟁력을 갖춘 전략적 자산으로 기능할 수 있다. 만약 브랜드 목표가 기업 내부의 이상에만 치우친다면 실행 가능성과 시장 적합성이 떨어지며, 반대로 고객의 기대에만 맞춘 목표는 조직 내부의 몰입과 일관된 실행을 끌어내기 어렵다. 즉, 어느 한 쪽으로만 기울어진 목표는 지속 가능한 브랜드 성장을 담보할 수 없다.

따라서 스타트업은 브랜드 목표를 수립할 때, 조직의 정체성과 전략적 방향성을 담아내되, 고객이 실제로 체감할 수 있는 가치와 신뢰의 구조 또한 함께 설계해야 한다. 이처럼 내부와 외부의 균형이 맞춰진 브랜드 목표야말로, 스타트업이 지속적으로 성장하고 진화할 수 있는 가장 강력한 출발점이 된다. 브랜딩은 이상과 현실, 조직과 시장을 연결하는 다리이며, 그 출발점에 놓이는 것이 바로 브랜드 목표이다.

2. 기업관점

브랜드 목표를 수립하는 데 있어 기업의 관점은 장기적인 생존과 성장 전략을 결정짓는 기준점이 된다. 단순히 제품을 팔기 위한 수단이 아닌, 브랜드가 기업 전체의 철학과 방향성을 대변하는 전략적 자산이라는 관점에서 접근해야 한다.

브랜드는 단지 외부 고객을 위한 마케팅 장치가 아니라, 기업의 정체성을 선언하고, 내부와 외부 모두에게 방향성을 제시하는 전략적 도구다. 특히 스타트업에게 브랜드는 "우리는 누구이며, 어떤 가치를 추구하고, 어떤 문제를 해결하고자 하는가"에 대한 명확한 대답을 시각적·언어적으로 구성해 주는 수단이다.

명확한 브랜드 철학과 미션, 비전은 경영진과 실무진 모두가 동일한 방향을 보고 일할 수 있도록 만들며, 고객 응대, 서비스 기획, 인재 채용 등 기업 활동 전반에 일관성을 부여한다. 또한 브랜드는 투자자나 파트너가 기업을 평가할 때 중요한 기준이 되며, 기업이 어떤 비전을 갖고 있고, 그 비전을 어떻게 실행할 것인지를 압축적으로 보여 주는 역할을 한다. 특히 IR 자료나 피치덱에서의 브랜드 톤앤매너, 메시지의 정합성은 단순한 형식 이상의 신뢰 요소로 작용하며, "이 기업은 믿을 수 있다"는 인식을 강화한다. 더 나아가 브랜드는 단기 실적 중심의 운영을 넘어, 장기적인 기업 성장과 확장 가능성까지 뒷받침하는 구조적 기반이 된다. 브랜드 철학이 명확한 기업일수록, 새로운 시장에 진출하거나 신제품을 출시할 때에도 기존의 가치와 정체성을 유지하며 일관된 흐름을 지속할 수 있다. 이는 기업 성장의 안정성과 예측 가능성을 높여 준다. 특히 스타트업과 같이 불확실한 시장 환경에서 빠르게 방향을 잃기 쉬운 조직일수록, 초기 단계부터 브랜드를 전략적으로 내재화하고 관리하는 것이 중요하다.

이처럼 브랜드 목표를 설정하는 과정은 기업 내부의 방향과 외부 고객의 수용을 동시에 고려하는 복합적인 전략 수립 과정이다.

3. 고객관점

브랜드 목표를 수립할 때는 기업 내부의 이상이나 비전뿐 아니라, 반드시 고객의 시선에서 브랜드가 어떻게 인식될지를 고려해야 한다. 고객관점의 브랜딩은 실제 사용자가 경험하는 가치와 기대를 중심에 두고 설계되어야 하며, 다음의 네 가지 원칙을 고려하여야 한다.

첫째, 브랜드는 반드시 고객의 문제를 해결하는 데 초점을 맞춰야 한다. 고객은 일상 속에서 불편을 해결하거나 더 나은 선택을 하기 위해 필요한 제품이나 서비스를 찾고, 그 선택의 중요한 기준 중의 하나는 브랜드이다. 따라서 브랜드는 고객이 무엇에 불편을 느끼고 있으며, 어떤 도움을 필요로 하는지를 먼저 이해하고 그 해법을 명확히 제시해야 한다.

둘째, 조직 구성원의 공감대 형성 또한 고객 관점 브랜딩의 핵심 요소다. 내부 구성원이 브랜드 목표에 공감하고, 고객에게 일관된 경험을 제공하기 위해 같은 방향을 향해 나아갈 때, 고객은 브랜드를 더욱 신뢰하게 된다. 브랜드가 단순한 외부 광고 전략이 아닌, 조직의 문화로 체화되어야 하는 이유다.

셋째, 소비자는 단지 제품이나 서비스의 기능적 효용만이 아니라, 브랜드가 가진 사회적 책임에도 민감하게 반응한다. ESG, 친환경, 다양성, 지역사회 기여와 같은 요소는 고객이 브랜드를 선택하는 데 있어 때로는 또 다른 기준이 된다. 따라서 브랜드는 이러한 사회적 가치를 내부 전략에 반영하고, 이를 고객에게 진정성 있게 전달해야 한다.

넷째, 브랜드 목표는 반드시 실현 가능하고, 다양한 고객 접점에서 일관되게 드러나야 한다. 고객은 브랜드와의 일관된 경험을 통해 신뢰를 형성하기 때문에, 비전이 아무리 훌륭하더라도 실제 경험과 괴리되면 브랜드 신뢰도는 크게 훼손된다. 따라서 현실적인 실행 계획과 조직 전반에 걸친 일관된 실행이 필수적이다.

이 네 가지 기준은 스타트업이 브랜드 목표를 고객의 눈높이에서 수립하고 실행하는 데 실질적인 기준이 되어 준다. 특히 브랜드 정체성이 아직 형성되지 않은 초기 스타트업에게는 고객 중심의 관점을 설정하고 내부적으로 공유하는 일이 브랜딩의 가장 중요한 첫 걸음이라 할 수 있다.

제2절 타깃 고객 분석과 확산 전략

1. 타깃 고객 분석

브랜딩 전략의 핵심은 "이 브랜드는 누구를 위해 존재하는가?"라는 질문에 명확히 답하는 데 있다. 스타트업은 불확실한 시장 환경 속에서 제한된 자원으로 성과를 내야 하기 때문에, 브랜드가 집중해야 할 핵심 고객 집단 즉, 타깃 고객을 명확하게 정의하는 것이 전략 수립의 출발점이다.

타깃 고객 분석은 단순한 인구통계학적 분류(연령, 성별, 지역 등)만으로는 충분하지 않다. 타깃 고객을 정의하는 과정은 누가 우리 제품을 사는지가 아닌, 그들이 왜 사고, 언제 사는지, 그리고 무엇에 반응하는지를 정밀하게 이해하는 작업이다. 이를 위해 기업은 다양한 고객 분석 방법을 활용할 수 있다. 그중에서도 가장 기본적이고 널리 사용되는 방법은 고객 인터뷰와 설문조사 방법이다. 고객 인터뷰는 제품을 실제로 사용했거나 사용할 가능성이 있는 예비 고객을 대상으로 그들의 의견을 직접 듣는 방식이다. 한 사람 한 사람의 목소리 속에 담긴 기대 혹은 실망, 니즈는 때로 강력한 인사이트를 제공한다. 반면 설문조사는 보다 많은 고객을 대상으로 한 구조화된 질문을 통해 통계적 경향성을 확인할 수 있는 도구다. 예를 들어 '구매를 결심하게 된 결정적 요인', '브랜드에 대한 첫인상', '추천 의향' 등의 질문을 통해 브랜드 인식의 방향성을 확인할 수 있다.

고객의 실제 생각을 듣는 것 못지않게, 고객이 자발적으로 말하는 공간을 관찰하는 것도 중요하다. 소셜 리스닝은 SNS, 블로그, 온라인 커뮤니티 등에서 고객이 남긴 게시글, 댓글, 키워드 등을 분석하여 그들이 무엇에 공감하고, 어떤 언어로 제품을 설명하며, 어떤 불만을 표현하는지를 파악할 수 있는 방법이다. 특히 광고나 설문 응답과 달리, 이들은 마케팅 의도를 의식하지 않고 드러낸 날것의 피드백이기에 그 가치는 더욱 높다. 브랜드 이름과 연관된 감성 표현이나, 경쟁 제품과의 비교 속에서 자연스럽게 드러나는 소비자 인식의 방향은 메시지 전략을 설계할 때 중요한 기초자료가 된다. 이 같은 고객의 인식뿐 아니라 실제 행동을 분석하는 것 역시 매우 중요하다. 이를 위한 구매 여정 분석은 고객이 브랜드를 처음 인지한 시점부터 정보 탐색, 비교, 구매, 사용, 재구매, 추천에 이르기까지의 모든 접점을 시각적으로 구성하고 분석하는 방식이다. 이를 통해 브랜드가 강점을 가진 지점, 고객이 이탈하는 지점, 감동을 느끼는 순간 등을 파악할 수 있다. 예를 들어 구매는 온라인에서 이루어지지만 인지는 인플루언서 콘텐츠나 오프라인 체험을 통해 이뤄지는 경우, 콘텐츠나 체험 접점을 강화하는 전략이 도출될 수 있다. 고객의 행동 흐름은 브랜드의 핵심 접점을 전략적으로 배치하는 데 필수적인 자료가 된다.

이와 함께, 고객이 브랜드와 상호작용할 때 실제로 보여 주는 구체적인 행동을 분석하는 것도 필요하다. 웹사이트나 앱에 방문한 고객이 어느 페이지에서 머무는지, 어디에서 클릭하고 어디에서 이탈하는지를 분석하면 고객의 관심사와 불편함을 데이터로 확인할 수 있다. 행동 기반의 웹/앱 분석은 유입 경로, 체류 시간, 클릭률, 이탈률, 전환율 등 다양한 지표를 통해 고객의 실제 사용 행태를 보여 준다. 이를 통해 마케팅 전환율을 높이기 위한 UI 개선, CTA 버튼 재배치, 핵심 콘텐츠의 우선 노출 등 구체적인 액션 플랜을 수립할 수 있다.

마지막으로 경쟁 브랜드와의 비교 분석도 빼놓을 수 없다. 동일한 고객군을 타깃으로 하는 경쟁 브랜드의 제품 구성, 메시지 전략, 가격 정책, 디자인 등을 비교 분석하면 우리 브랜드가 시장에서 어떻게 차별화되어야 하는지 방향을 잡을 수 있다. 경쟁 브랜드의 소셜 콘텐츠에 대한 반응, 리뷰에 자주 등장하는 칭찬이나 불만 포인트, 브랜드의 미션과 가치 등을 분석함으로써 우리 브랜드의 정체성을 명확히 정립하고, 더욱 분명한 브랜드 포지셔닝을 할 수 있다.

이처럼 고객 분석은 단일한 방법으로 끝나는 작업이 아니라, 서로 다른 관점에서의 탐색을 통해 입체적인 고객 이해를 완성해 가는 과정이다. 인터뷰는 감정을, 설문은 경향을, 소셜 리스닝은 언어를, 여정 분석은 흐름을, 행동 분석은 디테일을, 경쟁 분석은 맥락을 보여 준다. 그리고 이 모든 것을 통합적으로 해석할 때 비로소 브랜드는 '누구를 위해, 어떤 문제를 어떤 방식으로 해결할 것인가'라는 질문에 실질적이고 구체적인 답을 얻을 수 있다.

이러한 분석을 통해 정립된 타깃 고객은 제품 기획, 메시지 전략, 콘텐츠 제작, UX 디자인, 고객 응대 방식까지 브랜드 전반에 일관성을 부여하며, 자원의 낭비 없이 정밀한 브랜딩을 가능하게 만든다. 결국 타깃 고객 분석은 브랜드가 '누구를 위해', '무엇을 어떻게 제공할 것인가'를 명확히 하는 전략의 중심축이자, 지속 가능한 고객 관계 구축의 시작점이 된다.

오늘날의 브랜딩은 고객의 심리적 특성(가치관, 태도, 라이프스타일), 행동 특성(구매 패턴, 정보 탐색 경로, 미디어 소비 습관), 그리고 구체적 니즈(문제 인식과 해결에 대한 욕구)까지 종합적으로 분석해야 한다. 이러한 다층적 접근을 통해 스타트업은 고객 세분화(Segmentation)를 실행하고, 이상적인 고객군을 대표하는 페르소나(Persona)를 설계할 수 있다. 예를 들어, 친환경 화장품 브랜드는 단순히 "2030 여성"이 아닌, "비건 제품에 관심이 많고, SNS를 통해 화장품 정보를 수집하며, 성분의 투명성을 중요하게 생각하는 소비자"를 페르소나로 설정함으로써 더욱 정교한 브랜딩 전략을 수립할 수 있다. 이 과정은 스티브 블랭크(Steve Blank)의 『The Startup Owner's Manual』에서 제시한 고객 개발(Customer Development) 이론과도 맞닿아 있다. 제품을 먼저 만들고 시장에 던지는 방식이 아니라, 잠재 고객 인터뷰와 피드백을 통해 Problem-Solution Fit을 먼저 검증하고, 이후 반복적인 개선 과정을 통해 Product-Market Fit을 달성하는 것이 스타트업 브랜딩의 핵심 프로세스다. 즉, 브랜드가 누구를 위해 존재하는지를 정확히 파악하고, 그에 맞는 제품, 메시지, 경험을 설계하는 것이 핵심과제라 할 수 있다.

2. 확산 전략

타깃 고객 분석은 이후 확산 전략 수립과 캐즘 극복 전략을 설계하는 데에도 중요한 기반이 된다. 브랜드는 고객이 어떤 방식으로 브랜드를 인식하고 수용하게 할 것인가를 전략적으로 설계해야 한다. 확산 전략 수립과 관련하여 에버렛 로저스(Everett Rogers)의 '혁신 확산 이론(Diffusion of Innovations)'은 새로운 기술이나 아이디어가 시장 내 다양한 소비자 집단에 어떻게 수용되고 확산되는지를 다섯 가지 유형으로 설명한다. 이 이론은 스타트업이 자사의 브랜드를 '언제', '누구에게', '어떻게' 확산시킬 것인지를 설계하는 데 매우 유용한 전략적 나침반이 된다. 스타트업은 초기에는 '혁신가(Innovators)'와 '조기 수용자(Early Adopters)' 중심의 빠른 피드백과 입소문 확산 전략에 집중해야 한다. 이들은 신기술에 개방적이며 사회적 영향력이 크기 때문에, 브랜드의 초기를 안정적으로 확산시킬 수 있는 열쇠가 된다. 이들을 대상으로 프로토타입 테스트, 브랜드 캠페인, 인터뷰 콘텐츠 등을 통해 실질적인 고객 반응을 수집하고, 브랜드 신뢰도를 형성할 수 있다. 그러나 혁신 제품이 초기 시장에서 성공적으로 수용된 이후, '초기 다수(Early Majority)'에게 확산되기까지의 과정에는 흔히 '캐즘(Chasm)'이라는 큰 간극이 존재한다. 이는 기술 수용 주기의 한 가운데에 놓인 심리적·

시장적 단절 지점으로, 많은 스타트업이 이 지점을 넘지 못하고 실패에 이른다. 초기 수용자와 다르게, 초기 다수는 검증되지 않은 신기술에 보수적이며, 사용성, 안정성, 사회적 증거를 중시한다. 조기 수용자는 새로운 것을 먼저 사용해 보려는 성향이 강한 반면, 초기 다수는 다른 사람들이 충분히 사용해 보고 검증된 이후에야 제품을 수용한다. 이때 발생하는 수요 공백과 신뢰의 간극이 바로 캐즘이며, 이를 넘지 못하는 스타트업은 기술력에도 불구하고 시장 확산에 실패할 수 있다. 캐즘을 넘어서기 위해 스타트업은 무엇보다 고객의 현실적인 니즈에 집중한 커뮤니케이션 전략을 수립해야 한다. 이상적인 비전보다도 실질적인 문제 해결 능력, 사용 사례 중심의 접근이 필요하며, 제품이나 서비스의 메시지는 직관적이고 실용적이어야 한다. 더불어 조기 수용자의 긍정적 경험을 활용한 레퍼런스 마케팅이 중요하다. 후기 고객일수록 다른 사람의 경험을 통해 제품을 평가하기 때문에, 리뷰, 후기, 인터뷰, 실제 사용 영상 등을 콘텐츠화하는 것이 매우 효과적이다. 또한 제품이나 서비스는 기술 중심이 아닌 사용자 중심으로 완성도를 높이고, 고객 지원 체계를 안정적으로 구축해야 한다. 이는 초기 다수가 요구하는 '사용의 안정성'과 '불안 해소'를 위한 전략적 조건이다. 동시에 신뢰를 형성할 수 있는 사회적 증거, 예컨대 인증, 수상, 언론 보도 등의 객관적 데이터를 브랜드 자산으로 축적해 나가는 것이 좋다. 이와 함께 브랜드는 초기 다수의 보수적인 시각을 이해하고, 그들에게 맞는 교육과 커뮤니케이션 콘텐츠를 설계해야 한다. 세미나, 웨비나, 인포그래픽, 영상 등을 활용해 브랜드가 왜 필요하고, 어떻게 안전하게 고객의 삶에 긍정적인 변화를 줄 수 있는지에 대해 충분히 설명해야 한다.

스타트업이 이 '캐즘'을 성공적으로 넘어서면, 브랜드는 단순한 기술적 열풍을 넘어 대중적 신뢰와 실질적인 시장 점유율을 확보하는 단계로 진입할 수 있다. 따라서 확산 이론에 대한 깊은 이해와 이를 기반으로 한 전략적 브랜딩 접근은 스타트업이 성장 궤도에 오르기 위한 핵심 요소로 작용한다.

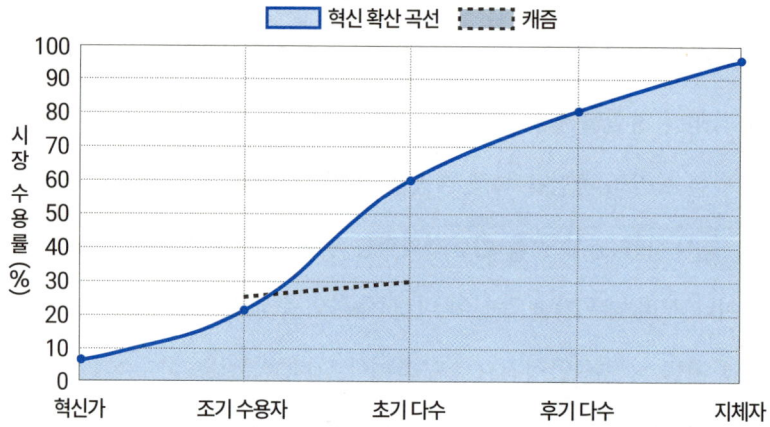

혁신 확산 곡선과 캐즘

제3절 브랜드 포지셔닝

브랜드 포지셔닝은 '고객의 인식 속에서 우리 브랜드가 어떤 브랜드로 각인될 것인가'를 정의하는 전략이다. 이는 경쟁 브랜드와의 비교 속에서 브랜드가 차지할 고유한 위치를 설정하는 작업으로, 고객이 브랜드를 기억하고 선택하게 만드는 기반이 된다.

브랜드를 효과적으로 포지셔닝하기 위해서는 단순한 직감이나 유행을 따르는 것이 아니라, 체계적인 분석과 구체적인 과정을 거쳐야 한다. 브랜드가 고객의 머릿속에 어떤 이미지로 자리 잡을 것인지 결정하는 포지셔닝 전략은 세 가지 핵심 활동(경쟁 브랜드 분석, 고객 인식 조사, 차별화 요소 도출)을 통해 구체화된다.

경쟁 브랜드 분석은 시장 내에서 유사한 제품이나 서비스를 제공하는 브랜드들이 어떤 위치에 있는지를 살펴보는 작업이다. 이 과정에서는 경쟁 브랜드의 강점과 약점, 고객층, 가격 전략, 커뮤니케이션 방식 등을 전반적으로 비교해 본다. 이를 통해 시장에서 이미 자리 잡은 브랜드들과 우리의 브랜드가 어떻게 차별화될 수 있는지, 혹은 어떤 영역이 아직 채워지지 않았는지를 발견할 수 있다. 예를 들어, 커피 브랜드 시장에서 '빠른 회전율과 저렴한 가격'을 내세우는 브랜드가 많다면, 느긋한 공간과 고급 원두를 강조하는 브랜드는 상대적으로 독자적인 포지션을 확보할 수 있다. 고객 인식 조사는 브랜드가 소비자에게 어떻게 인식되고 있는지를 이해하는 과정이다. 여기서 중요한 것은 고객이 우리 브랜드를 '어떻게 생각하느냐'보다 '어떻게 느끼느냐'이다. 이 조사는 정성적인 방법과 정량적인 방법으로 나눠서 수행할 수 있다. 정성적 조사에서는 소수의 고객을 대상으로 인터뷰하거나 포커스 그룹을 구성하여 그들이 느끼는 브랜드 이미지를 탐색한다. 정량적 조사에서는 설문지를 통해 인지도, 호감도, 추천 의향 등을 수치로 확인해 볼 수 있다. 이러한 데이터를 기반으로 우리는 브랜드에 대한 긍정적 혹은 부정적 감정을 보다 구체적으로 이해하고, 향후 방향을 설정할 수 있게 된다.

차별화 요소 도출은 가장 핵심적인 단계다. 경쟁 브랜드와 고객의 기대를 모두 분석한 후, 이제는 우리 브랜드만의 고유한 가치를 정리해야 한다. 이 과정에서 많이 활용되는 것이 '브랜드 가치 도식'이다. 이는 고객이 바라는 가치, 우리가 잘하는 것, 그리고 경쟁사가 제공하지 못하는 것을 교차시켜 도출한다. 이 세 가지가 만나는 지점이 곧 브랜드의 핵심 가치이며, 포지셔닝의 출발점이 된다. 이를 바탕으로 브랜드의 핵심 메시지, 톤앤매너, 디자인, 슬로건 등이 자연스럽게 파생된다.

브랜드 포지셔닝

구분	상세 내용	스타트업에 대한 시사점
경쟁 브랜드 분석	시장 내 유사 브랜드들의 강점, 약점, 고객층, 가격, 커뮤니케이션 비교를 통해 차별화 지점 발견	경쟁이 치열한 시장에서 **고유한 존재 가치**를 확보하는 핵심
고객 인식 조사	고객이 브랜드를 어떻게 인식하고 느끼는지 정성적(인터뷰, 포커스 그룹) 및 정량적(설문조사) 방법으로 조사	고객에게 **명확한 선택 기준**을 제공하여 신뢰를 구축
차별화 요소 도출	'브랜드 가치 도식'을 활용하여 브랜드만의 고유한 가치 정리	제품 기획, 메시지, 디자인 등 **모든 브랜딩 활동의 방향성 제시**

제3장 성공적인 브랜딩
제1절 Not To Do

스타트업이 브랜딩을 시작할 때 가장 먼저 떠올리는 것은 '무엇을 할 것인가'에 대한 리스트일 것이다. 로고를 만들고, 슬로건을 정하고, SNS 계정을 개설하고, 광고를 집행하는 일 등은 가장 눈에 띄는 To Do이다. 하지만 브랜딩에서 진정 중요한 것은 때로 '무엇을 하지 않을 것인가(Not To Do)'에 있다는 점을 간과해서는 안된다.

브랜드는 하나의 인격처럼 인식되기 때문에, 처음부터 '지켜야 할 선'과 '넘지 말아야 할 선'을 정하는 것이 중요하다. 일관되지 않은 메시지, 과장된 표현, 단기적 이익을 위한 무분별한 할인 행사, 브랜드 철학과 어긋나는 제휴 등은 브랜드를 단기간에 소모시키는 대표적인 실수다. 특히 스타트업은 대기업처럼 여러 브랜드 라인으로 복구할 여지가 적기 때문에, 한 번의 실수로 브랜드 정체성이 훼손될 위험이 크다.

따라서 브랜딩 초기에는 '하지 말아야 할 일'을 명확히 설정하는 것이 필요하다. 예를 들어, 브랜드가 '지속 가능성'을 내세운다면 일회용품 사용이나 과잉 포장을 피해야 하며, '전문성'을 강조하는 브랜드라면 비전문적인 언어 사용이나 신뢰도 낮은 정보를 공유하지 않아야 한다. 브랜드의 행동과 말, 이미지가 일치하지 않을 때 소비자는 그 부조화를 가장 먼저 감지한다.

이러한 Not To Do의 기준은 브랜드 가이드라인에 포함되어야 하며, 조직 전체가 이를 공유하고 지켜야만 비로소 브랜드가 일관성을 갖게 된다. '하지 않을 것'을 정의하는 일은 곧 브랜드가 '무엇을 지향하는지'를 더 뚜렷하게 드러내는 일이기도 하다.

스타트업은 브랜딩을 할 때, 무엇을 새로 기획할 것인지보다 무엇을 하지 않아야 하는지를 먼저 고민하는 태도에서부터 출발해야 한다. 그렇게 해야 브랜드는 과잉 포장되지 않고, 처음부터 신뢰와 진정성을 바탕으로 구축될 수 있다.

제2절 To Do

앞서 '하지 말아야 할 것'을 정하는 일이 얼마나 중요한지 살펴보았다면, 이제는 브랜딩을 위한 구체적인 실천 목록, 즉 '해야 할 것들'을 고민해야 할 시점이다. 스타트업의 브랜딩에서 반드시 실천해야 할 To Do는 단순히 로고를 만들고 슬로건을 정하는 수준을 넘어서, 브랜드가 시장과 고객의 삶 속에 어떤 방식으로 녹아들지를 치밀하게 설계하는 일이다.

첫째, 브랜드의 존재 이유를 명확히 정의해야 한다. 고객이 브랜드를 만났을 때 가장 먼저 궁금해하는 것은 '이 브랜드는 왜 존재하는가?'이다. 이는 브랜드의 미션, 비전, 가치(Core Values)로 정리되며, 모든 브랜딩 활동의 방향성과 철학을 제공하는 기반이 된다.

둘째, 일관된 메시지와 정체성을 구축해야 한다. 브랜드의 언어, 이미지, 행동이 서로 충돌하지 않도록 하는 것이 브랜딩의 기본이다. 이는 시각적 아이덴티티(로고, 컬러, 폰트)뿐 아니라, 브랜드의 말투, 콘텐츠의 분위기, SNS 운영 방식, 고객 응대 태도 전반에 걸쳐 적용된다. 모든 접점에서 브랜드의 '성격'이 일관되게 드러나야 고객은 신뢰하게 된다.

셋째, 고객의 삶을 깊이 이해하고, 연결되어야 한다. 브랜딩은 고객을 이해하지 않고서는 절대 설계할 수 없다. 고객의 일상, 고민, 사용하는 언어, 콘텐츠 소비 방식 등을 면밀히 분석하고, 브랜드가 그들과 어디서 어떻게 만날 수 있을지를 설계해야 한다. 이는 곧 브랜드 페르소나와 타깃 고객 페르소나의 자연스러운 연결을 의미한다.

넷째, 브랜드의 약속을 행동으로 보여 주어야 한다. 브랜드가 말하는 바를 실제로 지키는 것은 단지 신뢰의 문제가 아니라 생존의 문제다. 친환경을 말한다면 친환경 포장재를 사용해야 하고, 신뢰를 말한다면 고객 응대에서 정직함이 드러나야 한다. 말과 행동이 일치하는 브랜드만이 고객의 감정적 충성도를 끌어낼 수 있다.

다섯째, 브랜드 경험을 고객 중심으로 설계해야 한다. 브랜딩은 '보는 것'만이 아니라 '겪는 것'이다. 제품 사용 과정, 앱의 UX, 매장 방문, 고객 서비스 등 모든 접점이 곧 브랜드 경험이다. 스타트업은 제한된 자원 속에서도 고객의 여정 전체를 따뜻하고 일관되게 디자인해야 한다.

이러한 To Do 리스트는 브랜딩을 하는 데 있어 '기초 체력'과 같은 역할을 한다. 스타트업은 화려한 마케팅 이전에 이 다섯 가지를 탄탄히

쌓아야만 고객의 신뢰를 얻고, 브랜드로서의 생명력을 키워 갈 수 있다.

제3절 브랜드 커뮤니케이션

모든 사회적 관계는 커뮤니케이션을 통해 형성되고 유지된다. 커뮤니케이션은 단순한 정보 전달이 아니라, 의미를 공유하고 상호 이해를 형성하는 과정이다. 인간은 언어, 몸짓, 이미지, 상징 등 다양한 수단을 통해 서로의 생각과 감정을 표현하며, 이러한 과정 속에서 관계가 구축되고, 신뢰가 형성되며, 공동의 목적이 만들어진다. 이러한 커뮤니케이션은 철저히 브랜드의 철학과 일관된 톤과 메시지를 기반으로 설계되어야 한다. 브랜드가 '따뜻함'을 추구한다면, 고객 응대부터 SNS 콘텐츠까지 따뜻한 말투와 디자인을 사용해야 하며, '신뢰'를 추구하는 브랜드라면 공식 문서와 메시지가 정확하고 정중하게 구성되어야 한다. 결국 고객은 브랜드가 '어떻게 말하느냐'를 통해 그 진정성을 체감하게 된다.

마케팅과 경영의 관점에서도 커뮤니케이션은 단순한 전파가 아니라 '공감의 설계'라 할 수 있다. 기업이 고객에게 단지 제품의 기능을 설명하는 데 그치지 않고, 브랜드가 담고 있는 철학과 감정, 정체성을 효과적으로 전달하는 데 있어 커뮤니케이션은 핵심적인 역할을 한다. 특히 디지털 환경에서는 고객과의 상호작용이 실시간으로 이루어지기 때문에, 브랜드는 일관되고 진정성 있는 커뮤니케이션 전략을 통해 고객과의 장기적인 관계를 만들어 가야 한다. 디지털 마케팅 전략을 통해 스타트업은 고객과의 다양한 접점에서 브랜드를 알리고 관계를 형성할 수 있다. 하지만 단순한 노출이나 광고만으로는 고객의 마음을 사로잡기 어렵다. 결국 브랜드에 대한 신뢰와 애착은 '어떻게 소통하느냐'에 달려 있으며, 이 지점에서 브랜드 커뮤니케이션의 개념이 중요하게 등장한다.

브랜드 커뮤니케이션은 쌍방향 소통의 철학을 기반으로 하며, 브랜드가 고객에게 어떤 어조, 메시지, 태도, 감성으로 말을 거는지를 의미한다. 커뮤니케이션이 의미하는 바처럼 일방적인 정보 제공이 아니라, 고객의 피드백을 적극적으로 수렴하고 응답하며, 고객과 맺고자 하는 관계의 본질을 드러내는 전략이다.

브랜드 커뮤니케이션의 중요성은 20세기 후반 브랜드 전략 이론이 발전하면서 주목받기 시작했으며, 특히 통합 마케팅 커뮤니케이션(IMC)의 확산과 함께 학문적 개념으로 자리 잡았다. 초기에는 필립 코틀러(Philip Kotler)나 데이비드 아커(David Aaker)와 같은 마케팅 학자들이 브랜드 메시지의 일관성과 차별화에 대해 강조했으며, 이후에는 브랜드를 하나의 인격적 존재로 보는 '브랜드 퍼스낼리티(personality)' 개념과 함께 고객과의 커뮤니케이션 방식이 전략적으로 정교해졌다.

최근 브랜드 커뮤니케이션은 광고, SNS, 고객 응대, 웹사이트 디자인, 포장지 문구 등 모든 접점에서 브랜드의 메시지와 톤이 일관되게 유지되는 것을 목표로 한다. 예를 들어, 브랜드가 지향하는 가치가 '따뜻함'이라면, 고객센터의 응대 어조부터 뉴스레터의 문체, SNS에서의 유머 코드까지 이 정서가 반영되어야 한다. 브랜드가 고객의 머릿속에 명확하게 각인되고 신뢰받기 위해서는 이러한 일관성이 핵심이다. 디지털 시대의 커뮤니케이션은 빠르고 진정성 있는 반응을 요구하며, 이는 브랜드가 단기적 판매보다 장기적인 관계 형성을 우선시해야 한다는 점에서 더욱 중요해진다.

결국 브랜드 커뮤니케이션이란, 브랜드가 세상에 존재하는 이유와 가치를 고객의 언어로 풀어내고, 그것을 감정적으로 전달하는 기술이자 예술이다. 단지 '무엇을 말할 것인가'가 아니라, '어떻게 말할 것인가'를 전략적으로 설계하는 것. 그것이 스타트업 브랜딩 성공열쇠이다.

제4장 스타트업의 디지털 마케팅 전략

스타트업의 마케팅 전략에서 디지털 마케팅은 빠질 수 없는 핵심이다. 디지털 마케팅이란 디지털 기술, 특히 인터넷과 모바일 환경을 기반으로 브랜드를 알리고, 고객과 상호작용하며 판매를 촉진하는 일련의 마케팅 활동을 말한다. 이는 전통적인 오프라인 마케팅과는 달리, 정량적인 데이터 분석을 통해 실시간 성과를 측정하고, 타깃 고객에게 직접적이고 정밀하게 도달할 수 있다는 점에서 큰 차별성을 가진다.

디지털 마케팅이 중요한 이유는 스타트업의 초기 약점을 보완하고, 성장의 발판을 마련하는 데 매우 효과적이기 때문이다. 스타트업은 일반적으로 제한된 자원, 낮은 인지도, 불확실한 고객 반응이라는 조건 속에서 사업을 시작한다. 이러한 상황에서 디지털 마케팅은 상대적으로 저비용으로 빠른 피드백을 받을 수 있으며, 브랜드가 어떤 고객에게 어떤 메시지를 전달해야 효과적인지를 실험하고 학습할 수 있는 유일한 무대가 된다. 또한, 디지털 마케팅은 타깃팅과 측정 가능성을 기반으로 한 '정밀 마케팅'을 가능하게 한다. 고객의 연령, 관심사, 지역, 검색어, 웹사이트 행동 등을 기반으로 개인화된 메시지를 전달할 수 있어 자원 낭비 없이 실질적 성과를 창출할 수 있다. 뿐만 아니라, 마케팅 퍼널의 전 과정을 데이터로 추적함으로써 무엇이 효과적이었는지를 실시간으로 파악하고, 이를 기반으로 전략을 빠르게 수정할 수 있다는 점에서 스타트업에게 특히 유리한 환경을 제공한다. 제한된 예산과 자원 속에서도 디지털 채널을 통해 효율적이고 정밀하게 고객과의 접점을 만들 수 있기 때문이다. 특히 스타트업은 브랜드 인지도가 낮고 신뢰 기반이 약하기 때문에, 온라인 상에서 빠르고 반복적인 노출을 통해 존재감을 확보하는 것이 중요하다.

디지털 마케팅은 검색엔진 최적화(SEO), 콘텐츠 마케팅, 소셜미디어 마케팅(SNS), 온라인 광고, 이메일 마케팅, 퍼포먼스 마케팅 등 다양한 전술로 구성된다. 예를 들어, 블로그와 브랜디드 콘텐츠를 통해 브랜드 스토리를 공유하고, SNS를 통해 실시간으로 고객과 소통하며 브랜드 이미지를 감성적으로 전달할 수 있다. 검색 광고(Google Ads), 소셜 광고(Facebook, Instagram Ads)는 초기 고객 유입을 유도하는 데 탁월한 효과를 보이며, 클릭률과 전환율을 기반으로 광고 성과를 실시간 분석할 수 있는 장점이 있다.

스타트업은 디지털 마케팅을 단기적인 홍보 수단으로만 보지 않고, 장기적인 브랜딩과 고객관계 구축의 핵심축으로 인식해야 한다. 단기적으로는 트래픽과 리드를 확보하고, 장기적으로는 브랜드에 대한 충성도와 추천 가능성을 높이는 구조를 설계해야 한다. 이를 위해서는 마케팅 퍼널(인지-흥미-전환-충성)에 따른 콘텐츠 전략과 채널 운영 전략이 유기적으로 맞물려야 하며, 데이터 기반의 의사결정이 핵심이 된다.

궁극적으로 디지털 마케팅은 스타트업이 가진 민첩성과 실험 정신을 가장 잘 살릴 수 있는 무대다. 테스트와 학습을 반복하며 끊임없이 최적화하는 과정속에서, 브랜드는 점차 고객의 기억 속에 자리 잡고 성장의 기반을 다져나가게 된다.

이제 디지털 마케팅의 주요 전략 요소들을 하나씩 살펴보자.

첫째, 소셜미디어 마케팅(SNS)은 스타트업의 브랜드를 대중에게 빠르게 알릴 수 있는 핵심 수단이다. 인스타그램, 페이스북, 틱톡, 유튜브 등 각 플랫폼의 특성과 타깃층에 맞는 콘텐츠를 제작하여 감성적 연결을 유도할 수 있다. 특히 MZ세대를 주요 타깃으로 설정한 스타트업이라면 SNS 운영의 비중은 더욱 크다. 단순한 홍보 게시물뿐 아니라, 비하인드 스토리, 팀 문화, 고객 후기 등 신뢰와 친근감을 높이는 콘텐츠가 효과적이다. 해시태그 전략, 리그램 유도, 댓글 소통 등도 팔로워 증가에 기여한다.

둘째, 검색엔진 최적화(SEO)는 검색을 통해 브랜드를 자연스럽게 노출시키는 전략이다. 고객이 문제를 해결하기 위해 검색하는 키워드를 분석하고, 해당 키워드를 포함한 블로그 콘텐츠, 제품 설명 페이지, 자주 묻는 질문 등을 체계적으로 작성해야 한다. SEO는 시간은 걸리지만, 장기적으로 광고비 없이 고객 유입을 지속적으로 확보할 수 있는 기반이 되며, 브랜드 전문성과 신뢰도를 함께 높여 준다.

셋째, 콘텐츠 마케팅은 브랜드가 단순히 제품을 판매하는 것을 넘어, 고객에게 의미 있는 정보를 제공하며 관계를 구축하는 전략이다. 초기 스타트업은 브랜드의 철학, 문제 해결 과정, 창업자의 스토리 등을 담은 콘텐츠를 통해 공감과 관심을 유도할 수 있다. 이와 함께 실용적인 정보나 고객의 문제를 해결하는 콘텐츠(예: 가이드, 체크리스트, 인포그래픽)는 검색성과 공유 확산에 모두 효과적이다. 콘텐츠는 블로그, 뉴스레터, 유튜브 영상, 카드뉴스 등 다양한 형태로 제작 가능하며, SNS 및 웹사이트와 연계해 다채널 운영 전략을 구성하는 것이 중요하다.

이러한 각 전략은 따로 떨어져 있는 것이 아니라 유기적으로 연결되어야 한다. SNS에서 화제를 만든 콘텐츠가 검색엔진에서도 상위 노출되고, 고객이 브랜드를 알게 된 후 이메일 구독으로 이어지는 구조처럼, 디지털 마케팅은 통합적인 퍼널 관점에서 접근해야 한다. 스타트업은 이전 과정에서 수치를 기반으로 끊임없이 실험하고 개선함으로써, 브랜드의 성장 모멘텀을 강화할 수 있다.

고객 수주율 83.2%,
수주 금액 22조원 이상의 세일즈 전문가

A Better Way 대표
컨설턴트 이제원

주요 경력

- 전) 글로벌 컨설팅펌 한국지사 세일즈 컨설팅 본부장
- 100여개 수주제안 컨설팅 프로젝트 수행
- 컨설팅의 결과로 고객이 수주한 금액 22.5조원, 수주율 83.2%
- 중견기업 글로벌 진출 지원사업 총괄
- 신한스퀘어, NIPA등 주관 스타트업 IR 지원사업 수행
- 청년창업 지원사업 수행
- 현) A Better Way 대표 컨설턴트
- 현)(유)답을찾다 대표

전문 분야

- 세일즈 전략 및 프로세스, 수주 / 제안전략수립, 회사소개서 및 제안서 개발

스타트업을 위한 한 마디 조언

"기술은 우리가 세계 최고니까 팔린다는 생각은 잘못이다.
첫 번째로 중요한 것은 영업이고, 두 번째도 마찬가지다.
세 번째, 네 번째는 없고 다섯 번째가 개발이고 열 번째가 생산이다."

글로벌 1위 모터 기업 일본전산의 '나가모리' 회장

08

세일즈

무엇을, 누구에게, 어떻게 팔 것인가를 결정하라

제1장 세일즈의 기반 확보

비즈니스를 시작하면 우선 매출을 확보해야 한다. 즉, 세일즈를 시작해야 한다는 것이다. 세일즈를 위한 기반을 확보하고 세일즈의 성과를 높이는 방법을 지속적으로 적용하는 것이 비즈니스를 하는 기본적인 구조이다.

누구에게 무엇을 어떻게 팔 것인지를 논리적으로 계획하고, 계획을 실행하고, 잘되는 영역을 발전시키고 부족한 부분들을 보완하면서 매출을 만드는 과정이 세일즈의 기반이다.

제1절 누구에게, 무엇을 어떻게 팔 것인지 결정하라

세일즈의 기반은 기업이 매출이라고 하는 목표를 달성하기 위해서 어떻게 할 것인지를 구체적으로 정하는 과정이다. '누구에게, 무엇을, 어떻게 팔 것인지'를 구체적으로 정하고 이를 실행하는 것이 세일즈의 본질이다. 비즈니스 모델은 시장, 고객, 솔루션을 포함하여 생산, 물류 등의 여러 가지 요소들을 가지고 큰 그림을 그리는 것이라 할 수 있다. 그 중에서 세일즈는 고객과 시장에 집중한다. 특정한 시장 또는 고객을 설정하고 거기에 어떤 문제점 혹은 어려움이 있는지 파악하여 기업이 가진 제품이나 서비스 등으로 해결하여 고객에게 돈을 받는 과정이다.

특정한 제품이나 기술을 기반으로 스타트업을 창업하시는 분들은 '무엇을'이라고 하는 제품이나 솔루션은 구체화가 되어 있지만 '누구에게 팔 것인지', '어떻게 팔 것인지'는 미리 계획하거나 결정하지 않은 상태인 경우가 많다. 이렇게 창업을 하여 실제 제품과 솔루션은 좋지만 매출을 발생하지 못하고 비즈니스를 본 궤도에 올리거나, 성장하지 못하는 경우를 많이 보게 된다. 비즈니스라고 하는 큰 그림을 그렸다면 세일즈에 대한 구체적인 계획이 반드시 필요하다.

제2절 타겟 시장을 설정하고, 가망 고객을 확보하라

타겟 시장을 설정하고, 가망 고객을 확보하는 것이 '누구에게 팔 것인지'에 대한 것이다. 특정한 개인이나 기업을 설정할 수도 있고, 특정한 시장을 설정하고 그중에서 우리의 제품과 솔루션을 구매할 수 있는 가능성이 높은 대상을 설정하는 방법도 있다.

비즈니스 모델을 기획하는 단계에서 시장분석의 프레임워크로 많이 사용되는 TAM, SAM, SOM이라는 개념을 이해하는 것이 도움이 된다. TAM(Total Addressable Market)은 당신의 제품이나 서비스가 도달할 수 있는 이론적으로 가능한 전체 시장 규모, SAM(Serviceable Available Market)은 TAM 중에서, 당신의 제품이 실제로 서비스할 수 있는 시장 규모, SOM(Serviceable Obtainable Market)은 SAM 중에서 현실적으로 당신이 확보할 수 있는 시장 규모를 의미한다.

예를 들어 당신이 반려동물을 위한 이동용 케이지를 제작하여 판매하는 비즈니스를 하는 경우 TAM은 전 세계 반려동물 용품 시장 전체로 설정할 수 있다. 만약 글로벌 반려동물 용품 시장 규모가 연 250조 원이라면 이것이 TAM이 되는 것이다. 여기에서 국가, 규제, 언어, 유통 가능성 등을 고려해서 진출할 국가 또는 지역을 선정한다면 이것이 SAM이 된다. 만약 한국과 일본에서 먼저 비즈니스를 시작하는 경우 이 두 나라의 반려동물 이동용 케이지 시장이 약 2조 원이라면 이것이 SAM이다. 이 중에서도 현실적으로 당신이 확보할 수 있는 시장 규모는 마케팅력, 유통망, 브랜드 인지도, 경쟁사 현황 등에 따라서 달라진다. 비즈니스를 시작하고 처음 1년 동안 확보할 수 있는 시장 점유율을 3%로 설정하면 SOM은 SAM(2조 원)의 3%인 약 600억 원 정도가 된다. 첫해 SOM인 600억 원의 매출을 달성하기 위해서 평균단가 60만 원의 제품을 1만 개 판매해야 한다는 세일즈 계획을 수립하는 것이다.

일반적으로 TAM은 비즈니스의 성장 가능성과 비전을 보여 주는 역할을 한다. 여기에 SAM으로 전략적 타겟팅으로 가능성이 높은 시장을 설정하고, SOM으로 구체적이고 현실적인 실행 계획을 수립한다. 세일즈는 SOM의 영역에 대한 더욱 실질적인 계획이라 할 수 있다. 실제로 매출을 발생할 수 있는 잠재고객은 누가 있는지, 잠재고객이 해당 분야에 어느 정도의 지출을 하고 있는지까지 현실적으로 파악해야 한다. 또한 기존에 시장이 설정되어 있는 경우에 당신이 어느 정도의 시장점유율을 목표로 하고, 이를 달성하기 위해 어떤 활동과 예산이 필요한지까지 매출 확보의 관점에서 파악해야 한다.

이렇게 시장을 분석하고, 목표를 설정하고, 목표를 달성하기 위한 방법을 계획하고 실행하는 과정 전체가 세일즈다. 특히 가망 고객에게 어떻게 접근할지, 그 고객에게 어떻게 당신의 제품이나 서비스를 알게 할 것인지, 어떤 방식으로 구매하도록 만들 것인지까지 구체적인 계획을 수립하여 준비해야 한다. 이 과정을 제대로 계획하고 준비하지 않으면 마케팅을 위한 광고비가 과도하게 투입되거나, 고객이 구매할 수 있는 결제 시스템을 확보하지 못하여 매출을 발생시키지 못하는 등의 문제가 발생한다.

그냥 열심히 좋은 제품을 만들고, 많은 사람들을 만나서 인맥을 넓히고, 온라인에 마케팅 자료를 많이 올리면 매출이 생긴다고 착각하는 경우가 많다. 하지만 당신이 무언가를 구매할 때를 생각해 보자. 많은 제품과 서비스들이 있고, 가성비가 높은 제품, 비싸지만 고품질의 제품 등 다양한 선택지가 있다. 구매를 결정하는 것에 영향을 주는 요소들은 제품의 성능과 가격뿐만 아니라, 브랜드의 신뢰도, 제품에 대한 리뷰, 구매의 편의성 등으로 다양하다. 다양한 고객의 요구를 파악하고 대응하는 것이 매출을 만드는 과정이라는 것을 항상 기억하길 바란다.

제3절 세일즈 퍼널을 구축하고 관리하라

매출을 발생 시키기 위해서는 '세일즈 퍼널(Funnel)' 또는 '세일즈 깔때기'라는 개념을 반드시 알아야 한다. 고객이 브랜드를 처음 인지한 순간부터 실제 구매에 이르기까지의 여정을 단계별로 나눈 개념이다. 가망 고객이 당신의 제품이나 서비스를 알게 되고, 다른 것들과 비교하는 과정을 거쳐 당신의 제품을 구매하는 과정을 정리한 것이다. 세일즈와 마케팅에 동일한 개념이 적용되기 때문에 '마케팅 퍼널'이라고도 불린다.

깔때기처럼 넓은 입구와 좁은 출구로 이루어져 있다. 입구에 들어온 잠재 고객이 과정을 거치면서 줄어들어 구매한다는 의미이다. 여기에서 이해해야 하는 것은 1) 잠재고객을 많이 확보해야 한다. 2) 이탈율을 최소화하는 방향으로 고객을 관리해야 한다. 3) 고객이 최초로 진입해서 마지막에 구매하기까지 시간을 최소화시켜야 한다. 는 것이다.

세일즈 퍼널의 각 단계는 일반적으로 인지(Awareness), 관심(Interest), 고려(Consideration), 구매(Conversion), 충성(Loyalty)으로 구분한다. 각 단계별 고객의 행동과 심리 상태에 따라 마케팅과 세일즈 방법을 정교하게 기획하면 더욱 높은 성과를 얻을 수 있다.

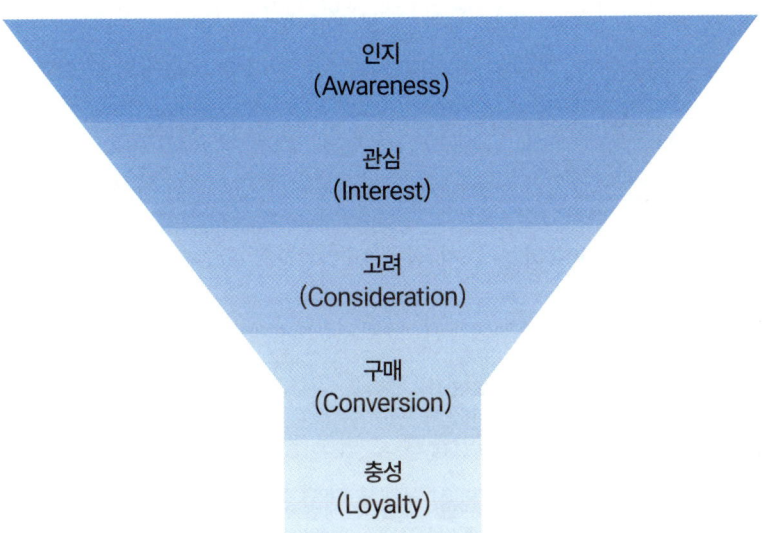

세일즈 퍼널(Sales Funnel)

❶ 인지 단계(Awareness)

고객이 문제를 인식하거나 니즈가 생기기 시작하는 상황에서 관련 정보를 탐색하는 상태이다. 당신의 브랜드나 제품/서비스의 존재를 알리는 것에 집중해서 검색엔진 최적화(SEO) 및 온라인 광고 등을 진행하는 것이 필수적이다. 당신의 비즈니스에 도움이 될 인적 네트워크를 확보하고 당신의 제품과 서비스를 많은 사람들에게 알리는 이유는 인식 단계에 있는 고객에게 한 번이라도 더 당신을 인식시키기 위함이다.

❷ 관심 단계(Interest)

고객이 필요한 정보를 어느 정도 확보한 상태에서 여러 대안을 비교하거나, 구체적인 정보를 적극적으로 탐색하는 상태이다. 당신의 제품과 서비스에 대해 더 많은 관심을 유도하고 차별점을 각인시키는 활동에 집중해야 한다. 온라인 마케팅을 위주로 한다면 뉴스레터 등으로 지속적인 정보를 제공하거나, 제품 소개 콘텐츠를 다양하게 제공하여 고객의 관심을 적극적으로 확보해야 한다. 오프라인으로 고객을 만나서 고객의 상황을 파악하는 등의 적극적인 세일즈 활동이 요구되는 시점이다.

❸ 고려 단계(Consideration)

고객이 이미 몇 가지 대안을 두고 비교 중이며, 구매 가능성이 높아진 상태이다. 데모 또는 체험용 제품을 제공하는 등으로 고객의 구매 의사를 강화하고 신뢰감을 형성하는 것에 집중해야 한다. 고객의 요구사항을 파악하여 제품/서비스의 기능을 조정하거나, 구매하는 과정에 필요한 조건을 맞추는 등의 준비 활동으로 고객의 구매를 지원해야 한다.

❹ 구매 단계(Conversion)

고객이 구매를 결심하고 최종 구매 결정을 내리는 시점이다. 실제 구매를 유도하기 위해서 온라인에서는 결제 과정을 편리하게 하거나 시간 할인쿠폰 등을 제공하여 구매를 촉진한다. 고객과 대면하여 판매하는 경우에는 계약 상세 조건 조정 및 계약서 작성, 제품/서비스 제공 시기 확정 등에 대해서 고객과 협력해야 한다.

❺ 충성 단계(Loyalty)

매출은 구매단계에서 발생하지만 비즈니스의 확대를 위해서는 충성고객을 확보해야 한다. 멤버십 프로그램, 추천 리워드 등을 제공하여 반복구매와 추천을 유도해야 한다. 이러한 활동의 근간은 고객이 제품/서비스에 만족하는 것이다. 하지만 고객이 만족했다고 하더라도 반복 구매와 추천까지 자연스럽게 이어지지 않기 때문에 고객에게 반복구매의 이유를 알리고, 추천의 가치를 인정하는 혜택을 제공하는 등의 세일즈 촉진 활동이 제공되어야 한다.

당신이 세일즈를 실행하면서 항상 기억해야 하는 것은 고객의 구매 과정을 도와야 한다는 것이다. 고객이 문제를 해결하기 위해서 어떤 방법이 있는지 알도록 돕기 위해서 당신의 제품과 서비스에 대한 정보를 인터넷에 올리고, 마케팅 활동을 하는 것이다. 고객의 어려움을 해결할 방법을 함께 고민하기 위해서 고객을 만나서 당신의 제품/서비스에 대한 정보를 제공하고, 필요하다면 당신의 제품/서비스를 조정하는 것이다. 고객이 다양한 선택지 가운데서 고민할 때 당신의 제품/서비스를 통해서 얻을 수 있는 효과를 알려 주어야 한다. 또한 고객의 구매 절차를 편리하게 하여 고객이 구매를 더 많이, 더 자주 할 수 있도록 만들어야 한다. 이 과정들을 '세일즈 퍼널' 개념을 활용하여 당신의 비즈니스에 적합한 방식으로 만들면 당신은 매출을 연속적으로 확보하게 된다.

제4절 세일즈 진행 현황을 파악하고 매출을 예상하라

매출이 나오고 있는지, 얼마나 언제쯤 발생할지 예상하는 것은 세일즈를 넘어 비즈니스의 연속성을 위한 필수적인 요소이다. 비즈니스의 목표는 매출대비 비용구조를 설정해서 수익을 남기고 비즈니스를 지속적으로 운영하는 것이다. 매출이 언제, 어느 정도 발생할지 파악이 되지 않은 상태에서 비즈니스를 한다는 것은 아무 준비도 없이 사막을 건너는 것과 같이 무모한 일이다.

세일즈 퍼널을 알아야 하는 이유는 세일즈 진행 현황을 파악하고 이를 효과적으로 관리하기 위함이다. 세일즈 퍼널 개념을 적용하면 당신이 어느 정도의 가망 고객을 확보하고 있고, 고객이 이탈률을 고려했을 때 어느 정도 규모의 매출을 얻을 수 있는지를 가늠해 볼 수 있기 때문이다. 이를 기반으로 어떤 목적으로 광고를 하는 것이 효과적인지, 인력 및 재료 확보의 시점은 언제가 최적인지 의사결정 할 수 있다.

세일즈 진행 현황을 파악하고 매출을 예상할 때는 반드시 연 단위 또는 월 단위 목표매출을 설정하고 이를 위해서 필요한 판매 수량을 확인해야 한다. 엑셀 시트에 제품/서비스별로 원가, 판매가를 정리하고 매출 목표를 위해 몇 개를 판매해야 하는지 확인해 보라. 이런 형태의 계산 혹은 시뮬레이션이 반드시 필요하다. 물론 계획대로 되지는 않는다. 또한 이 시뮬레이션에 갇혀서 더 많은 매출을 달성할 수 있는 방법을 포기할 필요도 없다. 하지만 기본적으로 목표하는 매출과 원가와 판매가를 고려했을 때 최소 수익 혹은 임대료 등 고정비를 포함하여 당신과 직원들의 급여를 지급할 수 있는 매출의 수준이 어느 정도인지는 미리 파악을 해 두어야 한다.

목표 매출 설정과 계획 수립 예시

무엇을 팔 것인가?		누구에게 팔 것인가?	어떻게 팔 것인가?			
솔루션	가격	타깃 고객	판매 채널	마케팅/세일즈 활동	판매 수량	매출
A	50	C	협력 네트워크 G	최소 월 1회 고객 방문	10	1,500
		D	온라인 플랫폼 H	배너 광고 집행	10	
B	10	E	온라인 플랫폼 H	재구매 할인 쿠폰 제공	50	

달성할 수 있을 수준의 계획이 머릿속으로 그려지고 계산했을 때 가능한 것이라면 현실에서 달성할 가능성이 높아진다. 세일즈는 현실 세계에서 발로 뛰고 몸으로 부딪혀야 하는 일이다. 하지만 그 전에 누구에게 무엇을 어떻게 팔 것인지 기획하고 결정하는 과정이 반드시 필요하다.

Q. 매출이 발생하면 모두 세금을 내야 하나요?

A 우리나라는 사업자가 낸 순이익, 즉 매출에서 비용을 제한 "이익"에 과세하는 구조입니다. 법인사업자든 개인사업자든 마찬가지이고 사업자가 없는 개인의 소득 또한 사업성이 인정된다면 사업상 경비를 제한 이익에 대해 소득으로 신고합니다.

따라서, 질문 주신 매출 발생 시 무조건 세금이 과세되는 것은 아니고 이익이 나야지만 세금이 부과됩니다. 참고로 이익에 대한 세금은 법인세, 소득세로 과세되고 부가 가치세 같이 매출에 대해서 바로 세금이 붙는 항목도 있습니다.

(세무법인 신아 성수지점 대표 세무사 박준용)

제2장 세일즈의 성과를 높이는 커뮤니케이션
제1절 결론부터 말하라

세일즈의 성과를 높이기 위해서는 비즈니스에서 통하는 커뮤니케이션을 해야 한다. 비즈니스 커뮤니케이션은 일상생활의 대화와는 조금 다르다. 비즈니스 커뮤니케이션의 원칙은 결론부터 간단하게 말하는 것이다. 두괄식 구조 또는 헤드라인 구조라고 불리는 방식이다. 일상적인 대화 또는 소설이나 영화는 결론이 마지막에 오는 기승전결의 흐름을 가지는 미괄식 구조가 일반적이다. 당신이 익숙해져 있는 결론이 마지막에 오는 방법에서 비즈니스 커뮤니케이션의 방법인 결론을 먼저 말하는 방법으로 변화해야 한다.

비즈니스 커뮤니케이션, 특히 세일즈의 영역에서 대화의 목적은 주로 상대방에게 얼마큼의 이득을 줄 수 있는지, 또는 상대방의 비즈니스에 어떻게 기여할 수 있는지에 집중된다. 비즈니스를 하는 사람들은 기본적으로 시간을 잘 활용해야 한다. 그렇기 때문에 결론이 무엇인지 빨리 파악할수록 이 대화를 이어갈지 아닐지를 판단할 수 있다. 그래서 비즈니스 커뮤니케이션에서 결론부터 얘기하는 것이 효과적이다. 이러한 원칙은 말로 하는 대화뿐만 아니라 이메일, 회사소개서, 제안서 등 비즈니스 문서에도 동일하게 적용된다. 당신이 잠재고객에게 회사소개를 하거나 비즈니스 제안을 할 때 먼저 얘기해야 하는 것은 고객이 당신의 제품/서비스를 이용했을 때 어떤 효과를 얻을 수 있는지에 대한 것이다. 그리고 상대방이 관심을 가지면 상세한 근거를 알려 주는 방식이다.

제2절 엘리베이터 스피치를 준비하라

비즈니스 커뮤니케이션에서 결론을 먼저 말하는 방식을 '엘리베이터 스피치' 또는 '엘리베이터 피치'라고 부른다. 세일즈를 하는 사람들이 고객사의 CEO 등 의사결정자를 만나고 설득하기 위해서 같은 엘리베이터를 타고 올라가는 동안에 하는 짧고 강력한 스피치에서 유래했다. '매달 운영비를 30% 절감할 방법이 있습니다.'라고 서두에 말하는 방식이다. 상대방이 얻을 수 있는 효과를 명확하게 제시하고, 수치를 통해서 신뢰감을 주는 메시지를 활용하는 것이 가장 효과가 높다. 그리고 엘리베이터 스피치의 궁극적인 목적인 엘리베이터에서 나눈 짧은 대화로 상대방에게 신뢰를 얻어 상대방이 엘리베이터에서 내릴 때 본인의 사무실로 함께 들어가서 추가적인 대화를 이어 가는 것이다.

이렇게 상대방의 관심을 끌고 그것을 활용해서 세일즈 기회를 이어 나가기 위한 첫 번째 대화가 엘리베이터 스피치다. 엘리베이터 스피치에서 제품/서비스의 모든 것을 말할 수는 없다. 상대방이 관심을 가지고 대화를 이어 가거나 비즈니스 관계를 설정하기 위해서 가장 중요한 것을 전달하는 데 집중해야 한다.

이런 방식의 엘리베이터 스피치는 1분, 5분, 10분 등의 분량으로 준비해 두면 더욱 좋다. 행사 또는 비즈니스 모임에서 자기소개를 할 기회가 많을 것이다. 당신이 어떤 비즈니스를 하고 있고 고객에게 어떤 효과를 주고 있는지를 먼저 전달하고 이에 대한 근거를 제시하는 형태는 유지하되, 사용할 수 있는 시간에 따라서 상세한 설명의 수준을 조절하면 주어진 시간을 효과적으로 사용할 수 있다. 첫 번째 문장은 비즈니스의 종류와 성과에 대한 수치를 넣은 고정된 내용으로 유지하고, 사용할 수 있는 시간을 고려하여 제품/서비스의 상세한 종류와 내용, 그리고 구체적인 성과들을 포함하여 내용을 확장시키면 비즈니스를 더욱 효과적으로 알리고, 비즈니스 파트너들이나 잠재 고객을 늘리는 데 확실한 도움이 된다.

제3절 논리, 감성, 열정으로 설득하라

비즈니스 커뮤니케이션을 함에 있어서 결론부터 간단하게 말하는 것과 강력한 인상을 주는 방법을 포함하여 조금 더 설득적으로 전달하는 방법이 필요하다.

설득적인 말하기 방법은 '수사학(rhetoric)'이라는 이름으로 고대 그리스 시대부터 연구되고 적용되어 왔다. 이러한 수사학에서 필수적으로 갖춰야 할 것으로 논리, 감성, 인격을 뽑고 있다. 첫 번째, 논리(logos)는 이성적으로 선후 관계를 설명하는 것이다. 세일즈에서는 '내가 제공하는 제품/서비스로 고객이 이런 효과를 얻을 수 있다.' 또는

'나의 솔루션은 1번, 2번, 3번의 내용으로 구성되어 있다.'라는 식으로 논리적인 기반이 먼저 갖춰져 있어야 상대방이 그것을 이해할 수 있다는 것이다. 두 번째, 감성(pathos)는 상대방과 감정적인 공감이 필요하다는 것으로 논리적인 내용을 기반으로 감성적인 스토리나 문구들을 섞어서 전달하는 것이다. 세 번째, 인격(ethos)은 명성, 신뢰감, 호감 등 메시지를 전달하는 사람에 대한 인격적인 측면에 대한 것이다. 말하는 사람의 자세, 옷차림, 목소리, 시선 등을 활용하여 호감도를 높여야 한다.

특히 사업을 시작하는 단계에서는 아직 고객의 성공사례 등 논리적인 근거를 확보하지 못한 상태가 많은데 이럴 때 필요한 것이 적극적인 자세와 목소리 등으로 신뢰감을 주는 것이다. 시작하는 단계에서 부족한 부분은 당신이 얼마나 당신의 비즈니스에 진심이고 당신의 비즈니스를 통해서 고객에게 제공하고자 하는 가치에 대해서 본인이 신뢰하고 있는지를 자세와 목소리 등으로 상대방에게 보여 줘야 한다. 의도적으로 목소리를 크게 하고, 정면을 바라보고 자신감 있는 태도를 취하는 연습이 반드시 필요하다.

기업을 운영하는 것, 대표가 된다는 것, 리더가 된다는 것은 당신의 비즈니스에 대한 신념과 열정을 다른 사람들에게 전달하는 사람이 되는 것이다. 내용의 논리적인 구조를 갖추고, 감정적인 공감을 유도하고, 열정적으로 전달하는 모습이 보일 때 비즈니스와 세일즈에서 원하는 결과를 얻게 될 것이다.

제4절 문서로 커뮤니케이션 하라

비즈니스를 위한 커뮤니케이션에서 문서는 매우 중요한 위치를 차지한다. 공문서과 같은 형태가 아니더라도 고객과 이메일 등으로 소통하는 경우가 문서화된 커뮤니케이션의 일반적인 형태이다. 특히 기업 간 비즈니스(B2B)는 제안서와 계약서 등의 공식적이고 체계적인 문서를 통해서 커뮤니케이션 해야 하는 필요성이 더욱 커진다.

이러한 문서화된 커뮤니케이션에서도 비즈니스 커뮤니케이션의 기본인 결론부터 이야기하는 헤드라인 구조, 엘리베이터 스피치와 같이 수치적으로 고객이나 상대방의 마음을 끌 수 있는 있는 요소를 적용하는 것 그리고 논리, 감정, 열정적으로 커뮤니케이션 하는 것은 동일하다. 이것을 문서라는 형식에 적용할 때 효과적인 방법은 4-Box 구성 원칙을 적용하는 것이다. 간단한 업무용 이메일 작성에도 적용되고, 회사소개서와 제안서 등의 문서에도 적용할 수 있다.

4-Box라는 것은 A4 종이에 박스가 4개 만들어져 있다고 생각하고 각 박스에 관련된 내용을 채워 가는 방식이다. 각 박스는 '제목(인사말)-주제소개(이슈 제시)-본문(솔루션)-결론(요청사항)'으로 구성된다. 제목(인사말) 부분은 당신이 어떤 목적으로 커뮤니케이션을 하는지에 대한 안내 기능을 한다. 두 번째는 개요의 형태로 당신이 구체적으로 어떤 주제를 전달하려는지 2~3개 정도로 제시한다. 이어서 본문에 해당 주제별로 해결방안 또는 상세한 내용을 제시하는 것이다. 마지막에 결론

은 상대방에게 어떤 행동을 요구하거나 앞에서 전달한 내용을 정리하는 형태이다.

세일즈 커뮤니케이션에서 4-Box 구조

구분		주요 내용
Box 1	제목	▶ 인사말(흥미 유발) ▶ 목적 언급
Box 2	주제 소개	▶ 주제 소개 및 이전까지 활동 언급 ▶ 고객의 이슈 언급
Box 3	본문	▶ 이슈별 해결 방안 및 근거 제시 ▶ 필요 시 사진, 그림, 도표 등 활용
Box 4	결론	▶ 본문 요약 ▶ 고객이 준비해야 할 다음 단계 제시 ▶ 고객의 결정과 행동 촉구

이러한 구성은 특히 세일즈 커뮤니케이션에서 '고객의 문제를 어떤 솔루션으로 해결할 수 있다'는 것을 전달하는 방식으로 아주 효율적이다. 주제 부분은 고객이 가지고 있는 어려움 또는 문제점이 될 것이고, 솔루션에서 고객의 어려움과 문제점을 해결할 수 있는 방법을 제시하면 된다. 마지막 결론은 구매할 수 있는 방법을 알려 주거나 구매를 위해서 필요한 정보를 제공하도록 요청하여 고객의 구매를 유도한다.

4-Box를 잘 활용하기 위해서 '본문-주제-결론-제목'의 순서로 작성하는 것이 좋다. 고객의 어려움을 해결하는 방법 또는 논의 중인 사항에 대한 당신의 의견 등 본문을 먼저 정리하는 것이 핵심이다. 이를 정

리하여 논의 주제를 적고, 결론으로 어떤 것을 전달할지 정한다. 결론에서 전달하는 내용의 긍정 또는 부정적인 것을 고려하여 인사말과 제목 등을 정하는 순서로 하면, 인사말을 고민하느라 들이는 시간을 본문 위주로 효율적으로 사용하면서 커뮤니케이션의 효과를 높일 수 있다.

제5절 생성형 인공지능을 적극적으로 활용하라

세일즈 커뮤니케이션을 위한 활동에 Chat-GPT 등 생성형 인공지능을 적극적으로 사용하는 것을 추천한다. 세일즈 커뮤니케이션을 잘하는 방법은 상황에 맞게 시뮬레이션을 많이 해 보고 직접 고객을 통해서 반응을 확인하는 것이다. 생성형 인공지능을 활용하면 시뮬레이션에 많은 도움을 얻을 수 있다. 특히 엘리베이터 스피치 대본, 세일즈 이메일 등을 다양한 방식으로 만들어서 활용해 볼 수 있다.

이러한 과정에서 앞에서 제시한 방법을 생성형 인공지능에게 요구해야 한다. '비즈니스를 효과적으로 전달할 수 있는 엘리베이터 스피치를 만들어 줘'라고 구체적으로 요구하거나, '1분 정도로 말 할 수 있는 길이로 만들어 줘' 등으로 다양한 방식으로 만들어 볼 수 있다. 또한 '고객에게 이렇게 전달했을 때 어떤 질문을 할 것으로 예상되는지', '질문에 어떤 내용으로 대답해야 신뢰를 얻을 수 있을지' 등으로 세일즈 커뮤니케이션에서 발생할 수 있는 상황을 시뮬레이션 하는 것도 좋은 활용 방식이다.

제3장 비즈니스의 모든 것이 세일즈다
제1절 중요한 것과 긴급한 것을 항상 판단하라

　세일즈를 하면서 가장 어려운 것은 자원을 효율적으로 사용하는 것이다. 그 중에서도 시간이 가장 중요한 자원이다. 어떤 활동에 시간을 더 투입할지 판단하고 실행하는지에 따라서 중요한 세일즈 성과가 만들어지기도 하고, 긴급한 활동을 하지 못해서 세일즈 성과를 내지 못하기도 한다.

　좋은 판단을 위한 기준으로 중요성과 긴급성을 기준으로 판단하는 것이 비즈니스에서 가장 많이 활용된다. 이는 2차 세계대전을 미국의 승리로 이끌었던 아이젠하워 장군이 사용했던 방식으로 '아이젠하워 매트릭스'라고도 불린다. 이 방법은 일을 '중요하고 긴급한 일', '중요하지만 긴급하지 않은 일', '긴급하지만 중요하지 않은 일', '중요하지 않고 긴급하지 않은 일'로 나누어 효율적으로 시간을 관리하는 것이다. 이렇게 분류하면 일의 우선순위를 정할 수 있다. 먼저 임박한 마감일이나 응급 상황과 같은 중요하고 긴급한 일을 처리하고, 다음으로 자기계발, 건강관리, 관계 유지와 같이 중요하지만 긴급하지 않은 일에 시간을 할애한다. 그 다음으로 다른 사람이 요청하는 업무 등 긴급하지만 중요하지 않은 일을 하고, 마지막으로 중요하지도 긴급하지도 않은 소모적이고 불필요한 활동은 시간을 최소화하거나 없애는 방향으로 관리해야 한다.

세일즈의 효과를 높이기 위해서 같은 방식을 적용하는 것이 좋다. 만나고 있는 고객을 매출의 크기라는 중요성과 매출 발생 시점이라는 긴급성을 기준으로 판단하는 것이 필요하다. 중요하고 긴급한 고객을 만나고 매출을 발생시키는 것이 최우선이다. 그리고 잠재적으로 중요한 고객을 지속적으로 발굴하고 관계를 형성해 나가는 과정을 세일즈 활동에 반드시 포함시켜야 한다.

또한 고객을 판단하는 기준으로 유용한 것이 BANT라는 것이다. BANT는 세일즈에서 잠재 고객을 평가하는 기준인 예산(Budget), 권한(Authority), 필요성(Need), 시기(Timeline)의 영어 앞글자이다. 이것을 기준으로 잠재 고객이 실제 구매로 이어질 가능성을 판단한다.

❶ 예산: 잠재 고객이 제품/서비스를 구매할 수 있는 예산이 충분한가?
❷ 권한: 잠재 고객이 구매에 대한 결정권을 가지고 있는가?
❸ 필요성: 잠재 고객이 제품/서비스를 필요로 하고 있는가?
❹ 시기: 잠재 고객은 언제 제품/서비스가 필요한가?

세일즈를 위해서 만나는 상대방과 대화를 통해서 위의 요소를 항상 파악해야 한다. 그리고 이를 기준으로 상대방과 비즈니스 관계를 어느 정도 수준으로 유지하는 것이 나의 비즈니스에 도움이 될 것인가를 판단해야 한다. 그것을 기준으로 당신이 어느 정도의 자원을 투입하여 잠재 고객을 관리할 것인지 기준을 정해서 대응하는 것이 필요하다. 세일즈를 위해서, 비즈니스를 위해서 냉철해질 필요가 있다. 비즈니스적인 기준을 설정하고 판단하는 것을 통해서 효과 높은 세일즈의 방법을 찾아야 한다.

제2절 정부지원사업, 투자유치 등 모든 것을 세일즈로 생각하라

　세일즈에서 중요한 것은 상대방이 원하는 것을 제공하는 것이다. 당신의 제품과 서비스를 고객에게 판매하는 것 외에도, 정부지원사업과 투자유치 등도 세일즈의 관점에서 접근하면 좋은 결과를 얻을 수 있다. 앞에서 얘기한 '누구에게 무엇을 어떻게 팔 것인지'를 다시 생각해 보자.

　정부와 지자체 등의 공공기관에서 제공하는 다양한 지원사업은 스타트업을 운영하고 성장하는 데 많은 도움이 된다. 선정이 되기 위해서는 높은 경쟁을 넘어야 하는데, 경쟁을 넘어서기 위해서 필요한 것이 지원사업을 주관하는 곳에서 어떤 목적을 가지고 사업을 진행하는지 파악하여 대응하는 것이다. 지원사업의 공고문을 분석해 보면 인력 고용, 매출 달성, 수출 실적, 특허출원 건수 등으로 해당 지원사업별로 추구하는 목표가 있다. 당신의 비즈니스는 동일하더라도 지원사업의 특성별로 인력 고용 계획을 강조 해야하는 경우가 있고, 특허출원 건수를 강조해야 하는 경우가 있다.

　투자유치도 유사한 원리가 작동한다. 투자유치를 누군가의 돈을 받아서 비즈니스를 키우면 된다는 생각으로 접근하면 성공확률이 떨어진다. 투자자의 입장에서 생각해 보자. 투자자는 당신 비즈니스의 어떤 측면을 보고 투자할 것이라 생각하는가? 수익성이나 성장성과 같은 요소가 기본적이겠지만, 당신이 보유한 기술의 가치를 인정해서 투자를 할 수 있고, 혹은 당신이 보유한 특정한 데이터에 가치를 부여해서 투자를 할 수도 있다. 즉 투자하는 쪽에서 관심을 가지는 요소를 파악하여 그것에 맞게 커뮤니케이션을 한다면 당신 비즈니스의 가치를 높이게 될 것이다

Q. 매출만 높으면 투자유치에 유리할까요?

A 스타트업의 경우 매출이 발생하는 것이 투자유치를 위해 매우 중요합니다. 매출이 발생한다는 것은 개발하고 있는 기술이나 아이템이 상용화가 가능하다는 뜻이기 때문입니다.
그러나 매출의 외형이 크다고 해서 무조건 좋은 것은 아닙니다. 매출이 높다고 해도 영업손실이 발생하면 사업성이 떨어진다는 의미이기 때문입니다. 즉 매출이 크게 발생하고 영업이익이 발생하는 것이 가장 좋은 모습입니다.

(삼덕회계법인 이사, 회계사 오진광)

이렇게 비즈니스의 모든 것을 세일즈라고 생각할 필요가 있다. 고객의 어려움을 파악하고 해결방안을 제공하는 것이 세일즈의 기본이다. 제품이나 서비스를 제공해서 고객의 어려움을 해결하는 것뿐만 아니라, 정부 등의 공공기관, 투자자 등 상대방이 가치를 두고 있는 것을 파악하고 우리의 비즈니스가 그 가치를 제공할 수 있다는 것을 알려 주는 방식의 커뮤니케이션을 통해서 비즈니스의 성과를 높일 수 있다.

세일즈를 처음 시작하는 스타트업 대표님들에게 꼭 당부드리고 싶은 것이 있다. 우리나라는 '세일즈'를 갑을 관계의 '을'로 잘못 이해하는 경향이 있다. 고객이 말하는 것을 모두 받아들이고, 고객에게 굽히는 것을 세일즈라고 착각한다. 이것은 세일즈의 본질이 아니다. 당신의 비즈니스가 어떤 것인지 고객에게 알리고, 고객이 당신의 비즈니스를 통해서 어려움을 해결할 수 있도록 돕는 과정이 세일즈의 본질이다. 당신의 비즈니스를 필요로 하는 잠재 고객을 찾고, 당신의 제품/서비스가 어려움을 해결해 줄 수 있음을 알리고, 고객이 당신의 제품/서비스를 편리하게 구매하여 문제를 해결할 수 있도록 돕는 과정을 반복해서 더욱 많은 고객이 어려움을 해결할 수 있도록 돕는 역할을 하는 것이다.

세일즈는 당신의 비즈니스를 유지하고, 성장시키는 '매출'을 만드는 가장 중요한 활동임을 기억하고, 고객의 어려움을 해결하는 가치 있는 활동임을 기억하길 바란다.

IT벤처 스타트업 COO 출신, 30여개 기업 및 단체 법률고문

법률사무소 한결 대표
변호사 민지훈

주요 경력
- 제4회 변호사 시험 합격
- 전) 법무법인 이공 변호사
- 전) 법무법인 시완 파트너변호사
- 전) 브라더 주식회사(BRAUTHER) 창업멤버, 운영이사 (COO)
- 전) 법률사무소 새로 변호사
- 전) 법무법인(유한)더온 파트너 변호사
- 현) 법률사무소 한결 대표 변호사

전문 분야
- 스타트업 기업 법률자문 및 소송

스타트업을 위한 한 마디 조언

"계약서를 어떻게 썼는지에 따라 이미 승패는 정해져 있습니다."

09

계약 관리

모든 분쟁은
계약에서 시작되고,
계약으로 해결된다

　모든 일은 계약을 통해 시작된다. 계약을 어떻게 맺는지에 따라서 당사자의 운명이 모두 정해진다고 보아도 과언이 아니다. 계약서를 잘 써야 한다는 생각은 누구나 갖고 있지만, 막상 누군가와 호의적인 관계에서 일을 시작하려는 순간에는 상대방과의 일이 어그러질 것을 걱정해서, 혹은 설마 상대방이 신뢰를 저버리는 행동을 하지는 않을 것이라 과신해서 계약서 작성이 흐지부지되는 경우가 매우 많다. 그나마 어렵사리 말을 꺼내서 서로 내용을 조율하였다고 하더라도, 구체적으로 어떻게 계약서 문구를 정해 두어야 내가 고민했던 부분이 명확하게 해결되는 것인지, 내가 쓴 이 문구가 과연 내가 바라는 대로의 효과를 발휘하는 것일지 뒷맛이 개운하지 않은 경우도 무척 많다. 도대체 어떻게 계약을 해야 억울한 피해 없이 성공적으로 일을 마칠 수 있는가?

본 내용에 스타트업을 직접 창업하여 3년간 운영한 경험과 다양한 스타트업, 기업 소송 및 자문을 수행하고 다양한 국내외를 막론하고 다양한 계약서 작성 자문을 진행해 온 10년차 기업 전문 변호사로서 현업 경험을 담아 스타트업이 반드시 알아야 하는 계약서의 핵심을 전하고자 한다.

제1장 계약서 작성의 핵심포인트
제1절 계약서 왜 중요한가:

계약서는 거래관계를 입증하는 유일한 입증수단으로 법적 분쟁을 해소하는 가장 확실한 자료가 되며, 미리 분쟁을 예방하고 권리를 보장하는 무기가 된다.

대법원은 "당사자 사이에 계약의 해석을 둘러싸고 이견이 있어 처분문서에 나타난 당사자의 의사해석이 문제 되는 경우에는 그 문언의 내용, 그러한 약정이 이루어진 동기와 경위, 그 약정에 의하여 달성하려는 목적, 당사자의 진정한 의사 등을 종합적으로 고찰하여 논리와 경험칙에 따라 합리적으로 해석하여야 한다(대법원 2005. 5. 27. 선고 2004다60065 판결 등 참조). 다만 이 경우 문언의 객관적인 의미가 명확하다면, 특별한 사정이 없는 한 문언대로 의사표시의 존재와 내용을 인정하여야 한다(대법원 2002. 5. 24. 선고 2000다72572 판결 등 참조)"고 판단하고 있다. 일선의 법원은 앞서의 대법원 판결 법리를 토대로 개별 계약의 내용과 효력을 구체적으로 판단하고 있으며, 그에 대한 입증책임은 오롯이 소송 당사자와 그 소송대리인인 변호사에게 맡겨져 있다.

계약서가 가지는 구체적인 효과는 다음과 같다.

1. 증명적 효과:

계약서는 자신의 권리를 보호받고 상대방의 부당한 요구로부터 해방될 수 있도록 해주는 존재다. 흔히 구두 계약도 계약이라고 하지만,

양 당사자의 입장이 극명하게 갈리는 소송에서는 서면으로 이뤄진 증거가 아니면 증거로서의 신뢰도(증명능력)를 인정받기가 매우 어렵다.

계약서가 제대로 작성되어 있지 않으면 자신이 아무리 옳은 말을 하더라도 그 옳은 말을 입증하기 위해 너무도 많은 수고를 기울여야 하고 자칫 잘못하면 입증하지 못하여 억울한 피해를 뒤집어쓸 상황에 놓일 수밖에 없다.

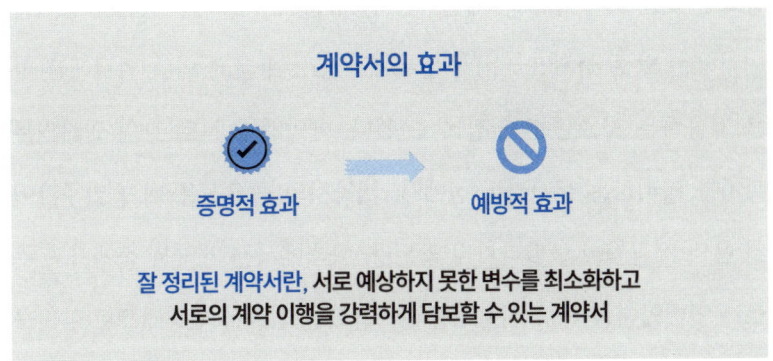

2. 예방적 효과:

물이 엎질러진 상황에서는 이를 아무리 잘 담으려 한들 원상으로의 회복을 기대하기 어렵다. 그리고 원하는 결과물을 얻기까지 너무도 많은 시간/비용을 추가부담해야 하는 반면 그에 대한 제대로 된 보상은 기대할 수 없는 경우도 부지기수이다.

부실한 계약서로 인한 문제는 오히려 가까운 사람들과의 관계에서 문제되는 경우가 많다. 너무 믿고 잘 아는 관계다 보니 계약서를 작성하는 것 자체를 꺼리거나, 계약서를 쓰더라도 매우 간소한 형식적인 형태로 작성하는 경우가 많은데, 이 경우 분쟁이 생긴다면 사람은 사람대로 잃고 사업에도 지대한 악영향이 초래될 수밖에 없다.

제2절 잘 정리된 계약서란 무엇일까:

계약의 종류는 매우 여러 가지가 있지만, 초기기업 입장에서 특히 중요한 것은 외부 업체와 체결하는 용역계약서다. 외부 업체에 용역을 의뢰하는 발주 업체(도급인)가 될 수도 있고, 반대로 외부 업체에 용역을 제공하는 자(수급인)가 될 수도 있다. 계약서가 서로 간의 권리의무 관계를 정리하는 문서라는 점에서, 계약서의 중요성은 내가 발주자이건 용역 제공자이건 달라지지 않는다. 아래에서는 계약서 중에서도 주로 용역계약서를 작성하는 과정에서 중요한 점들을 구체적으로 살펴보고자 한다.

잘 정리된 계약서란 서로 예상하지 못한 변수(분쟁 요소)를 최소화하고 서로의 계약이행을 강력하게 담보할 수 있는 계약서를 뜻한다. 자세히 살펴보면 다음과 같다.

1. 인식의 간극 좁히기

기획서를 써 본 사람이라면 기획서를 쓰는 것이 얼마나 많은 설명을 요하는 것인지 잘 알 것이다. 그만큼 자신이 생각한 결과물을 누군가에게 정확하게 설명하는 것에는 많은 시간과 노력을 필요로 한다. 보는 사람이 기획자의 의도대로 내용을 해석할 수 있도록 하여 다른 해석의 여지를 남기지 않아야 한다는 점에서 쉽지 않은 작업이다.

분쟁이 반드시 당사자 일방의 악의적인 행동 때문에 생기는 것은 아니다. 실제 계약에 관한 분쟁상황을 보면 양 당사자 모두 억울함을 호소하는 경우가 대다수인데, 가장 근본적인 원인은 발주 업체가 원하는 것과 개발사가 이해한 것 사이의 인식 차이 때문이다.

용역을 의뢰하는 당사자(발주 업체)는 해당 업무의 전문가가 아니기 때문에 전문 업체를 찾아 용역을 의뢰하는 것이다. 그래서 발주 업체의 요구사항이 명확하거나 구체적이라기보다는 다소 추상적이기 쉽다. 용역을 수주한 업체 입장에서는 최대한 발주 업체의 요구사항을 감안하면서도 여전히 명확하지 않은 부분들에 대해서는 기존의 용역 사례들을 대입하여 용역 과정에서 직접 채워 가면서 진행하게 된다.

그러다 보면 발주 업체는 용역의 결과물을 자신이 기대 혹은 상상했던 것과 비교하게 되면서 차이점을 비로소 발견하게 된다. 그 차이점이 발주 업체가 미처 생각하지 못한 점들을 전문 업체가 유려하게 채워 준 경우라면 발주 업체 또한 만족하겠지만, 그 반대의 경우라면 발주 업체는 업체에 기존 작업물을 수정 또는 변경해 달라고 하거나, 결과물을 보기 전까지 미처 파악하지 못했던 부분들을 추가로 요구하게 될 가능성이 높다.

애초부터 추상적인 지시사항을 따라 업무를 진행해 오던 업체의 입장에서는 계속하여 반복되는 발주 업체의 변심, 변경요청으로 인하여 당초 예상한 업무량을 훨씬 초과하는 부담을 떠안는 경우가 생기게 된다. 결국 계약 이후 용역 과정을 거치면서 양 당사자들의 신뢰가 깨지고 계약 이행에 대한 서로의 책임을 묻게 되는 경우가 너무도 빈번해지게 된다.

특히 다양한 정보 및 고객 인터페이스, 서비스 프로세스를 포함하는 결과물인 어플리케이션, 웹사이트를 만들어야 하는 온라인 서비스 및 IT 사업 영역에서는 이처럼 양 당사자의 입장 차이가 발생할 가능성이 매우 농후한 것이므로, 특히 더 신경 써서 계약서를 작성해야 한다.

결국 계약서를 잘 작성하여 서로 간에 생길 수 있는 이해의 차이를 줄이고, 용역 과정에서 발생할 수 있는 이슈를 미리 예상하여 대응방안을 수립해 둔다면, 앞서 밝힌 수많은 분쟁의 가능성을 매우 간단하게 줄일 수 있게 될 것이다.

2. 계약 이행 강제

계약 체결 후 양 당사자는 용역이 종료되고 용역대금이 지급될 때까지, 혹은 하자보수에 이르기까지 계약의 효력이 유지되는 기간 동안 지속적으로 수많은 선택의 기로에 놓인다.

특정한 단계에서 서로 간에 이행될 것으로 기대되는 행위가 명확할수록 계약은 잘 마무리될 가능성이 높다. 반면 각 용역 수행의 방법이 상당부분 용역 제공자의 자의적 판단에 놓이는 경우 발주자로서는 본래 기대했던 결과물이 아니더라도 사업 진행을 위한 시간상의 여유가 없는 상황이거나 혹은 수정 변경 시 추가비용의 요구를 받게 되는 등의 부담이 생기는 등 여러 이유로 그 결과물을 그대로 수용할 수밖에 없는 경우가 발생할 수 있다.

반대로 용역 제공자의 입장에서도 계약 상대방의 요구대로 용역을 제공하고 용역대금을 모두 수령하는 것이 이득이라면 그렇게 하겠지만, 혹여나 계약 상대방의 요구를 다 들어줬다가는 애당초 기대한 이윤을 남기기 어렵겠다는 판단을 하게 될 경우 은근슬쩍 계약상 명확하지 않은 부분들을 알게 모르게 이행하지 아니하려 할 수도 있다. 계약 내용이 명확하다면 계약 이행이 사실상 강제되겠지만, 계약이 명확하지 아니하거나 불이행에 대한 명확한 제재 수단이 없을 경우 오히려 계약 불이행을 선택할 가능성도 배제할 수 없게 되어 그 계약의 성공적인 종료를 기대할 수 없게 된다.

가장 강력한 계약 이행 강제 수단은 금전 배상이다. 계약 이행을 택하기보다 채무불이행 및 상대에 대한 금전 배상을 택할 가능성을 배제할 수 없는 정도의 배상 조항이라면 사실상 이행 강제 효과가 없는 것이다. 더 나아가 이러한 금전 배상의무가 양 당사자의 추가적인 입증을 동반하지 않아도 되는 확정적인 조항이어야 하며(입증책임의 면제, 손해 발생의 간주), 해당 금전 배상에 관한 명확한 담보를 설정하여 유사시 귀책 당사자의 변제자력 부족으로 실질적인 금전 배상을 받을 수 없게 될 위험을 줄여야 한다.

3. 표준계약서 대로만 체결하면 되는 것일까

　인터넷을 통해 검색만 해보더라도 수많은 종류의 표준계약서들을 볼 수 있다. 표준계약서는 그 계약서를 배포하는 주체가 공적 역할을 수행하는 정부기관 혹은 관련 단체인 경우가 많지만, 표준계약서라는 용어를 잘 정리된 계약서라는 의미로 사용하는 경우도 존재한다.

　표준계약서는 해당 분야의 계약을 체결하게 될 경우 통상 발생할 수 있는 쟁점들을 미리 계약 내용으로 잘 담아 두어 향후 계약 이행 과정에서 문제가 없도록 하기 위한 계약서이기 때문에, 관련 분야에서 처음 계약을 체결하는 기업에게는 매우 큰 도움이 된다.

　다만, 표준계약서가 있다고 하여 이를 맹신해서는 안 된다. 여기에는 몇 가지 이유가 있는데, 먼저 표준계약서라고 하더라도 당사자 간에 문제되는 개별적이고 특징적인 사정들을 모두 고려해 주지는 못한다. 정작 분쟁은 이런 개별적이고 특징적인 사정을 원인으로 하여 발생하는 경우가 많다. 또한 표준계약서는 특정 당사자를 위한 계약이기 아니기 때문에 중립적인 형태를 띠게 된다. 즉 과도하게 불리하지는 않을 수 있지만 나에게 유리한 계약이라고도 볼 수 없는 것이다.

　이처럼 '표준'이라는 의미 자체에서 비롯되는 한계가 존재하므로, 가장 이상적인 모습은 이러한 표준계약서를 토대로 하되, 당사자 간에 가지는 특별한 사정들을 추가로 잘 정리하고, 더 나아가서는 협상력의 우위가 있다면 계약조건을 유리하게 조정하는 것이다.

제3절 용역계약 시 주의해야 할 핵심 포인트

용역계약을 체결한 후 발주자가 만족할 만한 결과물을 얻기 위해, 용역 제공자 역시도 적정한 계약 이행을 통해 용역대금을 문제없이 수령하기 위해서는 다음의 포인트를 중점적으로 잘 정리하여야 한다.

1. 기획 방향이 명확하게 도출된 상태에서 개발을 진행한다.

용역의 내용이 최대한 구체적으로 정리되어야 한다. 계약조항으로 정리하기 어렵다면 계약서에 개발기획서, 참여할 인력의 구성 기타 용역 수행을 위하여 상호 합의한 요소들을 최대한 명확하게 기재하여야 한다.

2. 개발 과정을 잘 관리하고, 소통할 수 있는 권한을 확보한다.

최종 작업물에 대한 검수 단계에서 비로소 계약 이행 문제가 불거질 경우 소송을 통해 잘잘못을 가릴 수는 있을지언정 이미 흘러간 시간을 되돌릴 수는 없으며 이는 엄청난 사업상 리스크이자 매몰비용이 될 수 있다. 계약서를 잘 쓰는 것은 최종적인 권리 보호 및 상대방의 위반 시의 손해배상을 잘 받기 위함도 있지만 기대한 대로의 계약이행을 잘 유도하는 측면이 더욱 의미가 있다.

중요한 개발사항에 대해서는 항상 소통, 협의할 기회를 명문화하고, 부족할 경우 언제든 추가 변경, 보수를 요구할 수 있는 권한을 부여받아야 하며 궁극적으로는 검수 조항을 통해 의뢰한 업체의 요구사항이 관철되도록 하여야 한다.

3. 계약 체결 이후 변경된 사항이 계약 내용으로 편입되는 절차를 명시해야 하고, 계약 이후의 업무 소통 과정에서 주고받은 이메일 등도 계약 내용의 해석 근거로 사용될 수 있음을 명심해야 한다.

당초와 달라진 내용에 대해서도 항상 서면으로 합의한 내용을 증거로 정리하고, 이를 계약 내용으로 편입될 수 있도록 하여야 한다.

계약 체결을 전후한 시기는 불확실성이 산재하는 시기로, 개발 방향, 스펙이 확정되지 않은 경우가 많고, 혹은 확정되었다고 생각했지만 당시에 예상하지 못한 부분, 추가 협의를 요하는 부분이 계속 발생할 수 있다. 따라서, 가장 이상적인 모습은 계약의 이행단계를 나누어 "큰 틀에서의 계약 즉 본계약 체결 → 해당 본계약의 구체적 이행사항을 담은 수행계획서, 개발기획서의 작성 및 제출 → 확정 후 개발 진행 → 개발 중 변경사항에 대해서는 서면으로 변경합의(추가, 수정을 불문)하여 계약 내용으로 편입"하는 단계를 거치는 것이다.

다만 대부분의 경우가 그러하듯 계약 진행의 모든 과정을 결정권자의 서명날인이 포함된 문서로 단계마다 모두 담아내는 것은 기대하기 어렵다. 이러한 경우 서면의 정의를 넓혀, 단순 이메일, 카카오톡 메시지 등 시각적으로 확인할 수 있는 문자 형태의 증빙자료를 갖추고, 그 증빙자료 내에서 상호 간에 명확히 합의한다는 사실이 드러나도록 늘 신경 쓰는 것이 중요하다.

통상 계약서에서는 계약 내용의 변경 기타 처분문서의 효력에 관한 요건으로 '서면'을 통한 동의가 있을 것 등을 정하는 경우가 많다. 그런데 우리 법원은 여기서 말하는 서면의 외연을 이메일 등에 대해서까지 확장하고 있다. 대법원은 "'서면'이란 일정한 내용을 적은 문서를 의미하고 이메일 등 전자문서와는 구별되지만, 전자문서 및 전자거래 기본법 제3조는 "이 법은 다른 법률에 특별한 규정이 있는 경우를 제외하고 모든 전자문서 및 전자거래에 적용한다."고 규정하고 있고, 같은 법 제4조 제1항은 "전자문서는 다른 법률에 특별한 규정이 있는 경우를 제외하고는 전자적 형태로 되어 있다는 이유로 문서로서의 효력이 부인되지 아니한다."고 규정하고 있는 점, 출력이 즉시 가능한 상태의 전자문서는 사실상 종이 형태의 서면과 다를 바 없고 저장과 보관에서 지속성이나 정확성이 더 보장될 수도 있는 점" 등을 이유로 이메일도 서면에 포함될 수 있다고 정하고 있다. 같은 맥락에서 텍스트화될 수 있는 문자메시지 등도 서면의 개념에 포함된다고 보는 것이 일반적이다.

위와 같은 논의와 별개로, 계약 당사자 간에 주고받은 이메일, 카카오톡 메시지, 더 나아가서는 업무 소통을 위해 사용되는 어플리케이션 대화목록 등은 모두 계약 내용에 관한 양 당사자의 의사를 확인할 수 있는 중요한 근거로 기능하기 때문에 어떤 식으로든 소송상 큰 의미를 가진다.

4. 표준설계서의 존재

나의 서비스를 개발해 준 개발사가 언제까지 존속할지 알 수는 없는 노릇이다. 문제는 유지보수가 필요한 상황 또는 기존 개발사와의 계약을 해지하고 새로운 업체에게 작업물을 넘겨주어 완성하도록 해야 하는 상황이 생기는데, 발주 업체 입장에서는 돈을 두 배로 써야 하는 상황(보통 넘겨받는 업체에서도 기존 진행사항에 대한 금전적 고려를 최소화하려고 한다), 더 나아가 남이 그린 밑그림을 이어받을 경우 후속 업체의 작업 퀄리티도 보장되기 어렵다.

이럴 때 표준설계서가 있으면 누구라도 서비스를 개발, 완성하는 데 큰 도움을 얻을 수 있다. 건축에 관하여는 건축법 및 그 하위법령에서 설계도서의 작성기준을 정하고 있다. 특히 건축물의 설계도서 작성기준(국토교통부고시 제2024-907호, 2024. 12. 31., 일부개정) 9. 설계도서 해석의 우선순위를 보면 "설계도서·법령해석·감리자의 지시 등이 서로 일치하지 아니하는 경우에 있어 계약으로 그 적용 우선 순위를 정하지 아니한 때"에는 공사시방서, 설계도면, 전문시방서, 표준시방서, 산출내역서, 승인된 상세시공도면, 관계법령의 유권해석, 감리자의 지시사항 순으로 따르도록 정하고 있다.

소프트웨어 개발의 경우 한국지능정보사회진흥원(NIA)에서 배포한 "CBD SW개발 표준 산출물 가이드"를 참고해 볼 만하다. 이처럼 발주 업체 입장에서는 용역 업체에 대해 설계도서 혹은 산출물 측면에서 공공기관 조달, 납품 등의 경우에 사용되는 표준화된 방식을 채용할 것을 요구하는 것이 유리하다.

5. 결과물에 대한 저작권 등 지식재산권이 누구에게 있는지를 명확히 정리한다.

기본적으로 저작권 등 지식재산권은 창조적인 작업을 한 그 당사자 즉 개발사에게 귀속된다(실제 개발자가 창작자의 지위에 있으나, 그 개발자가 용역 업체인 회사의 업무로서 이를 개발한 것이라면 해당 개발성과물은 업무상 저작물로 보게 되는 바, 이때의 저작권자는 창작자 개인이 아닌 회사로서의 개발사이다).

저작권이란 '저작물'에 대하여 창작자가 가지는 권리를 말하는데 문학 혹은 예술 작품에 해당하는 시, 소설, 음악, 미술, 영화, 연극 등에 국한되지 아니하고, 외주개발의 목적이 되는 컴퓨터프로그램 등도 저작물로 간주된다. 따라서, 컴퓨터 프로그램을 개발한 당사자는 해당 저작물의 복제·배포권과 함께 그 저작물을 또다른 형태로 변경하여 저작할 수 있는 2차적 저작물 작성권 등을 모두 보유하게 된다.

언뜻 보면 저작권이 개발사에게 귀속되는 것이 당연해 보이지만, 실제 상황으로 들어가 보면, 정작 그 서비스 결과물을 계속 보유, 활용하려고 하는 자는 위와 같은 개발사(수급인)이 아니라 발주 업체(도급인)이기 때문에 자칫 잘못하면 발주 업체는 대가를 주고 서비스를 개발하고서도 해당 서비스를 온전히 소유하지 못하게 될 가능성이 존재한다.

따라서 발주 업체는 지식재산권의 보유를 둘러싼 위와 같은 쟁점을 계약서를 통해 명시적으로 정리해야 한다. 용역 결과물에 대한 저작권 기타 지식재산권을 발주 업체가 보유하도록 하고, 이에 그치지 아니하고 위 저작물의 변형물에 해당하는 2차적 저작물 작성권도 발주 업체가 보유하도록 명시해야 한다.

개발대금이 저작권 등 지식재산권 매수의 대가라는 점도 표기하면 인정받기 좋다. 한편으로는 개발사가 만든 개발물이 제3자의 지식재산권을 침해하지 않음을 보장받고 문제발생 시 그에 대한 해결의 책임을 개발사에게 물을 수 있도록 조치해야 한다.

지적재산권의 권리침해 태양은 매우 다양할 수 있으므로 최대한 구체적으로 예상되는 사안별로 권리관계를 정리하는 것이 안전하다.

한국저작권위원회에서는 홈페이지[1]를 통해 4종의 저작권 표준계약서 양식을 배포하고 있는 바, 용역 계약 시 해당 양식을 토대로 유리한 방식으로 계약 조항을 수정할 것을 권한다.

1)  한국저작권위원회 저작권 표준계약서 서식 페이지

6. 하자보수에 관해

민법에 의하면 수급인은 완성된 목적물 또는 완성 전의 성취된 부분에 하자가 있는 때에 도급인에 대하여 하자에 대한 담보책임을 진다(민법 제667조). 하자담보책임이란 하자보수청구권(제667조 제1항), 손해배상청구권(제667조 제2항), 계약해제권(제668조) 등으로 구성되어 있다.

법원은 수급인의 하자담보책임은 면제특약이 없는 한 제품수령 및 대금지급에 의한 거래의 종료에 관계없이 법정기간(제670조) 동안 당연히 부담하는 것이라고 판시하고 있고, 면제특약이 존재하거나 하자담보책임 기간이 도과한 후라도 수급인이 그러한 하자를 알면서도 도급인에게 고지하지 아니한 경우에는 그 책임을 면하지 못한다(제672조, 대법원 1999. 9. 21. 선고 99다19032 판결).

발주 업체의 경우 전문가가 아니므로 개발사의 산출물에 하자가 있는지 여부를 곧바로 알아채기 어려운 부분이 있을 수 있기 때문에, 하자보수에 관한 조항을 구체적으로 적시할 필요가 있다. 또한 제3의 업체를 통해 하자보수를 하여야 하는 경우 그로 인한 비용을 모두 기존 개발사가 부담하도록 하는 등의 조항을 기재할 필요도 있다.

7. 대금지급에 관해

선금, 중도금 지급시에 특히 중도금 지급시에 그 금원이 선금인지 후금인지 명시하는 게 좋다. 예를 들어 계약금 30%이고 중도금 40%는 개발 진행 확인 후 지급하는 조건이면, 중도금 지급 자체로 최소한 공정률 30%는 인정한다는 취지일 수 있어 향후 다툼 발생 시 최소 30%의 공정률이 인정될 가능성이 높다.

그리고 잔금은 모든 작업이 완료되었고 검수도 완료되었음을 상호 인정할 수 있는 상태에서 지급함이 타당하다. 발주 업체 입장에서 잔금 지급은 개발사의 완성도 있는 업무 수행을 강제할 수 있는 가장 강력한 수단이므로 업무 종료 여부를 잘 살펴서 지급해야 하고, 같은 의미로 전체 대금 중 잔금의 비율도 최소 30% 선은 유지하는 것이 좋다.

부가세 포함금액인지 별도인지 항상 명시하여야 한다. 부가세 별도 지급약정이 계약서 내 확인되지 않을때에는 부가세를 포함한 금액으로 해석될 여지가 있음. 부가세에 해당하는 금액에 대한 지급청구가 기각된 사례가 있으니 주의를 요한다.

또한 계약 과정에서 무수한 변경이 발생하는데, 이에 관하여 어떨 때 추가 비용이 발생하는 것인지를 특정할 수 있는 절차를 반드시 명시해야 한다. 실무적으로도 문제가 많이 되는 부분 중의 하나이며, 분쟁 발생 시 개발사의 대금 청구 범위가 발주 업체가 예상하는 미지급 대금 수준보다 훨씬 높을 수 있다는 점을 주의할 필요가 있다.

8. 상대방의 계약 불이행에 대한 명확한 손해배상 조항, 이행강제조항을 확보한다.

개발사의 궁극적 목표는 계약대금 수령이다. 계약 불이행으로 인하여 자신들에게 금전적 손해가 발생할 것이 예상된다면 최대한 계약이행을 위해 노력할 것이다.

민사법상 입증책임은 통상적으로 그 내용을 주장하는 자에게 있다. 따라서 상대방의 계약불이행으로 손해를 입은 당사자의 경우에도 소송상으로 그 손해가 어떠한 것인지 구체적으로 특정해야 하고, 그 손해 발생의 책임이 상대방의 고의 또는 과실에서 기인하는 것인지, 손해 발생 과정에서 발주 업체에게는 과실이 없었는지 등 입증해야 할 것들이 너무도 많다. 그리고 법적 요건을 따져갈수록 인정되는 손해의 범위도 줄어들 수밖에 없다. 따라서 입증의 필요를 덜어주는 간주 조항이 사전에 계약 조항으로 편입되는 것이 소송에 이르기 전 당사자간 분쟁 상황의 해결에 매우 큰 도움이 되고, 실제 소송으로 이어지더라도 법원 담당 재판부로부터 손해배상청구를 인정받을 가능성이 획기적으로 높아진다.

상대방의 계약불이행을 대비하기 위해 일반적으로 통용되는 조항으로는 (1) 위약금 조항(계약불이행시 별도 손해액 입증 없이 위약금만큼 손해배상 받을 수 있도록 하는 조항), (2) 위약벌 조항(손해발생과 무관하게 미리 정한 금액을 상대방에게 청구할 수 있는 조항), (3) 지체상금 조항(개발업체의 과실로 납기가 지연될 경우 지연되는 일수만큼의 지연손해금을 명시하여 잔금에서 공제하도록 하는 조항), (4) 계약이행보증보험 조항(계약조건으로 보증보험사의 보험증권을 제공하도록 하여, 계약 불이행시 보험사를 통해 손해배상 강제하는 조항) 등이 있다.

위 조항들은 소송에서 청구 당사자의 주장을 관철하기 위해 입증되어야 할 핵심 중의 핵심이므로 계약서 작성시 관련 조항들을 충분히 구체적으로 기재하는 것이 유익하다. 일반인의 시각에서는 당연히 해당 조항들이 적용되어야 하는 것이라고 넘겨짚을 수 있으나, 실제 소송 과정에서는 위 조항들에 대해 또다른 해석의 여지가 있음을 이유로 그 조항의 적용이 배제되는 경우도 무척 많으므로, 어떻게 각 조항의 적용 요건을 특정할 것인지 미리 고민이 필요한 대목이다.

9. 계약의 해제, 해지

계약을 도저히 유지할 수 없는 지경에 이르렀을 때 택해야 하는 것이 계약의 조기 종료이다. 당사자 일방이 계약을 조기 종료하는 것을 계약의 해제 또는 해지라고 하는데, 이러한 해제 또는 해지를 위해서는 그 요건과 절차를 명확히 정하여야 한다.

해제 또는 해지는 법에서 정한 사항인 경우와 계약으로 정한 사항인 경우로 나눌 수 있는데, 법에서 정한 사항은 계약서에 명시하지 않더라도 그 적용이 배제되지 않는 것이 원칙이다.

계약의 해제란 기존 계약의 효력을 소급하여 소멸시키는 것을 말하며, 계약의 해지란 기존 계약의 효력 중 과거에 대한 것은 유효하게 인정하되 장래에 대하여서만 계약의 효력을 소멸시키는 것이다. 계약의 해제나 해지 모두 상대방에 대한 의사표시로써 성립되며, 상대방의 동의를 기다리지 않고 그 효력이 발생하게 된다.

계약 해제가 문제된 사건을 수행하면서, 상대방이 계약을 이행하지 않으면 본인이 곧바로 계약을 해제 또는 해지할 수 있다고 오해하는 경우를 매우 많이 접하게 된다. 계약불이행, 즉 민법상 채무불이행(이행지체)에 따른 해제를 위해서는 법에서 정한 요건을 구비해야 한다. 민법 제544조에서는 "당사자 일방이 그 채무를 이행하지 아니하는 때에는 상대방은 상당한 기간을 정하여 그 이행을 최고하고 그 기간내에 이행하지 아니한 때에는 계약을 해제할 수 있다. 그러나 채무자가 미리 이행하지 아니할 의사를 표시한 경우에는 최고를 요하지 아니한다"고 정하고 있다.

실제 상황에서 상대방의 채무불이행(이행지체)을 이유로 계약을 중도에 해제하고자 할 경우 위 민법 조항에서 정한 요건인 최고, 즉 적정한 이행을 촉구하는 절차를 상당한 기간을 포함하여 거쳐야 하고 그럼에도 불이행할 경우에만 비로소 일방적인 의사표시로 계약을 해제할 수 있다. 만일 이와 같은 최고 절차를 거치지 않는다면 계약 해제의 효력을 인정받기 어려울 수 있고, 반대로 발주 업체의 채무불이행을 이유로 한 상대방의 해제권 행사와 맞물려, 위약금을 발주 업체가 상대방에게 부담해야 할 수도 있다.

위와 같은 법정해제권은 채무불이행 상황에 대하여 일반적으로 적용될 수 있도록 미리 정한 것이므로, 해당 조항만으로 계약의 목적을 달성하는데 부족하다고 여겨질 경우, 당사자는 계약을 통해 법정해제권보다 더욱 효과적인 방식의 약정해제권을 정할 수 있다. 관련하여 대법원은 "계약에 특별히 해제권 관련 조항을 둔 경우 이는 법정해제권을 주의적으로 규정한 것이거나 약정해제권을 유보한 것 등 다양한 의미가 있을 수 있다. 약정해제권을 유보한 경우에도 계약 목적 등을 고려하여 특별한 해제사유를 정해 두고자 하는 경우가 있고, 해제절차에 관하여 상당한 기간을 정한 최고 없이 해제할 수 있도록 한 경우 등도 있다. 당사자가 어떤 의사로 해제권 조항을 둔 것인지는 결국 의사해석의 문제로서, 계약체결의 목적, 해제권 조항을 둔 경위, 조항 자체의 문언 등을 종합적으로 고려하여 논리와 경험법칙에 따라 합리적으로 해석하여야 한다. 다만 해제사유로서 계약당사자 일방의 채무불이행이 있으면 상대방은 계약을 해제할 수 있다는 것과 같은 일반적인 내용이 아니라 그 계약에 특유한 해제사유를 명시하여 정해 두고 있고, 더구나 그 해제사유가 당사자 쌍방에 적용될 수 있는 것이 아니라 어느 일방의 채무이행에만 관련된 것이라거나 최고가 무의미한 해제사유가 포함되어 있는 등의 사정이 있는 경우에는 이를 당사자의 진정한 의사를 판단할 때 고려할 필요가 있다"고 판단한 후, 원고가 피고와의 계약을 해제하면서도 인용한 근거가 법정해제권과 구별되는 약정해제권이라는 점과 그 약정해제권 행사에 있어 이행 최고를 요건으로 하지 않고 있다는 점을 기초로 하여 최고 없는 해제권 행사를 유효하다고 판단하였다(대법원 대법원 2016. 12. 15. 선고 2014다14429, 2014다14436 판결).

위 판결문을 통해 계약 해제를 위해 최고가 있어야 하는지 여부에 대해서만 단편적으로 기억하는 것보다 더 중요한 것은, 바로 약정해제권의 광범위한 적용 가능성을 사전에 인식하여야 한다는 점이다. 당사자가 행사할 수 있는 해제권은 법에서 정한 것에 국한되지 않고 계약으로 정한 것을 두루 포함할 수 있기 때문에 자신의 계약 상황에 맞게 불이행상황을 명시하고 그 상황의 발생 시 지체없이 계약을 해제할 수 있도록 한다면 당사자의 계약상 권리 보호에 큰 도움이 될 것이다.

10. 미사여구는 의미 없다.

계약이 체결된다는 것은 양 당사자 간의 니즈가 서로 충족될 수 있는 관계임을 의미하며, 통상의 경우 함께 나름의 긍정적이고도 장밋빛의 미래를 그리는 관계일 가능성이 크고, 그러한 이유로 인하여 계약불이행 손해배상 조항과 같이 상대방을 자극할 수 있는 조항은 되도록 제외하고 우회적으로 상호 간의 신뢰를 강조하는 계약서가 작성되기 쉽다.

한편, 소위 갑을관계가 명확한 당사자 간의 계약인 경우 을의 입장에서는 갑과의 계약을 따내기 위해 갑의 심기를 건드리지 않아야 할 것이어서, 본인들이 원하는 형태의 조항을 삽입하는 것을 포기하는 경우도 매우 많은데 이때 갑의 지위에 있는 당사자는 걱정하지 않아도 된다는 식으로 자신들에게 불리할 수 있는 책임 조항을 계약에서 배제하려고 할 것임이 명백하다.

이처럼 계약 당사자 간의 관계가 어떠한 것이건 간에, 문제된 상황에 대해 판단기준을 명확히 제공하지 못하는 계약 조항만으로 계약이 체결된다면 향후 분쟁 시에는 억울한 피해를 입을 수밖에 없음을 명심해야 한다.

우선 계약서상에 발견되는 열린 결말 형태의 조항으로 '~할 수 있다'는 취지의 조항은 그 적용 여부가 특정 당사자의 선택에 달린 것이기 때문에 상대방에게 불리하게 행사될 가능성을 배제할 수 없다. 따라서 이와 같은 불명확성을 면하려면 '~한다' 혹은 '반드시/즉시 ~해야 한다'는 식의 해석의 여지가 없는 명시적 문구여야 한다.

또한 신의성실 조항, 즉 '상호 간 노력한다'거나 '서로/상대방에게 협조해야 한다' 등의 표현이 들어간 조항은 언뜻 보면 상대방에게 노력이나 협조를 강제할 수 있는 조항처럼 여겨질 수 있으나, 실제 분쟁 시에는 아무런 도움이 되지 않는다. 왜냐하면 위와 같은 조항에서 언급되는 '노력', 혹은 '협조'의 정도를 객관적으로 수치화하여 입증하는 것은 사실상 불가능하기 때문이다.

흔히 계약서에서 정하는 해제사유 중 하나로 '일방 당사자가 본계약상 의무를 위반한 경우'를 포함하는 경우가 많지만, 실무상 위와 같은 신의성실 조항의 위반을 이유로 계약에 대한 일방적 해제를 인정하는 경우는 매우 드물다.

관련하여 대법원은 "민법 제544조에 의하여 채무불이행을 이유로 계약을 해제하려면, 당해 채무가 계약의 목적 달성에 있어 필요불가결하고 이를 이행하지 아니하면 계약의 목적이 달성되지 아니하여 채권자가 그 계약을 체결하지 아니하였을 것이라고 여겨질 정도의 주된 채무이어야 하고 그렇지 아니한 부수적 채무를 불이행한 데에 지나지 아니한 경우에는 계약을 해제할 수 없다"고 판단하였는데(대법원 2005. 11. 25. 선고 2005다53705, 2005다53712 판결), 계약서상 신의성실 조항이 주된 채무에 해당한다고는 보기는 매우 어려울 것이기 때문에, 그 불이행이 있다고 하더라도 이를 이유로 계약을 해제할 수는 없다는 결론에 이르게 된다.

11. 계약 내용이 장래 가져올 영향에 대해 명확히 예상할 수 있어야 현명한 의사 결정을 할 수 있다.

계약 체결에 있어 법리적인 타당성만큼이나 중요한 것이 사업상의 협상력이라는 점은 본 변호사가 스타트업 창업 당시부터 숱하게 겪은 사정이다. 현재도 기업자문 변호사로서 국내외를 불문하고 다수의 기업을 위한 법률자문을 진행하고 있고 그중에서도 적지 않은 부분이 계약작성 자문 및 협상이기 때문에, 소위 을의 지위에 있는 기업이 원하는 대로의 계약을 체결하기에는 제약이 너무도 많다는 점은 그 누구보다도 잘 알고 있다.

앞서의 주의사항들을 알고 있다고 하여 그대로 계약서를 체결할 수 있는 것은 아니지만, 적어도 그 계약서의 체결에 따라 본인이 향후 어떠한 권리를 보유하고 의무와 책임을 부담하게 될지를 정확히 인식함으로써, 한 치 앞을 알 수 없는 비즈니스의 세계에서 얼마만큼의 기대를 얻고 얼마만큼의 리스크를 감당하여야 하는지를 충분히 예상해 볼 수 있다는 점에서 큰 의미를 가진다.

그리고 소위 갑의 위치에 있는 업체들 역시 상대방이 요구하는 계약조항이 나름대로 합리적인 것이라면 생각보다도 순탄하게 이를 받아들이는 경우가 적지 않으므로, 적어도 협상의 시도는 해 볼 필요가 있을 것이다.

고객사 300개 이상, 고용노동청 사건 매해 50건 이상 수행
열심히 하는 노무사 이상, 일 잘하는 노무사

노무법인 정율 대표

노무사 류호진

주요 경력

- 제27회 노무사 시험 합격
- 현) 노무법인 정율 대표 노무사
- 현) 서부지방 고용노동청 정보공개 심사청구 심사위원
- 현) 서부지방 고용노동청 인사위원회(징계) 소청 심사 심사위원
- 현) 관악구 고용센터 인턴 채용 서류·면접 심사위원
- 현) 관악구 고용센터 기간제 근로자 면접 심사위원
- 현) 박문각 고시학원 공인노무사 2차 노동법 강사
- 현) 박문각 고시학원 공인노무사 1차 사회보험법 강사

전문 분야

- 스타트업 정부지원금 검토 및 대응, 노사분쟁 해결 및 대응

스타트업을 위한 한 마디 조언

"사업주를 보호하는 노동법은 없습니다.
사전 예방만이 분쟁을 최소화할 수 있습니다."

10

노무

창업자와 직원 모두를 위한 노무 관리 핵심 포인트

요즘 중학생 적성검사에 '공인노무사'라는 별도 직업군이 생겨났다. 공인노무사라는 자격증은 과거에도 존재했지만, 주목을 받기 시작한 건 시험시행 이후 30년 정도가 지나서이다. '알바몬'이라는 광고에서 '주휴수당'이라는 개념을 처음 대중들에게 알리면서 그 당시 아르바이트생들의 임금이 상승하였고 시사프로그램에서 노동문제에 있어서 '공인노무사'가 등장하여 노동문제에 대한 인터뷰를 하면서 대중들의 인지도는 높아지게 되었다. 이러한 언론에서 등장은 결국 사회에 노동문제에 대한 이슈가 그만큼 중요해졌고, 관심이 많아졌다는 반증이다. 이제는 노동문제에 국한되지 않고, 좋은 인재를 핵심 인재로 성장시키고, 핵심 인재를 장기 근속 시킬 수 있는 방안까지 큰 카테고리로 인사관리의 영역으로 노동문제를 접근하는 것이 기업들의 현실이다. 규모가 작다고 하여 인사관리의 영역을 관심갖지 않으면 어떤 결과를 가질 것인가에 대한 질문을 하다 보면 오히려 초기 스타트업이 회사가 여러 인사관리 제도를 시험해 보고 우리 회사에 딱 맞는 인사관리 제도를 적용시킬 수 있는 절호의 기회일 수도 있다. 다만 중요한 점은 우리가 회사를 운영하는 곳이 대한민국이라는 곳이고, 대한민국은 속지주의로 '근로기준법'이 적용된다는 것이다. 인사관리 제도를 선택 및 운영하더라도 근로기준법을 기준으로 운영해야 한다는 점에서 스타트업의 인사관리는 어렵고 까다로울 수밖에 없다. 해당 챕터가 그런 어려움에서 인사관리의 가이드라인을 제시해 줄 수 있을 것이고, 가이드라인을 중심으로 회사에 걸맞은 인사관리 제도를 구축하는데 좋은 지침서가 될 것이다.

제1장 근로계약: 근로자 & 사업주 모두의 권리 보호
제1절 근로계약서에 꼭 기재해야 하는 사항(필수적 기재사항)

서면 명시·교부 (중요근로조건)	1. 임금의 구성항목, 계산방법, 지급방법 2. 소정근로시간 3. 주휴일·공휴일 4. 연차유급휴가
명시	5. 취업의 장소, 종사 업무 6. 취업규칙의 필수기재사항(근로기준법 제93조 각호) 7. 사업장 부속 기숙사에 근무하게 할 경우 기숙사 규칙에서 정한 사항

1) 임금은 1개월 동안 사업장에서 근무한다면 지급하기로 한 월 급여액을 말한다.

2) 소정근로시간이란 법정근로시간 범위에서 사업장과 직원이 근무하기로 약정한 시간을 말한다. 법정근로시간은 1주 40시간 1일 8시간을 말하며 해당 근무시간을 초과하는 경우에는 법정근로시간을 초과한 연장근로가 된다. 즉 소정근로시간은 법정근로시간 범위에서 정해지며 법정근로시간을 초과한 소정근로시간 이외의 근로시간이 연장근로가 된다.

3) 휴일이란 주휴일을 말한다. 주휴일은 일요일이 아닌 1주일에 1일의 유급휴일을 주는 것을 말한다. 즉 주휴일은 꼭 일요일이 될 필요는 없고 근로자와 합의하여 평일로 결정해도 된다.

4) 연차유급휴가는 1년의 근로의 대가로 1년에 15일의 휴가를 유급으로 보장해 주어야 하는 법정휴가를 말한다. 연차유급휴가에 대한 내용은 근로계약서에 필수적으로 기재되어야 하는 사항이다.

5) 그밖에 대통령이 정하는 근로조건의 경우 근무 장소나 취업규칙에 관한 사항 등이 있으나 상기 사항의 내용이 기재된다면 근로계약서의 필수적 기재사항은 기재된 것이다.

다만 계약직 근로자의 경우 계약기간을 꼭 명시해야 한다. 해당 내용을 작성하지 않은 경우 과태료 부과대상이 되므로 유의해야 한다.

제2절 근로계약서를 교부하지 않는다면?

근로계약서의 작성만으로 근로계약이 체결되는 것이 아니다. 꼭 서면으로 1부를 직원에게 교부해야 한다. 직원에게 교부를 하지 않은 것만으로도 벌금의 부과 대상이 될 수 있다는 점을 명심해야 한다. 전자서명의 방법을 취하고 있는 사업장의 경우에는 자칫 서면으로 교부를 하는 방법을 잊을 수 있으므로 꼭 유의해야 한다.

※ 사례: 임금의 구성항목이 변경되었으나, 근로자의 임금총액이 동일하다는 이유로 사업주가 근로계약서를 서면으로 교부하지 않은 사례

2024년 근로조건		2025년 근로조건	
항목	금액(원)	항목	금액(원)
기본급	2,408,000원	기본급	2,240,000원
식대	100,000원	고정연장수당 (월10시간)	168,000원
합계	2,508,000원	식대	100,000원
		합계	2,508,000원

→ 임금 총액은 동일하나, 중요근로조건인 임금의 구성항목이 변경되었으므로 변경된 내용을 적은 근로계약서를 근로자에게 교부하여야 하며, 기본급이 낮아져 근로조건이 저하된 것이므로 근로자의 '동의'를 받아야 합니다.

제3절 근로계약서는 3년 동안 보관

근로계약서는 근로자가 퇴사한 날로부터 3년간 보관해야 할 의무가 있다.

▶ 위반 시 500만원 이하의 과태료 규정(제116조)

사업장은 근로자에 관한 사항이 기재된 서류 등을 퇴사일로부터 3년간 보관하여야 하고 3년의 기간이 지난 후에는 개인정보 보호법에 따라 파기 등 조치를 취해야 한다. 실제로 과거에 퇴사한 직원이 본인의 근로계약서 및 급여 대장을 요청하였으나 이미 사업장에서 1년 단위로 자료를 폐기한 점에 대하여 과태료가 부과된 바 있으므로 3년간은 자료를 보관하는 것이 바람직하다.

제2장 사업장 규모에 따른 근로기준법 적용: 영세사업장 보호
제1절 상시 근로자 수 산정방법

$$\frac{\text{사유 발생일 전, 1개월 내에 사용한 근로자의 연 인원수}}{\text{사유 발생일 전, 1개월 내의 사업장 가동일 수}}$$

'상시근로자'라 함은 사업 또는 사업장에서 평균적으로 사용되는 근로자를 말한다.

상시근로자 수 산정에 포함되는 근로자는 직접고용 근로자로서 정규직, 기간제, 아르바이트, 일용직 등 명칭과 관계없이 모두 포함하나, 파견근로자 및 하도급 근로자와 같은 간접고용 근로자는 원칙적으로 제외된다.

만약, 근로자 5인 이상 업무 가동일이 한달의 1/2 이상이라면, 상시근로자 수가 5인 미만이라 해도 5인 이상 사업장으로 분류된다.

제2절 5인 미만 사업장(1~4인) 사업장에 적용되지 않는 노동법

평균적으로 5인 미만의 근로자를 사용하는 사업 또는 사업장에 대해서는 근로기준법 및 기간제 및 단시간근로자 보호 등에 관한 법률에서 정하고 있는 다음의 규정이 적용되지 않는다.

① 근로시간
② 연장·야간·휴일근로에 대한 가산임금
③ 연차유급휴가

④ 정당한 이유 없는 해고 금지

⑤ 부당해고 구제신청

⑥ 계속하여 2년을 초과 근무한 기간제 근로자의 정규직 간주

⑦ 휴업수당 지급

⑧ 직장 내 괴롭힘 금지 및 발생 시 조치의무

⑨ 중대산업재해 발생 시 사용자 처벌(단, 중대 시민재해는 적용)

⑩ 해고 시 서면통지

* 결론: 쉽게 말하자면 5인 미만 사업장의 근로기준법 일부 적용 제외 규정을 정한 것은 영세사업장의 경제적 부담을 덜어 주자는 목적과 취지이다. 따라서 지금부터는 '돈'과 관련되는 규정은 5인 이상 사업장만 적용된다고 생각하고 사업장을 운영하여도 큰 문제는 없다.

제3절 10인 미만(5~9인) 사업장에 적용되지 않는 노동법

① 취업규칙의 작성 및 신고

② 성희롱 예방교육

제4절 30인 미만(10~29인)사업장에 적용되지 않는 노동법

① 노사협의회 설치

② 고충처리위원 선임 의무

③ 채용서류의 반환, 채용절차의 공정의무

제3장 최저임금: 저임금 근로자 보호

제1절 2025년 최저임금

고용노동부는 2025년도 적용 최저임금을 시간급 10,030원으로 결정·고시했다. 이를 월급으로 환산할 경우 2,096,270원(1주 소정근로 40시간 근무, 월 209시간 기준)이며, 사업의 종류별 구분 없이 전 사업장에 동일한 최저임금이 적용된다.

제2절 최저임금을 준수하지 않는다면?

최저임금 효력에 대한 내용은 「최저임금법」 제6조에 나와 있다. 제3항에는 "최저임금에 미치지 못하는 금액을 임금으로 정한 부분은 무효로 하며, 이 경우 무효로 된 부분은 최저임금액과 동일한 임금을 지급하기로 한 것으로 본다"고 명시되어 있다. 뿐만 아니라 동법 제28조에는 "최저임금액보다 적은 임금을 지급하거나 최저임금을 이유로 종전의 임금을 낮춘 자는 3년 이하의 징역 또는 2천만 원 이하의 벌금에 처한다"고 되어 있다. 임금과 직결되기 때문에 최저임금은 매우 중요한 이슈이기도 하면서, 노사 모두의 관심사가 되는 주제다.

제3절 수습·시용 근로자에 대한 최저임금 적용

1년 이상의 근로계약을 체결하고 수습 또는 시용(인턴)기간을 두기로 하는 근로자에게는 수습 시작일로부터 3개월 이내에 대해서는 최저임금의 10%를 감액하여 지급 가능하다. 단, 근로계약, 취업규칙, 단체협약 등에 수습기간을 두기로 명시적으로 정해야 한다.

※ 사례: 업무가 복잡하고 적응하는 데 시간이 걸려 수습기간을 5개월로 정함, 수습기간 동안은 최저임금을 감액하여 적용하여 지급할 수 있으므로 5개월 동안 최저임금의 90%를 지급해도 되는가?

→ 1년 이상의 근로계약을 체결하고, 단순노무업무(한국표준직업분류상 대분류 9)에 종사하는 경우가 아니라면, 수습을 시작할 날부터 3개월 이내에 대해서는 최저임금의 10%를 감액하여 지급 가능. 따라서 3개월 이후부터는 수습기간이라도 최저임금 이상의 임금을 지급해야 함.

제4장 연차유급휴가: 정신적·육체적 휴양 및 사회·문화생활 향유

제1절 연차유급휴가 대상

- 상시근로자 5인 이상 사업장에 근무하는 모든 근로자에게 적용된다.
- 적용 예외 근로자
    1. 상시근로자 4인 이하 사업장 소속 근로로자
    2. **소정근로시간이 1주 15시간 미만인 이른바 '초단시간 근로자'**

제2절 연차유급휴가의 부여 방법

- 근로자가 1년간 80퍼센트 이상을 출근하면 그 다음 해에 15일의 연차휴가가 부여된다.
- 근로자가 1년간 80퍼센트 미만 출근하는 경우에는 1년 중 개근한 1개월당 일의 연차휴가가 발생한다.
- 근로자가 입사 후 1년 미만까지는 1개월 개근 시 1일씩 유급휴가가 발생하며 최초 1년의 근로가 모두 끝날 때까지 사용 가능하다 (최대 11일 발생).
- 최초 1년을 초과하는 계속근로연수 매 2년마다 15일에 1일씩 가산하여 부여된다.

제3절 입사일 기준과 회계연도 기준

1. 입사일 기준

연도 중 입사자의 경우 다음연도에 대하여 발생하는 휴가일수는 전년도 근속기간에 비례하여 산정한다.

퇴직 시 입사일을 기준으로 한 연차유급휴가일수보다 근무기간 중 회계연도를 기준으로 한 연차유급휴가일수가 적으면 부족한 일수만큼 수당으로 보상해야 한다.

2. 회계연도 기준(1.1 ~ 12.31)

계속근로연수 1년 미만인 사원은 연초에 전년도 근속기간에 비례하여 휴가를 부여하고, 이후부터 회계연도를 기준으로 연차휴가를 부여할 수 있다.

3. 연차수당으로 지급하기

- 연차유급휴가는 발생일로부터 1년간 사용가능(단, 계속 근로 1년 미만인 경우는 입사일로부터 최초 1년이 되는 날까지 사용가능)며, 해당 기간에 휴가의 전부 또는 일부를 사용하지 않은 경우 사용자는 휴가의 보상으로 사용하지 않은 연차휴가 일수만큼 미사용 수당을 지급해야 한다.
- 연차유급휴가 미사용수당은 취업규칙에 달리 정함이 없는 한 통상임금을 기초로 하여 산정한다.(대법원 2019.10.18. 선고 2018다239110 판결)

4. 연차휴가 사용 촉진제도

- 사용자가 연차휴가 사용 촉진 절차를 거쳤음에도 불구하고 근로자가 연차휴가를 사용하지 않는 경우, 사용자는 연차휴가 미사용 수당을 근로자에게 지급할 의무가 없어진다. 단, 사용 촉진 시기, 수단(서면)등 법에 규정되어 있는 절차를 모두 지켜야 유효하다.

> ※ 연차휴가 사용 촉진 절차
>
> 〈2년 차에 발생한 연차휴가 사용 촉진 절차(1월 1일 휴가 발생 기준)〉
> 1. 1차 촉진(7/1~7/10: 6개월 전, 10일간): 사용자가 근로자에게 연차 미사용 일수 고지 및 사용 시기 지정·통보 요구
> 2. 근로자는 사용자에게 1차 촉진을 받은 날로부터 10일 이내 사용 시기 지정 및 통보
> 3. 2차 촉진(10/31까지: 2개월 전): 사용자는 근로자의 사용 시기 미통보 시 사용 시기를 직접 지정 및 통보한다.
>
> 〈1년 미만 연차휴가 사용 촉진 절차(1월 1일 입사자 기준)〉
> 4. 1차 촉진: ① 연차 9일(1월~9월 개근으로 발생) → 10/1~10/10(3개월 전 10일간), ② 연차 2일(10월~11월 개근으로 발생) → 12/1~12/5(1개월 전, 5일간) 사용자가 근로자에게 연차 미사용 일수 고지 및 사용 시기 지정·통보 요구
> 5. 근로자는 사용자에게 1차 촉진을 받은 날로부터 10일 이내 사용 시기 지정 및 통보
> 6. 2차 촉진: ① 연차 9일 → 11/30까지(1개월 전) ② 연차 2일 → 12/21까지(10일 전) 사용자는 근로자의 사용 시기 미통보 시 사용 시기를 직접 지정 및 통보한다.
> ★ 먼저 발생한 연차휴가 9일과 이후 발생한 연차휴가 2일의 사용 촉진 시기가 다름 주의

- 근로자가 지정된 연차 휴가일에 휴가를 사용하지 않고 출근한 경우 사용자가 근로자의 노무수령을 명확하게 거부하지 않는 경우에는 근로자가 연차 휴가를 사용하였다고 볼 수 없다.

※ 노무수령 거부 예시: 사업장 출입을 거부하거나, 근로자 책상 위에 노무수령 거부 통지서를 올려놓거나, 컴퓨터에 노무수령 거부 통지 화면이 나타나도록 하는 등 근로자가 사용자의 노무수령 거부 의사를 확실하게 인지하도록 하기

제5장 퇴직: 모든 출구는 또 다른 곳으로 가는 입구

제1절 근로관계 종료의 유형

1. 수습근로자의 계약종료

'수습'이란 정식채용이 된 상태에서 업무를 배우는 기간이다. 따라서 정식채용 전 본채용 여부를 결정하기 위한 적정성 평가가 예정되어 있는 '시용'과 구별된다. 실무상으로는 두 가지 용어를 혼용하여 사용하는 경우가 많다. 다만 수습근로자는 이미 정식으로 채용된 상태이므로 수습근로자와의 계약종료는 해고에 해당할 수 있다. 이 경우 해고의 정당한 이유가 필요하다.

2. 당연종료사유

가. 기간만료

기간의 정함이 있는 근로계약을 체결한 근로자의 경우, 기간만료로써 근로계약이 당연히 종료한다. 다만 근로계약기간이 2년을 초과하는 근로자는 기간의 정함이 없는 근로자, 즉 정규직으로 본다.

나. 정년도래

정년제란 근로자가 취업규칙이나 단체협약에서 정한 일정 연령에 달하면 근로자의 의사나 능력과 관계없이 근로계약이 종료되는 것이다. 다만 정년이 지난 후에도 사용자와의 근로관계를 계속 유지하여 온 경우, 사용자는 단순히 해당 근로자가 정년이 지났다거나 고령이라는 이유만으로 근로관계를 해지할 수는 없다.

정년은 만 60세 이상으로 정해야 한다. 정년을 만 60세 미만으로 규정했더라도 결국 만 60세의 정년을 규정한 것으로 본다. 이는 만 60세에 도달하는 날을 의미하는 것으로, 60세가 종료되는 날을 의미하는 것은 아니다.

다. 사망

근로계약은 당사자에게 전속성이 있으므로, 근로계약 당사자인 근로자가 사망하는 경우 계약당사자의 소멸로써 근로관계가 종료된다.

3. 사직

사직은 근로계약종료를 위한 근로자의 일방적인 의사표시이다. 사직의 의사표시가 해약고지로 인정되어 사용자에게 도달하면 근로자는 사용자 동의 없이 이를 철회할 수 없다.

4. 합의해지

근로자가 사직의 의사표시를 하기 위해 사직서를 제출하면 사용자가 이를 수락함으로써 근로관계가 종료되는데, 이를 합의해지라고 한다. 합의해지에 따라 근로관계가 종료되는 경우 사용자의 일방적 종료가 아니므로 해고라고 할 수 없다. 합의해지 승낙의 의사표시는 요식행위가 아니므로, 서면이나 구두로도 충분하다.

5. 권고사직

권고사직은 사용자가 근로자에게 사직을 권고하고, 근로자가 이를 수용함으로써 근로관계가 종료되는 것을 말한다. 권고사직의 이유로는 회사의 경영상 이유, 근로자의 귀책사유 등이 있다. 이는 사직과 달리 근로자의 자발적인 의사가 아닌 근로관계의 종료라는 점에서, 정당한 이유가 아닐 경우 부당해고에 해당할 여지가 있다.

6. 해고

가. 의의

근로자의 의사에 반하여 사용자가 일방적으로 근로계약 관계를 종료시키는 경우 해고라고 한다. 해고의 종류에는 정리해고(경영상 해고), 징계해고, 그 외 일반적 사유로 인한 통상해고가 있다. 사용자는 근로자에게 정당한 이유 없이 해고를 할 수 없으므로, 객관적 증거나 사유 등이 뒷받침되는 경우에만 해고의 정당성이 인정된다.

나. 해고 사유의 제한

근로기준법 제23조 제1항에서 사용자는 근로자에게 정당한 이유 없이 해고, 휴직, 정직, 전직, 감봉, 그 밖의 징벌을 하지 못한다고 정하여 정당한 이유 없는 해고를 금지하고 있다. 단, 정당한 사유가 있는 경우에는 해고가 가능하다.

해고의 정당성을 위한 근거로, 단체협약·취업규칙 등에서 해고 사유를 규정할 수 있다. 해고 사유로 규정하지 않은 행위의 경우, 사회통념상 고용관계를 지속할 수 없을 정도로 근로자에게 귀책이 있는 경우에 한하여 정당한 것으로 인정된다.

다. 해고 방법의 제한

근로자를 해고하려면 적어도 30일 전에 예고를 하여야 하고, 30일 전에 예고를 하지 아니하였을 때는 30일분 이상의 통상임금을 지급하여야 한다. 다만 근로자의 계속 근로기간이 3개월 미만인 경우, 사업계속이 불가능한 경우, 근로자가 고의로 사업에 막대한 지장을 초래한 경우 등 법에서 규정한 사유에 해당한다면 이를 지급하지 않을 수 있다.

종종 5인 미만 사업장에서 해고의 제한이 적용되지 않아 30일 전 해고예고를 간과하는 경우가 있으나 5인 미만의 사업장도 해고예고 조항이 적용되니 이 부분을 주의해야 한다.

또한 근로자를 해고하려면 해고사유와 해고 시기를 서면으로 통지하여야 한다. 해고의 서면통지는 정당한 해고의 유효요건으로, 서면통지로 하지 않은 해고는 위법하여 무효이다. 단, 5인 미만의 사업장은 해고서면통지 조항이 적용되지 않는다.

사례: 미국식 해고 방식의 한국 내 적용 위험성

1 | 한국의 해고는 '권리 제한'이다: 미국식 통보 해고의 착각

스타트업을 창업하여 일정 규모로 성장한 이후 인력 조정이 필요한 상황에 직면하게 되면, 종종 해외 사례를 참고하여 빠르고 효율적인 인력 구조조정을 시도하고자 하는 경우가 많다. 특히 미국 실리콘밸리에서는 이메일, 문자, 메신저 등을 통해 근로자에게 일방적으로 '해고 사실'을 통보하는 일이 흔하다. 하지만 이러한 방식은 한국에서는 법적으로 매우 위험하다. 미국은 해고가 단순한 '계약 종료 통보'에 가까운 반면, 한국은 해고가 근로자에 대한 '권리 제한'으로 간주되기 때문이다. 따라서 한국에서는 해고 시 절차의 정당성과 실질적 사유 모두가 엄격하게 요구된다.

이를 법적으로 구현하고 있는 것이 바로 **근로기준법 제27조**로, 사용자는 근로자를 해고할 경우 반드시 해고 사유와 해고 시기를 서면으로 통지해야 하며, 이를 위반할 경우 해고는 무효로 간주된다. 단순한 '통보'가 아닌 '법적 행위'로 보기 때문에, 그 형식과 절차가 핵심이 되는 것이다. 스타트업 경영자는 특히 '빠른 실행'을 중시하는 문화 속에서 이런 절차적 요건을 간과하기 쉽다. 그러나 해고는 조직 문화가 아닌 노동법의 영역이며, 절차를 무시한 해고는 그 내용이 정당하더라도 무효가 될 수 있다는 점을 인지해야 한다.

2 | 이메일 해고: 문서로 남아도 무효일 수 있다.

전자문서는 출력 가능한 형식이면 서면으로 인정될 수 있다. 다만, 해고 사유와 시점이 명확히 기재되어 있어야 하며, 근로자가 해당 이메일을 수신하였다는 사실이 입증되어야 한다. 이를 충족하지 못할 경우, 이메일을 통한 해고는 '부당해고'로 판단된다. 특히 스타트업처럼 인사

시스템이 미비한 조직일수록, 이메일 또는 구두 통보 후 별도 서면 없이 해고가 진행되는 경우가 많아 각별한 주의가 필요하다.

> **대법원 2015. 9. 10. 선고 2015두41401 판결**
>
> 여기서 '서면'이란 일정한 내용을 적은 문서를 의미하고 이메일 등 전자문서와는 구별되지만, 전자문서 및 전자거래 기본법 제3조는 "이 법은 다른 법률에 특별한 규정이 있는 경우를 제외하고 모든 전자문서 및 전자거래에 적용한다."고 규정하고 있고, 같은 법 제4조 제1항은 "전자문서는 다른 법률에 특별한 규정이 있는 경우를 제외하고는 전자적 형태로 되어 있다는 이유로 문서로서의 효력이 부인되지 아니한다."고 규정하고 있는 점, 출력이 즉시 가능한 상태의 전자문서는 사실상 종이 형태의 서면과 다를 바 없고 저장과 보관에서 지속성이나 정확성이 더 보장될 수도 있는 점, 이메일(e-mail)의 형식과 작성 경위 등에 비추어 사용자의 해고 의사를 명확하게 확인할 수 있고, 이메일에 해고사유와 해고시기에 관한 내용이 구체적으로 기재되어 있으며, 해고에 적절히 대응하는 데 아무런 지장이 없는 등 서면에 의한 해고통지의 역할과 기능을 충분히 수행하고 있다면, 단지 이메일 등 전자문서에 의한 통지라는 이유만으로 서면에 의한 통지가 아니라고 볼 것은 아닌 점 등을 고려하면, 근로자가 이메일을 수신하는 등으로 내용을 알고 있는 이상, 이메일에 의한 해고통지도 해고사유 등을 서면 통지하도록 규정한 근로기준법 제27조의 입법 취지를 해치지 아니하는 범위 내에서 구체적 사안에 따라 서면에 의한 해고통지로서 유효하다고 보아야 할 경우가 있다.

2023년, 한 IT 스타트업에서 팀 단위 인력 구조조정을 실시하면서, 팀원 전원에게 단체 이메일로 해고 사실을 통보하였다. 이메일에는 "경영상의 사정으로 금일부로 퇴사 조치함"이라는 문장만 담겨 있었고, 별도의 해고 사유 설명이나 면담, 사전 통지 없이 이루어졌다. 이에 대해 서울지방노동위원회는 해고의 정당성 여부 이전에 "절차상 하자"가 있으므로 무효로 판단하였다.

관련기사
해고사유는 인정되지만, 해고통지 잘못하여 부당한 해고가 된 사례 

3 | 문자 메시지 해고: 간편함보다 리스크가 크다

간혹 사용자들이 문자메시지로 근로계약 해지를 통보하는 경우도 있다. 미국 실리콘밸리에서는 실제로 '텍스트 해고'가 빈번하게 일어난다. 그러나 한국에서 이와 같은 방식은 통지의 수단으로조차 인정되지 않는다.

> 서울행정법원 2020. 6. 18. 선고 2020구합56179 판결
>
> 참가인이 2016. 12. 19. 원고를 구두로 해고한 후 3일이 경과한 2016. 12. 22. 비로소 이 사건 해고통지서를 촬영한 사진을 카카오톡 메시지로 전송하고, 7일이 경과한 2016. 12. 26. 원고로 하여금 위 해고통지서 원본을 수령하도록 한 것은 근로기준법 제27조에서 정한 서면통지 절차를 위반한 하자가 있어 위법하다.

관련기사
미국에선 문자 한 통으로 해고하는데⋯'한국은 왜 이래' 당황

4 | 조용한 해고(Quiet Firing): 은근한 강요도 법 위반이다.

최근 미국에서는 '조용한 해고(Quiet Firing)'라는 개념이 주목받고 있다. 이는 공식적인 해고 통보 없이 직무를 변경하거나 업무량을 과도하게 부여하는 방식으로, 근로자가 자발적으로 퇴사하도록 유도하는 것을 말한다. 하지만 한국에서는 이러한 방식 또한 직장 내 괴롭힘 또는 부당해고의 간접 행위로 해석될 수 있다. 특히 스타트업에서는 경영진과 직원 간 거리가 가까운 만큼, 이러한 행위는 곧바로 법적 분쟁으로 확산될 수 있다.

관련기사

"조용한 해고" 미국에서 시작해 한국까지 확산

---

5 | 일시 해고(Furlough): 제도적 차이 이해가 우선

미국 기업들은 위기 시 '일시 해고(furlough)' 제도를 활용한다. 일정 기간 근로계약을 유지한 채 무급 휴직을 실시하고, 상황이 개선되면 복직시키는 방식이다. 하지만 한국에서는 근로자 보호를 위한 휴업수당 지급 의무(근로기준법 제46조)가 있어 동일한 방식은 적용이 어렵다.

출처

💬 사례: 경영상 위기에서 해고 외 대안 모색

1 | 신규채용 전면 중단 및 재배치

신규 인력 채용은 비용뿐 아니라 조직관리 부담까지 동반된다. 당분간 신규채용을 전면 중단하고, 현재 인력을 재배치해 활용도를 극대화하는 것이 효과적이다. 예를 들어 마케팅 조직 내 유휴 인원을 운영 부서로 이동시키거나, 고객센터 인력을 영업 보조로 전환 배치하는 식이다.

2 | 희망휴직 또는 유연근무제 도입

근로자의 자발성을 바탕으로 일시적인 휴직을 제안하거나, 주 4일제·단축근무제를 도입하면 인건비 부담을 줄이면서도 고용은 유지할 수 있다. 구성원에게 유연한 근무를 제공하면 기업에 대한 만족도와 충성도가 높아지는 결과로 이어진다.

삼성생명은 일정 근속 이상의 직원을 대상으로 '공로휴직' 제도를, 삼성화재는 '창업휴직' 제도를 운영하고 있다. 이는 고령 인력을 인위적으로 퇴직시키지 않으면서도 비용을 관리하고 고용도 유지하는 방식이다.

출처

3 | 급여 구조 개편 또는 성과급 유예

기본급 일부를 성과연동형으로 전환하거나, 일시적으로 성과급 지급을 유예하는 방식도 효과적이다. 다만 이 경우, 사전 동의와 노사 협의가 필수다. 이런 제도는 고통 분담의 의미로 받아들여지며 구성원의 위기 극복 의식을 높일 수 있다.

브랜디(패션 플랫폼)는 실적 부진 시기에 비용 구조를 효율화하기 위해 급여 구조 일부를 조정하고, 손익분기점 도달 전까지 인건비 확대를 자제하는 방식으로 위기를 넘겼다. 임직원과의 커뮤니케이션을 강화하면서 이탈 없이 체제를 유지했다.

4 | 유휴자원 교육과 리스킬링 프로그램 운영

생산성이 낮거나 유휴 상태의 인력을 구조조정 대상이 아닌 '투자 대상'으로 전환하여, 단기 내 재배치 가능한 업무로 유도하는 전략도 효과적이다. 외부 교육을 통한 이직이 아닌, 내부 순환 교육과 직무 전환이 핵심이다.

AI 스타트업 B사는 매출 하락으로 유휴 인력이 늘자, 사내에 '프롬프트 엔지니어링 과정'을 운영했다. 2개월 내 다수의 인력이 신사업팀으로 이동했고, 해고 없이 신규 수익 창출 조직을 구성하는 데 성공했다.

참조: 중소벤처기업부 2024 창업기업 실태조사 보도자료 요약

5 | 고정비 절감, 고정계약 재조정

해고 대신 선택할 수 있는 또 하나의 방식은 사무실 임대료, 외주 계약, 구독형 소프트웨어 비용 등 고정비를 철저히 조정하는 것이다. 직원에게 고통을 주지 않으면서도 조직의 비용구조를 줄일 수 있다.

한 스타트업은 공유오피스로 사무실을 이전하고, 외부 자문 계약을 정리하여 연간 1억 원 이상의 고정비를 절감했다. 동시에 전 직원 고용을 유지하며 경영상 어려움을 극복했다.

출처

💬 사례: 야근을 할 수밖에 없는 스타트업의 환경에서 적정한 관리 방법

1 | 근무제도의 운영 방향을 정하고 소정근로시간을 명확히 하기

스타트업 회사의 경우 인원이 많지 않기 때문에 근로시간이나 휴게시간을 대표 재량으로 결정하는 경우가 많다. 이렇게 되면 근로자 수가 많아지는 경우, 초과근무가 발생하는 경우에 직원들의 불만이 발생할 수 있기 때문에 회사의 특성에 따라 명확한 근무시간 및 운영방향을 근로계약서에 명시하여 계약을 체결해야 한다.

2 | 발생할 평균 월 근로시간을 미리 예측하자

인사관리 측면에서 한달동안 부서별로 연장근로 및 야간근로하는 시간을 측정하여 인건비 지출에 대해 대비하거나, 어느정도 고정ot를 포함하여 근로계약을 체결하는 것이 예상치 못한 노무이슈를 대처하는데 도움이 될 것이다.

3 | 적합한 유연근무제도를 도입하자

스타트업 회사의 경우 항상 야근이 있는 것은 아니고 업태나 부서에 따라 일이 몰리는 경우가 많다. 이런 경우 업무량이 몰려 일이 많은 시기가 있고 한가한 시기가 있기 때문에 이러한 점을 고려하여 회사에 맞는 유연근무제도를 도입하여 유동적이고 효율적인 근로환경을 조성하는 것이 근로생활의 질을 향상하는데 도움이 될 것이다.

4 | 근태관리시스템을 마련하여 모니터링 하자

직원들의 야간 및 연장근무가 불가피하다면 명확하게 야간 및 연장근무를 확인할 수 있는 근태관리 시스템을 도입하여 모니터링하는 것이 불필요한 인건비 지출을 예방하는데 도움이 된다.

5 | 연장근무 사전 승인제도를 도입하자

회사에서 별도로 업무를 지시한 적이 없는데도 근로자가 자발적으로 야근을 하는 경우 연장근로에 대한 노동청의 근로감독이나 근로자의 신고등으로 인해 예상치 못하게 수당을 대량 지급하는 경우가 종종 발생한다. 그러므로 회사는 연장근로 관리에 체계적으로 대응할 필요가 있다.

연장근로 사전 승인 제도는 불필요한 연장근로를 사전에 차단하고, 근로시간을 회사의 통제 하에 관리할 수 있는 기본적인 조치이다. 업무상 연장근로가 필요한 경우, 반드시 관리자의 사전 승인을 받아 연장근로시간 및 사유를 확인받도록 한다. 관리자는 필요 없다고 생각되는 경우 연장근로를 반려할 수 있다. 더불어 사전에 승인받지 않은 자체적인 연장근로는 금지하며, 해당 시간은 근로 시간으로 인정하지 않고 수당도 지급하지 않을 것임을 명확하게 알려야 한다. 기본적으로 사내 게시판, 취업 규칙, 근로계약서 등을 통해 근로자에게 알리게 되며, 근로자에게 문자 메시지를 보내거나 퇴근 시간이 되면 PC 화면에 알림을 띄우는 방법도 있다.

(2) 퇴직금 산정 방법

1) 발생요건

사용자는 퇴직하는 근로자에게 급여를 지급하기 위하여 퇴직급여제도 중 하나 이상의 제도를 설정하여야 한다. 여기서 근로자란 근로기준법상 근로자를 말하며, 4주를 평균하여 1주의 소정근로시간이 15시간 이상인 근로자의 계속근로기간이 1년 이상이 되었을 때 발생한다. 이에 계속근로기간 1년에 대하여 30일분 이상의 평균임금을 지급하여야 한다. 근로자의 계속근로기간이 1년을 초과하는 경우, 1년 미만 단수인 일 단위에 대해서도 비례 산정하여 퇴직금을 지급한다. 지급은 퇴직일시금, 퇴직연금의 형태로 할 수 있다.

2) 지급사유

퇴직금의 지급은 근로자의 퇴직으로 지급사유가 발생하며, 지급사유가 발생한 날로부터 14일 이내에 지급해야 하며 위반 시 3년 이하의 징역 또는 3천만원 이하의 벌금조항이 있다. 특별한 사정이 있는 경우 당사자 간 합의에 의해 지급기일 연장이 가능하다. 다만 퇴직금을 받을 권리는 3년간 행사하지 아니하면 시효로 인하여 소멸한다.

3) 중간정산 사유

사유
① 무주택자 근로자(가입자)가 본인 명의로 주택을 구입하는 경우
② 무주택자 근로자(가입자)가 주거를 목적으로 전세금 또는 보증금을 부담하는 경우(하나의 사업에 근로하는 동안 1회로 한정)
③ 6개월 이상 요양을 필요로 하는 본인 또는 부양가족(배우자의 부양가족 포함)의 질병이나 부상에 대한 요양비용을 근로자가 본인 연간 임금총액의 1천분의 125를 초과하여 부담하는 경우
④ 중간정산을 신청하는 날부터 역산하여 5년 이내에 근로자(가입자)가 채무자 회생 및 파산에 관한 법률에 따라 파산선고를 받은 경우
⑤ 중간정산을 신청하는 날부터 역산하여 5년 이내에 근로자(가입자)기 채무자 회생 및 파산에 관한 법률에 따라 개인회생절차개시 결정을 받은 경우
⑥ 천재지변 등으로 피해를 입는 등 고용노동부장관이 정하여 고시하는 사유와 요건에 해당하는 경우
⑦ 사용자가 기존의 정년을 연장하거나 보장하는 조건으로 단체협약 및 취업규칙 등을 통하여 일정나이, 근속시점 또는 임금액을 기준으로 임금을 줄이는 제도를 시행하는 경우

⑧ 사용자가 근로자와의 합의에 따라 소정근로시간을 1일 1시간 또는 1주 5시간 이상 단축하여 그 단축된 소정근로시간에 따라 근로자가 3개월 이상 계속 근로하기로 한 경우

⑨ 법률 제15513호 근로기준법 일부개정법률 시행에 따른 근로시간 단축으로 근로자의 퇴직금이 감소하는 경우

퇴직금은 본래 후불임금의 성격을 가지고 있으나, 사용자는 주택구입 등 대통령령으로 정하는 사유로 근로자가 요구하는 경우 근로자가 퇴직하기 전에 해당 근로자의 계속근로기간에 대한 퇴직금을 미리 정산하여 지급할 수 있다. 이 경우 미리 정산하여 지급한 후의 퇴직금 산정을 위한 계속근로기간은 정산시점부터 새로 계산한다.

중간정산의 사유는 근로자퇴직급여보장법 시행령 제3조 제1항에서 정한 경우에 따라 근로자가 요구하는 경우 지급할 수 있는 것으로, 반드시 지급해야 할 의무가 있는 것은 아니며 처벌규정 또한 존재하지 않으므로 법위반의 책임을 물을 수 없다.

근로자와 협의하여 전체기간이 아닌 일부기간에 대해서만 중간정산 하는 것도 가능하다.

4) 퇴직연금과 차이

퇴직급여는 퇴직일시금과 퇴직연금으로 나눌 수 있으며, 사용자는 근로자에게 퇴직일시금 또는 퇴직연금을 지급할 수 있다. 퇴직일시금의 경우 근로자의 수급권이 보장되지 않는 등, 근로자의 노후소득을 보장하기 위한 퇴직금제도의 취지에 어긋나는 경우가 있으므로 퇴직연금

제도로써 이를 보완할 수 있다. 연금제도 활용 시 사업주의 입장에서는 일시에 많은 금액을 지급해야하는 부담에서 벗어날 수 있으며, 근로자의 입장에서는 기업이 도산하는 경우 등 수급이 불안정한 상황에 대비할 수 있다.

5) 원룸 보증금과 퇴직금 정산

> **근로자퇴직급여보장법 시행령 제3조**
>
> ① 법 제8조제2항 전단에서 "주택구입 등 대통령령으로 정하는 사유"란 다음 각 호의 어느 하나에 해당하는 경우를 말한다.
> 2. 무주택자인 근로자가 주거를 목적으로 「민법」 제303조에 따른 전세금 또는 「주택임대차보호법」 제3조의2에 따른 보증금을 부담하는 경우. 이 경우 근로자가 하나의 사업에 근로하는 동안 1회로 한정한다.
>
> 출처: 고용노동부 홈페이지

무주택자인 근로자가 주거를 목적으로 전세금 또는 보증금을 부담하는 경우 퇴직금 중간정산 사유에 해당한다. 고용노동부 해석상 월세보증금도 포함되므로 주택임대차계약 체결일부터 잔금지급일 이후 1개월 내에 신청 시 가능하다.

6) 매월 일정 금액으로 퇴직금을 정산하는 경우

매월 임금에 포함하여 지급하는 퇴직금 명목의 금품은 퇴직금으로 인정되지 않으므로 이 경우 사용자는 근로자가 퇴사 후 다시 퇴직금을 지급하여야 한다. 퇴직금의 발생요건으로 근로관계의 종료를 요하므로 근로관계가 존속중인 경우에는 퇴직금 자체가 발생하지 않는다. 퇴직금을 포함한 임금계약이나 퇴직금을 미리 주고 있다는 내용을 포함한 근로계약 자체가 무효라는 점을 유념해야 한다.

**변화하는 HR시대, IT트렌드를 반영한
인사관리 & 성과관리 전문가
국내 최초 AI기반 인사평가 시스템 특허 보유**

미래인테크놀러지 대표
HR컨설턴트 민승정

주요 경력

- 현) 미래인테크놀러지 대표
- 현) 공공사업 입찰 심사위원
- 중소벤처기업부 HR글로벌확산 사업 정부 과제 수행
- 한국특허전략개발원 융합 R&D 사업 수행
- HR프로젝트 500여개 기업 레퍼런스
- 전) HR 전문기업 PRE 컨설팅, 수석 컨설턴트
- 전) ERP 전문기업 HR부문 PRE 컨설팅, 수석 컨설턴트

전문 분야

- 스타트업부터 중소기업, 중견기업, 대기업, 공공기관의 인사관리, 인사평가시스템 제공, 클라우드 구독 서비스, 시스템 구축형, 인사제도 컨설팅, 교육 역량관리 컨텐츠 제공

스타트업을 위한 한 마디 조언

"조직의 성장은 핵심가치와 핵심인재 관리에서 시작합니다."

11

인사·성과 관리

초기 조직을 위한
사람과 성과의
문제 해결법

필자는 HR 전문가로서, 경영정보시스템 관련 대기업에서 근무하며 약 1,000개 이상의 기업을 방문하고, 수많은 인사담당자들과 상담을 통해 기업의 인사관리 Pain Point를 진단하고 해결해 왔다. 이러한 경험을 바탕으로, 스타트업이 인사관리를 성공적으로 하기 위한 핵심 포인트를 전달하고자 한다.

스타트업은 빠르게 변하는 환경 속에서 성장하기 때문에, 조직의 성장 단계에 맞는 유연성과 기본적인 시스템 체계를 동시에 갖추는 것이 필수적이다. 초기부터 탄탄한 인사관리 철학과 기본 원칙을 세워야 이후 조직이 커져도 흔들리지 않는다.

조직의 성장은 결국 사람에게 달려 있다. 초기 핵심 멤버는 향후 조직문화와 성과의 90% 이상을 결정짓는다. 이때는 화려한 스펙보다 태도, 적응력, 협업 성향을 먼저 봐야 하며, 리더는 좋은 인재를 구하는 데 절대 시간을 아끼지 말아야 한다.

구성원은 자신이 왜 이 조직에서 일하고 있는지를 명확히 인식해야 몰입한다. 이를 위해 대표는 미션(Mission), 비전(Vision), 핵심가치(Core Value)를 정리하고, 구성원들과 지속적으로 공유해야 한다.

조직이 나아가는 방향성과 일의 의미가 뚜렷해야 구성원이 자율적으로 움직일 수 있다.

스타트업은 단순히 "일 잘하는 사람"이 아니라, 사업 방향성에 공감하고 실행할 수 있는 인재가 필요하다. 대부분의 직원은 대표처럼 사업을 고민하지 않는다. 이런 고민을 스스로 먼저 하는 인재는 극소수이며, 향후 임원급 인재로 성장할 가능성이 높다.

그렇다면 이런 인재는 어떻게 길러지는가?

바로 목표를 세분화하여 공유하고 전달하는 것에서 시작된다.

연 단위 → 월 단위 → 주간 목표 → 일일 단위까지

사업 목표와 개인 업무 목표를 일치시키는 구조가 필요하다.

비효율처럼 보이지만, 반드시 실행해야 할 핵심 관리 포인트이다.

사업이 성장하면 반드시 핵심 인재에 대한 차별화된 보상이 필요하다.

가장 흔한 실수는 다음과 같다:

"올해 2~3배 성장했으니 모두 1천만 원씩 인센티브 지급하자!"

이는 최고성과자와 꼴찌를 동일하게 대우하는 결과를 낳는다.

그 결과, 가장 중요한 인재는 동기 저하로 퇴사를 고민하게 되고, 회사에는 오히려 꼴찌만 남게 되는 최악의 상황이 벌어진다.

성과에 따른 공정하고 투명한 보상 원칙은 스타트업 생존의 열쇠다.

스타트업은 기술과 아이디어로 경쟁하지만, 이 모든 것을 실현하는 것은 사람이다. 대표 혼자 모든 것을 끌고 갈 수는 없다. 모든 구성원이 함께 방향을 공유하고, 책임과 권한을 나눠가질 수 있도록 해야 한다.

"사람이 중심이다"라는 철학을 잊지 않는 것이 진짜 경쟁력이다.

핵심인재 관리를 위한 인사관리와 인사평가 제도
제1장 조직에서 필요한 인사관리

스타트업, 대기업 신규조직에서 인사의 핵심은 "초기 설계"다.

초기에 무엇을 기준으로 사람을 뽑고, 어떻게 목표를 공유하며, 성과를 어떻게 판단하고 보상할지에 대한 원칙을 세우면 성장기에 흔들리지 않는 강한 조직이 만들어질 것이다. 이러한 것은 유연한 시스템으로 활용하여 수시로 변경되는 조직 프로세스를 정립하는 것이 중요하다.

인사관리(Human Resource Management, HRM)의 목적은 단순히 사람을 채용하고 평가하는 것을 넘어서, 조직의 전략적 목표를 달성하는 동시에 구성원의 성장을 지원하는 데 있다.

기본적인 인사 운영관리는 인사제도의 효율적인 실행과 일상적인 인사 실무 전반을 체계적으로 관리하는 프로세스이다.

인사 운영관리 방안에서 기본으로 수립해야 하는 조직 및 인력 구조의 체계적인 관리이며, 정원 관리를 통한 인력계획을 수립하여 적정 인력 확보 및 운영에 필요한 인적 자원을 효율적으로 배치한다.

유연한 조직 운영을 위한 보직 관리, 프로젝트팀 구성하여 조직의 목적에 부합하는 조직 구성이 되어야 한다.

정원 관리를 통해 채용인원 확정과 배치 프로세스를 정립 해야 하며, 체계적인 채용 프로세스 운영하여 공고 서류심사 면접 검증 입사 등 조직에서 효율적인 채용 프로세스를 구축하여 조직의 체계를 수립한다.

인사 운영 환경에서 근태, 급여, 복리후생 제도화하여 운영을 효율화 하고 근태관리 자동화 시스템 도입하여 조직원이 출퇴근 휴가 재택근무등 제도 내에서 원활히 근무하는 환경을 조성하여 유기적인 조직체계를 구축하여야 한다.

성과와 역량 기반의 공정한 평가와 보상은 기업을 더욱 성장하는 데 가장 중요한 역할을 한다. 성과를 정확히 측정하고 이를 바탕으로 적절한 보상과 승진 기회를 제공하여 동기 부여 환경 구성과 개인, 조직이 건강하게 발전할 수 있도록 한다. 정기적인 피드백과 성과 리뷰를 통해 직원들에게 투명성을 유지하며 기업의 목표에 부합하는 제도를 제시하여야 한다.

인사운영 기본 관리에서 정원관리 등 조직관리의 확장관리 영역으로 성장하는 조직에서 인사기획 관리 방안이 필요하다.

중장기 인력계획 수립으로 조직의 비전과 경영계획에 따른 5년, 3년, 1년 단위의 인력 수요예측이 필요하며 정원 관리 기준 수립을 구성할 필요가 있다. TO 관리, 적정 인력 분석 등 신사업분야, 자동화 등 환경 변화에 따른 인력 재편성, 시뮬레이션을 구축하여 조직운영에 대한 예측을 통해 적재적소에 인력배치가 가능할 수 있도록 준비해야 한다.

기업이 성장하고 전문화 되어 가기 위한 직무 및 조직 구조 설계는 기업과 개인의 역량을 발휘하는 구조가 필요하다.

직무 분석을 통해 직무 기술서와 역량 모델을 정의 하고, 조직 개편 또는 확장 시 직무 단위로 구조 설계 및 정원 배분, 효율성과 유연성을 동시에 고려한 하이브리드 조직 운영방식 설계가 되면 조직의 효율성이 높아진다.

이러한 인사운영과 인시기획으로 기업과 개인의 성과에 직결하는 성과관리와 역량 기반 HR 전략기획이 필요하다.

성과관리체계와 인사기획의 연계를 통해 보상 및 승진 기준을 정의하여 핵심인재와 저성과자를 구분 관리하여 성과 극대화와 저성과자의 교육, 직무변경을 통해 인력에 대한 누수가 없게 해야 한다.

핵심역량 매트릭스를 바탕으로 교육 관리, 배치, 승진 경로 설계를 하여 HR 데이터를 기반으로 한 인사 전략 인사이트를 확보하게 되면, 데이터는 기업에 의사결정 정보로 중요한 역할을 하며 데이터 기반 조직관리 인사정책 수립의 의사결정 자료로 활용할 수 있다.

이러한 프로세스와 정책 정의 실현은 이러한 프로세스와 정책의 정의와 실현은 HR 테크기반으로 하는 인사시스템, 인사평가 시스템 활용을 통해 인력통계, 조직도, 경력 정보 등 실시간 관리의 필요성이 있다.

데이시보드 구성으로 주요 지표 자동 추적과 정원대비 현원, 이직률, 교육 이수율 등을 관리하여 효율적인 정책을 수립할 수 있다. 이러한 데이터 기반 의사결정 자료는 경영진의 보고자료 인사정책 수립에 상당히 중요한 정보가 된다.

제1절 인사관리의 기능적 요소

인사관리의 기능은 운영적 관점과 전략적 관점으로 구분되며, 이는 전략적 인사관리의 효과적인 수행을 지원하기 위한 실무적 운영 기반을 의미한다.

인사관리의 운영적 관점과 전략적 관점

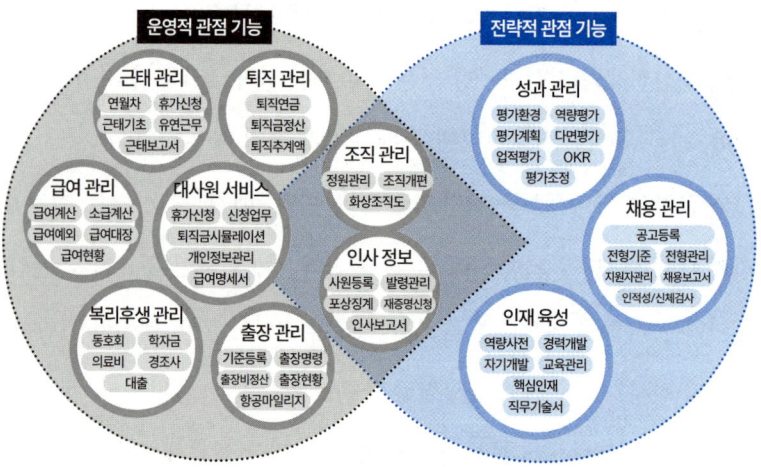

• 인사관리 업무기능 구성도 •

인사 운영적 관점에서 조직관리 기능은 회사의 조직 구조, 직무 체계, 부서 및 인력 구성을 체계적으로 관리하고, 이를 바탕으로 인사, 평가, 보상, 승진 등 다양한 HR 기능이 연동될 수 있도록 기반을 제공하는 핵심 기능 중 하나이다.

조직관리는 단순한 부서명 정의를 하는 것이 아닌 인사 업무의 흐름과 권한 체계, 보고라인, 업무분장을 실질적으로 반영하고 연결하는 핵심 운영 도구이다.

회사의 조직 구조 및 조직 단위 본부, 부서, 팀 등을 정의하고, 그에 속한 인력의 배치, 직무/직책 관계, 보고 체계 등을 시각적·체계적으로 관리하여 기업의 조직은 체계적으로 업무 프로세스를 완성할 수 있다.

제2절 조직관리 기능의 주요 요소

기능 영역	설명
조직 구조 관리	회사의 전체 조직도를 생성/관리 (예: 본부-부서-팀-파트 등 계층 구조 설정)
조직 단위 등록/변경/삭제	새로운 부서 생성, 부서명 변경, 조직 개편 등 실시간 반영
직무(Job) 체계 관리	직무 분류 체계 정의 및 관리 (예: 개발직, 영업직, 관리직 등)
직책(Position) 관리	팀장, 본부장 등 직책 정보와 권한 설정
조직원 배치	직원이 어떤 조직/직무/직책에 속해 있는지 설정 및 이력 관리
조직도 시각화	부서별 구성원, 보고 체계 등이 나타나는 조직도 자동 생성
조직 변경 이력 관리	조직 개편 내역 및 이력 추적 가능
권한 설정	부서장/관리자별 인사권한 설정 (예: 하위 조직 열람, 승인 권한 등)

제3절 조직관리 기능이 필요 이유

활용 영역	설명
평가 시스템 연동	조직 기반으로 평가 대상 자동 지정, 상사 평가자 자동 연결
전자결재 라인 설정	보고/승인 권한 자동 지정
조직별 인사통계	부서별 인원수, 연령, 직급 통계 등
보상/성과 연계	조직단위별 성과 측정 후 인센티브 반영
인사발령	조직 이동, 전보 등 인사변경 처리 가능
시각적 커뮤니케이션	전체 조직 흐름 파악, 신입직원 교육 자료로 활용

조직관리에서 가장 기본사항으로 사원 정보 관리는 입사부터 퇴사까지 직원 개개인의 정보를 시스템에 등록·관리하는 기능이다. HR의 가장 기본이자 핵심적인 기능으로 직원의 정보를 처음부터 끝까지 관리하는 역할을 한다. 이 정보는 급여, 평가, 교육, 보상, 발령 등 HR 기초 데이터이며 매우 중요한 정보가 된다.

세부적으로 사원등록관리를 통한 인적 사항, 경력/자격 사항, 포상, 교육 이력, 가족, 학력 사항을 등록 하여 사원정보 기본 관리를 한다. 이러한 정보는 급여, 복리후생, 연말정산에 활용되며 전략적 운영 요소에서 회사의 기본 데이터로 활용된다.

인사정보 사원 정보관리의 주요 관리 항목

항목 구분	주요 내용
기본정보	사번, 이름, 주민번호, 사진, 연락처, 이메일, 주소 등
인사정보	입사일, 고용형태(정규/계약/파견 등), 직위, 직책, 부서, 조직배치
학력 및 경력	최종학력, 전공, 자격증, 외부 경력
급여정보	호봉, 급여구간, 급여계좌, 세금 공제 항목, 연봉
4대 보험	건강보험, 국민연금, 고용보험, 산재보험 가입여부 및 번호
근태정보	근무형태(정규근무/교대제 등), 근로시간, 근태 그룹
계약 및 발령 이력	고용계약서, 인사발령 기록, 직무 변경 이력
가족사항	배우자, 자녀, 보호자 연락처 등
퇴사정보	퇴사일, 퇴사 사유, 퇴직금 정산 여부 등

인사정보 중 사원 정보관리는 적재적소에 인력을 배치하고 적절한 인사 결정을 내리는 데 필수적인 데이터로 활용된다.

직원의 근속연수, 직책, 직급, 근태정보 등을 관리하여 급여 및 복리후생에 오차를 방지하여야 한다. 급여 산정의 근거가 되는 정확한 사원 정보는 직원의 만족도와 신뢰도에 큰 영향을 미치는데 부정확한 인사정보로 인한 착오는 기업의 신뢰의 큰 영향을 미친다.

종합적으로 사원정보는 조직 운영의 핵심 자산이며 정확하고 효율적으로 관리하는 것이 기업의 경쟁력을 높이고 지속 가능한 성장을 위한 필수적 요소이다.

제2장 인사관리의 전략적 측면

전략적 인사관리는 조직의 장기적 비전과 경영전략에 맞춰, 인적자원 계획, 확보, 개발, 유지, 활용을 통합적으로 설계하고 실행하는 인사관리 방식이다.

인사관리의 전략적 측면은 단순히 직원의 채용, 평가, 급여 등 관리업무를 넘어서, 조직의 비전과 목표 달성에 기여하는 전략적 파트너로서의 역할 이며 이제 HR은 "운영 기능"이 아닌 경영전략 실현을 위한 핵심 기능으로 자리 잡고 있다.

전략적 인사관리의 핵심 요소

전략 요소	설명
인적자원 전략 정렬	기업의 경영전략(예: 글로벌화, 디지털 전환 등)에 맞춰 인재 전략을 수립
조직성과와 연계된 HR 운영	인사 제도와 KPI, 성과보상제도, 조직문화가 일관되게 연결
핵심인재 확보 및 유지	기업 성장에 필요한 우수 인재를 식별하고 장기적으로 육성
미래 대응형 인재개발	빠르게 변화하는 시장에 대응 가능한 리더십, 디지털 역량 강화
데이터 기반 인사 의사결정	HR Analytics, 인재 예측 등 과학적 접근 도입
조직문화 및 변화관리	유연한 조직문화, 수평적 커뮤니케이션 기반 조성
리더십 및 승계계획 (Succession Planning)	미래 경영자군 양성 및 리스크 관리

제1절 인재육성

기업의 전략에 맞는 인재를 선발하고, 체계적인 교육, 경력개발, 리더십 훈련, 직무 로테이션 등을 통해 조직의 성과와 개인의 성장을 동시에 추구하는 전략적 HR 기획과 계획이다.

인재육성 계획의 핵심 구성 요소

영역	내용
육성 목표 설정	기업 비전과 전략에 맞는 인재상 정의 (예: 글로벌 인재, 디지털 인재 등)
인재군 분류	신입/주니어, 중간관리자, 핵심인재, 차세대 리더 등으로 구분
역량 진단	직무역량, 리더십역량, 디지털역량 등을 평가
육성 프로그램 설계	온보딩, 직무교육, 리더십 교육, 외부 교육, e-learning, 코칭 등
실행 및 운영	연간 교육 계획 수립, 과정 운영, 이수 관리
성과 측정 및 피드백	교육 ROI 분석, 역량 변화 측정, 후속 육성 계획 연계

성공적인 인재육성을 위한 조건으로 적극적인 경영진 참여가 중요하다. 리더가 인재 육성에 관심을 가지고 지속적인 피드백을 가지면 성과가 커지는 결과가 있다. HRD와 인사연계를 통해 교육 평가 보상 승진과 연결되어야 동기 부여가 발생한다. 데이터 기반 운영하여 역량 진단과 육성 효과를 수치로 분석 활용 하여야 한다.

제2절 인재육성 계획의 실행

인재군	육성 전략	설명
신입사원	조직 적응	온보딩 교육, 기업문화 이해, 멘토링
주니어급	직무 전문성 강화	직무별 교육, 자격증 취득, 현장 OJT
중간관리자	리더십·성과관리	성과관리 워크숍, 코칭 교육
핵심인재/ 차세대 리더	전략적 육성	외부 MBA, 프로젝트 리더십, 직무 순환, 경영진 멘토링

인재육성 로드맵 예시 커리큘럼(3년 계획)

연차	육성 대상	교육 목표	주요 커리큘럼(예시)
1년차	신입/주니어	조직 적응 및 직무 기초	• 온보딩 프로그램 • 기업 문화 이해 • 커뮤니케이션 스킬 • 기본 직무 교육(부서별) • 멘토링제도 운영
2년차	주니어	직무 전문성 강화 및 자기주도 업무 수행	• 직무 심화 교육 　(예. 영업, 개발, 기획 등) • 프로젝트 실습 • 문제해결 및 분석력 향상 • 사내 전문가 특강 • 자격증 취득 지원
3년차	핵심인재 후보 /리더 후보	리더십 역량 강화 및 차세대 리더 육성	• 리더십 기초 　(성과관리, 코칭, 갈등관리) • 전략적 사고/비즈니스 이해 • 사내외 MBA/경영교육 • 부서 간 협업 프로젝트 • 1:1 코칭/피드백

제3장 인사평가관리 개념

주요 핵심 사항은 '무엇을, 누가, 왜 평가하고, 그 결과를 어떻게 활용할 것인가'에 대한 명확한 설계로 완성된다.

인사평가관리의 기본 개념은 직원의 성과와 역량을 공정하고 체계적으로 평가하여 조직의 목표를 달성하는 데 필요한 인사적 결정을 지원하는 것을 목표로 한다.

직원의 성과를 공정하게 평가하여 보상, 승진 경력 개발 등의 의사결정을 지원하고 조직과 개인의 목표를 조화롭게 연결하여 생산성과 동기 부여를 향상 시킬 수 있다.

인사평가관리의 목적으로 업무 수행 결과를 피드백하여 지속적인 개선 유도로 성과 향상을 할 수 있으며, 평가 결과를 기반으로 차등 보상 실현으로 공정한 보상을 실현이 가능하다.

개인별 역량 분석을 통해 교육 및 개발 방향 설정을 하여 인재 육성에 도구로서 활용하며 인력에 대한 적재적소에 배치하여 이동, 승진 직무 재배치에 기초 데이터가 되며 평가 결과 고성과자 핵심인재 구분 되고 조직의 문화가 연결되어 조직의 방샹성이 공유 되고, 이러한 요소는 기업이 성장하기 위한 필요한 요소이며 경영진의 목표를 직원이 공유하여 동일한 방향을 갖게 된다.

제1절 인사평가의 중요 요소

인사평가의 중요 요소는 평가의 신뢰성, 공정성, 효율성을 높이고 평가 결과의 활용도를 극대화하기 위해 반드시 갖추어야 할 필수적인 요소이다.

1. 명확한 평가기준
- 평가기준은 객관적이고 구체적이며 명확해야 한다.
- 업무 성과, 목표 달성도, 태도와 같은 기준이 명확히 제시되어 평가자와 피평가자가 동일하게 이해해야 한다.

2. 공정성(Fairness)
- 평가 과정과 결과가 편견이나 주관적 요소 없이 공정해야 한다.
- 평가자의 편견이나 개인적 감정을 배제하기 위한 객관적인 시스템과 기준이 필요하다.

3. 객관성(Objectivity)
- 평가가 특정 평가자의 주관적 견해에 치우치지 않고 객관적인 데이터를 기반의 객관성.
- 다면 평가, 정량적 지표 활용 등을 통해 객관성을 확보.

4. 신뢰성(Reliability)
- 평가 결과가 일관되고 신뢰할 수 있어야 한다.
- 동일한 상황에서 반복 평가 시에도 유사한 결과를 도출할 수 있어야 한다.

5. 타당성(Validity)

- 실제 업무 수행 능력과 성과를 정확히 반영하는 평가 도구와 방법을 사용해야 한다.
- 평가의 목적에 부합하며, 결과가 인사 운영과 성과 개선에 유의미하게 활용될 수 있어야 한다.

6. 평가자 교육 및 역량

- 평가자가 평가의 목적, 방법, 기준을 충분히 이해하고 평가기술을 갖추도록 지속적으로 교육해야 한다.
- 평가자의 역량에 따라 평가의 품질과 신뢰성이 크게 좌우된다.

7. 의사소통(Communication)

- 평가자와 피평가자 간의 충분한 의사소통과 피드백이 이루어져야 한다.
- 평가 결과에 대해 설명하고, 피드백을 통해 직원의 성장을 지원할 수 있어야 한다.

8. 평가 결과 활용성

- 평가 결과는 인사관리 전반(보상, 승진, 교육, 배치)에 실질적으로 활용되어야 한다.
- 평가의 결과가 실제로 직원 동기부여와 성과 향상으로 연결되어야 한다.

9. 지속성 및 일관성
- 평가는 일관된 주기로 꾸준히 이루어져야 한다.
- 평가의 기준과 방법이 상황에 따라 크게 변하지 않고 일관성을 유지해야 한다.

이러한 요소들을 잘 갖추었을 때 인사평가는 신뢰 받고 효과적인 조직 운영 도구로 자리 잡게 된다.

중소기업에서 성과평가는 기업이 성장하고 발전하는데 가장 중요한 요소로 자리하고 있다. 성과평가는 인사관리의 핵심으로, 구성원이 설정된 목표를 얼마나 달성했는지, 어떤 방식으로 성과를 냈는지를 정량적·정성적으로 평가하는 제도이며 기업에서 필요적인 요소라 할 수 있다.

제2절 성과평가의 목적

성과평가는 조직 구성원의 업무 수행 결과 달성 수준을 체계적으로 평가하여, 보상, 승진, 교육, 배치 등 인사 의사결정에 반영하는 중요한 지표가 된다.

조직과 개인이 함께 성장할 수 있도록 직원의 업무 수행 능력과 성과를 체계적이고 공정하게 평가하여, 이를 통해 조직의 성과를 극대화하고 인적자원을 효율적으로 관리하는 것이며, 구체적으로 다음과 같은 목적을 갖는다.

성과 관리 목적

중장기 비전 및 전략 달성

▲

조직 역량 향상

▲

개인 성과 향상

▲

성과에 대한 지속적 관리

- 성과 관리는 개인성과 향상을 통해 조직역량 향상을 도모하는 과정으로 이해
- 성과 관리의 최종 목적은 중장기 비전 및 전략 달성의 인적 기반을 구축하는 것

▼

성과 관리 원칙

I	개인성과와 조직성과 간 연계성 강화

- 개인업적과 동시에, 구성원들의 협업 성과를 측정하여 성과관리 시야를 조직 수준으로 확장

II	성과관리 도구의 객관성, 타당성 확보를 통한 수용성 제고

- 평가 결과가 구성원들의 바람직한 행동 변화를 유도할 수 있도록, 개인평가 제도 자체의 객관성 및 타당성을 제고

III	개인성과 향상에 대한 관리자의 육성 책임 강화

- 구성원들이 관리자들의 코칭 및 피드백을 통해, 업무 수행 과정 중에서 지속적 역량 강화가 가능하도록 성과관리 프로세스를 강화

IV	성과관리에 몰입 가능한 조직 분위기 조성

- 성과관리의 실질화를 위해 사람/제도/시스템 차원의 지원 방안을 수립하고, 개인평가 제도와 기타 HR 제도와의 연계성을 강화

핵심 목적으로는 조직의 목표 달성 촉진을 위한 구성원의 업무성과가 조직의 전략적 목표 달성과 일치 하고 개인과 조직의 목표를 연계하여 조직의 성과를 극대화 하여야 한다.

공정하고 객관적인 성과 측정으로 개인의 성과와 역량을 객관적으로 측정하고 평가하여 평가 기준의 투명성을 확보하여 직원들의 신뢰를 높이고 기업의 체계를 확보한다. 이러한 기반으로 직원 역량 파악 및 개발하여 직원의 역량 수준을 진단하고 강점 및 개선점을 명확히 하여 평가 결과를 기반으로 개인별 맞춤형 역량개발 계획을 수립한다.

성과와 보상의 연계 하여 평가 결과에 따라 공정한 보상을 제공하여 직원의 동기 부여를 강화하고 성과급, 승진, 보상 결정의 투명성과 합리성을 높여 직원의 동기 부여 및 만족도 향상을 위한 평가 과정에서의 공정한 피드백과 인정으로 직원들의 업무 동기를 증진시키며, 개인의 업무 만족도를 높여 조직몰입도를 강화한다. 평가 데이터를 활용해 조직 내 적합한 인력 배치를 지원하고 미래 핵심인재를 조기에 발견하여 리더십 육성과 승계 계획 수립하여 조직문화 강화를 위한 성과 중심적이며, 공정하고 객관적인 조직문화를 정착하고 열린 소통과 투명한 평가 문화로 조직 신뢰도를 향상시킨다. 데이터 기반 인사 의사결정 지원으로 인사 관련 의사결정을 주관적 판단이 아닌 평가 데이터에 기반하여 합리적으로 수행이 가능하여 승진, 채용, 퇴직, 교육훈련 등 주요 인사결정의 효율성과 객관성을 확보 할 수 있다.

제3절 인사평가 제도 수립

인사평가 제도의 수립은 조직이 체계적으로 인력을 관리하고 개인의 역량과 성과를 평가해 조직 목표 달성에 기여하기 위해 매우 중요한 과정이다. 효과적인 인사평가 제도를 수립하는 단계와 방법을 아래와 같이 정리한다.

1단계: 인사평가 목적 및 방향 설정
- 평가 목적 명확화
- 조직 목표와의 연계

2단계: 평가 대상과 평가 주기 결정
- 평가 대상
- 평가 주기 설정

3단계: 평가 기준 및 방법 개발
- 평가기준 선정
- 평가 방법 선정
- 평가 도구 및 양식 설계

4단계: 평가자 선정 및 교육
- 평가자 선정

  평가 권한과 책임이 있는 평가자를 정하고 평가단을 구성한다.

- 평가자 교육

  평가의 목적과 기준, 평가 방법 등을 충분히 숙지할 수 있도록 평가자 교육을 실시한다.

5단계: 인사평가 운영 및 관리

- 평가 실시

  평가 일정에 따라 평가를 진행하고, 평가 과정의 투명성과 공정성을 관리한다.

- 모니터링 및 조정

  평가과정을 모니터링하고 평가자의 편향성을 줄이기 위한 중간 점검을 실시한다.

6단계: 평가 결과의 활용

- 피드백 제공

  평가자와 피평가자 간 개별 면담을 통해 평가 결과에 대한 상세한 피드백을 제공한다.

- 결과의 활용

  평가 결과를 승진, 급여 조정, 성과급, 교육훈련, 직무 재배치 등에 활용한다.

7단계: 제도 평가 및 개선

- 평가 제도의 정기적 점검

  제도의 타당성과 공정성, 만족도를 정기적으로 평가하여 개선 사항을 도출한다.

- 지속적 개선 및 업데이트

  변화하는 조직 환경과 요구에 따라 평가 기준, 방법, 절차를 지속적으로 보완 및 업데이트가 필요하다.

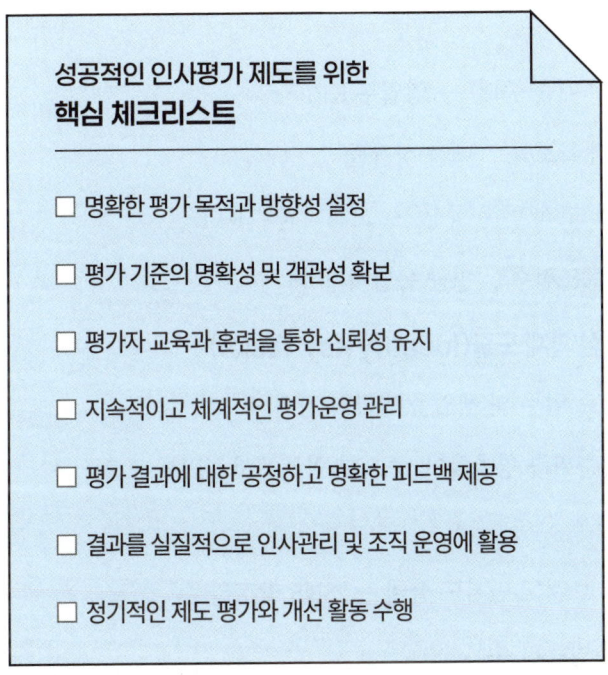

이러한 체계적인 접근을 통해 수립된 인사평가 제도는 조직과 구성원의 동반 성장 및 지속 가능한 경쟁력 확보에 큰 기여를 할 수 있다.

제4절 부서별 KPI 선정 프로세스

1. 전략적 목표 명확화(Align with Strategy)

회사의 전략적 목표와 비전을 먼저 명확히 한다.

각 부서가 전략 목표에 어떻게 기여할 수 있는지 구체적 파악

예시)

전략목표: "매출 증대" → 영업부 KPI:

"신규 고객 확보율", "매출 성장률"

전략목표: "고객 만족 향상" → 고객지원부 KPI:

"고객 만족도 점수", "평균 응답시간"

2. 부서별 핵심 과제 도출(Identify Key Tasks)

부서의 주요 업무 및 책임을 명확히 정열

업무 우선순위를 평가하여, 중요한 업무에서 KPI를 도출

예시)

마케팅부: 브랜드 인지도 확대 → "SNS 팔로워 수",

"웹사이트 방문자 수"

생산부: 품질 및 효율성 향상 → "불량률", "생산가동률"

3. SMART 원칙에 따라 KPI 설정

부서 KPI는 다음과 같은 SMART 원칙을 준수하여 설정한다.

요소	설명	예시
S(Specific)	구체적이고 명확한가?	고객 클레임 감소율(구체적)
M(Measurable)	측정 가능한가?	생산량 증가율(%)
A(Achievable)	현실적이고 달성 가능한가?	전년 대비 매출 10% 성장
R(Relevant)	회사 목표에 관련된가?	신규 고객 계약 체결률
T(Time-bound)	명확한 기한을 설정했는가?	분기별 직원 교육 이수율

4. 이해관계자와의 협의 및 합의(Stakeholder Alignment)

KPI를 최종 확정하기 전, 각 부서장 및 실무자의 의견을 충분히 반영하고, 부서 KPI에 대한 조직 내 합의를 통해 실행력 높인다.

5. KPI 문서화 및 명확한 커뮤니케이션

(Documentation & Communication)

최종적으로 결정된 KPI는 문서화하여 조직 전체가 쉽게 접근할 수 있도록 공유하고, KPI 관리 시스템 입력하여 지속적으로 모니터링한다.

6. 정기적 모니터링 및 피드백(Monitoring & Feedback)

KPI 실적을 정기적으로 점검하여, 달성 여부와 문제점을 분석하고, 피드백 루프를 통해 부서와 직원의 성과를 지속적으로 관리하고 개선으로 성과 향상에 기여한다.

제4장 인사평가시스템 활용

인사평가시스템(HR Performance Management System)은 직원의 업무성과와 역량을 체계적으로 관리하고 평가하기 위한 디지털 솔루션으로, 평가 과정의 효율성과 공정성, 신뢰성을 높이고 평가 결과의 활용도를 극대화할 수 있다.

제1절 인사평가시스템의 주요 기능

1. 목표 및 성과 관리

- 목표 설정 및 관리(MBO)
- 성과지표(KPI) 설정 및 관리
- 업무성과 실시간 모니터링 및 분석

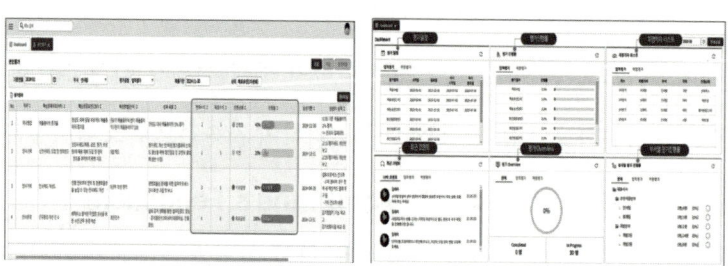

목표 설정 및 관리 및 실시간 모니터링 분석

2. 평가 프로세스 관리

- 평가 일정 및 프로세스 관리
- 평가양식 설계 및 평가 기준 관리
- 평가진행 현황 실시간 확인

평가 프로세스 관리

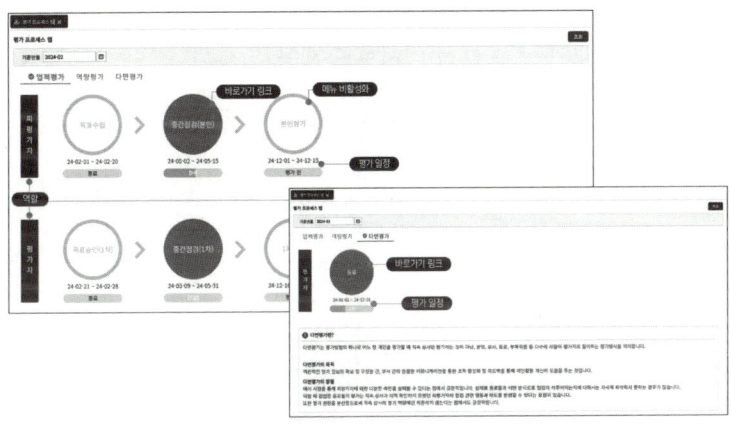

3. 다면평가(360도 평가)

- 다수 평가자(상사, 동료, 부하직원, 본인) 참여를 통한 평가
- 평가자 간 편차 분석 및 신뢰도 확보

4. 역량평가 및 역량관리

- 역량모델 관리 및 역량기준 평가
- 개인별 역량 분석을 통한 인재육성 계획 수립 지원

5. 자동화 및 디지털화

- 평가 결과 자동 집계 및 분석
- 평가기록 및 결과 데이터베이스화
- 클라우드 기반 시스템을 통한 접근 편의성 증대

6. 보고서 및 통계 분석

- 평가 결과 및 추이 분석 리포트 생성
- 조직 및 개인 성과 분석 대시보드 제공
- HR전략 수립을 위한 인사이트 제공

평가결과 활용

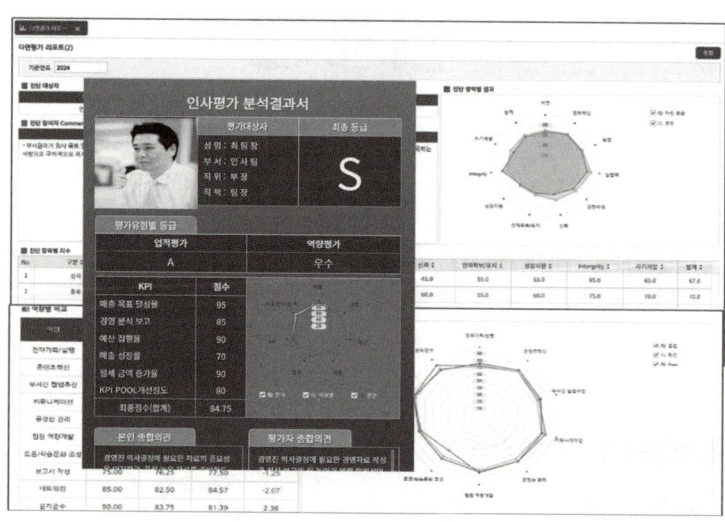

인사평가시스템은 조직의 인사평가 목적과 제도를 명확히 설정하는 것이 중요하다. 평가 기준과 항목을 구체적으로 정의하고, 시스템의 유연성과 확장성을 갖추는 것은 조직의 성과 향상뿐만 아니라 직원 개인의 성장과 만족도 향상에도 크게 기여하며, 이러한 인사평가시스템은 조직이 보다 효율적이고 공정하며 성과 중심적인 문화를 구축하는 데 필수적이고 효과적인 도구로 활용될 수 있다.

인사평가는 단순한 직원 성과 측정이 아니라, 조직의 전략적 목표 달성과 직원 성장 촉진, 공정하고 효율적인 인사관리를 위한 핵심 도구이다. 이는 기업이 지속 가능한 성장과 체계적인 운영 기반을 마련하는 데 있어 가장 기본적이고 필수적인 요소이며, 기업은 이에 걸맞는 최적의 제도와 시스템을 사용하길 바란다.

부록

투자유치 준비를 위한
전문 분야별 확인 사항

- 기업가치평가는 투자유치를 위한 기초 자료이자, 공정한 거래 가격 결정, 법적 분쟁 예방, 세무 및 회계적 필요성 등 다양한 이유로 필요한 사항입니다. 기업가치평가는 준비 단계부터 실사, 평가방법 선정 및 적용, 매출 및 비용 추정, 할인율 결정, 가치 산정 및 보고서 작성에 이르는 체계적인 절차를 통해 이루어집니다.

- 기업가치평가는 공인회계사, 변호사, 세무사, 감정평가사, 노무사, 투자은행 전문가, 경영컨설턴트 등 다양한 전문가들의 협업을 통해 수행됩니다. 각 전문가는 자신의 전문 영역에서 기업가치평가에 필요한 정보를 제공하고 분석하여 종합적인 기업가치를 산정하는 데 기여합니다.

- 아래의 내용은 기업가치평가를 위해 주요 전문가 직군 및 업무 내용을 정리한 것입니다. 투자유치를 포함하여 기업가치평가가 필요한 기업에서는 아래의 내용을 참고하여 기본적으로 필요한 자료를 준비하시기 바랍니다.
또한 각 분야의 전문가들과 심도 있는 논의를 통해 제대로된 기업가치평가와 원활한 투자유치에 도움을 받아 보시기 바랍니다.

- 답다는 분야별 전문가 그룹이 기업가치평가와 투지유치를 위해서 체계적인 서비스를 제공하고 있습니다. 고객사의 목적과 취지에 따라 특정 영역에 국한된 방식의 기업가치평가도 가능하니, 답다의 전문가와 함께 준비해 보시기 바랍니다.

1. 재무실사 및 기업가치평가(공인회계사 업무 분야)

주요 업무

- 과거 3~5년간의 재무제표 검토
- 현금흐름 분석 및 예측
- 부채 규모 및 상환 계획 검토
- 운전자본 분석
- 자본지출 계획 검토
- 주요재무비율 분석
- 비상장주식 가치평가(DCF, 상증세법)

재무실사 및 기업가치평가 체크리스트

✅ **재무실사 체크리스트**

　가. 일반사항

- 산업 현황 검토
- 사업구조 및 value chain 분석
- 인사, 조직현황 및 급여 정책 검토
- 영업사항 및 시장 현황 검토
- 통제활동 검토

나. 재무상태표

- 분석적 검토
- 현금성자산 실재성 및 평가 적정성
- 매출채권 적정성, 회수 가능성
- 적정재고수준 및 관리, 평가
- 유형자산 생산능력 및 무형자산의 권리, 자산성
- 매입채무 완전성 및 지급정책
- 차입금의 완전성 및 조건
- 퇴직급여 정책
- 우발부채 발생 위험
- 자본의 구성 현황

다. 손익항목

- 매출 Key drive 및 성장성
- 매출원가 변동요인 및 수익성
- 판매관리비 변동요인 및 수익성
- 법인세 비용

라. 현금흐름

- 현금 창출능력 및 필요현금
- 비영업 현금흐름

마. 세무
- 세액 신고의 적정성
- 세무관련 부채 계상의 적정성
- 조사, 소송, 분쟁 현황 및 잠재적 이슈

기업가치평가 체크리스트

가. 재무성과 및 경영환경 분석
- 거시경제 분석
- 산업분석
- 과거 실적분석

나. 현금흐름 및 자본비용 추정
- 매출 및 원가, 비용 추정
- 투자비 추정
- 운전자본의 변동 추정
- 추정재무제표 작성
- 잉여현금흐름 추정

다. Valuation
- 영업가치 추정
- 비영업가치 추정
- 기업가치 산정
- 타인자본 및 주주가치 산정

라. 시너지, 민감도 등 분석

2. 사업분석(감정평가사 업무분야)

주요 업무

- 부동산 및 유형자산 가치평가
- 무형자산 가치평가
- 자산가치 접근법 적용
- 시장가치 산정
- 감정평가 보고서 작성

사업분석 체크리스트

✅ 부동산 평가 관련 체크리스트

- 소유 부동산 소재지
- 유형자산 재고 리스트(품명, 취득가, 취득일 등)

✅ 무형자산 관련 체크리스트

- 설립 이후 최근까지 제품별/고객별 매출 실적
- 주요 매입처 내역(매입 규모/조건, 채무 잔액)
- 올해 분기별 부가 가치세 신고서
- 3개 년치 손익계산서, 재무제표
- 사업자등록증
- 특허의 경우 특허 등록증
- 특허 관련 내용 정리 내용
- 수주 계약 등 현재 확보된 추가매출 예정 사항
- Value chain, 회사의 제품/서비스 판매 경로

3. 법률 및 규제(변호사 업무 분야)

주요 업무

- 법률 실사(Legal Due Diligence) 수행
- 계약 검토 및 협상
- 규제 및 인허가 관련 자문
- 합병계약서 작성 및 법적 절차 자문

법률 및 규제 분야 체크리스트

✓ 지배구조 관련 사항
- 주주 간 계약서
- 의결권 행사 관련 약정
- 경영권 관련 특별 약정
- 이사회 구성 및 운영 현황
- 지배구조 관련 분쟁 여부

✓ 인사관련 사항
- 임직원 현황 및 조직도
- 급여 및 복리후생 제도
- 인사규정 및 취업규칙
- 주요 임원의 고용계약서
- 노동 관련 분쟁 및 소송 현황

✅ 계약 관련 체크리스트

가. 주요 계약

- 주요 거래처와의 계약서
- 공급 및 판매 계약서
- 합작투자 계약서
- 라이선스 계약서
- 프랜차이즈 계약서

나. 금융 관련 계약

- 대출 계약서
- 보증 계약서
- 담보 설정 계약서
- 리스 계약서

다. 기타 계약

- 컨설팅 계약서
- 용역 계약서
- 보험 계약서
- 비밀유지계약서

✅ 소송 및 분쟁 관련 체크리스트

가. 진행 중인 소송

- 민사소송 현황
- 형사소송 현황
- 행정소송 현황
- 중재 및 조정 현황

나. 잠재적 분쟁 가능성

- 클레임 및 민원 현황
- 소송으로 발전 가능한 분쟁 사항
- 규제기관의 조사 또는 제재 가능성

4. IP(지식재산권) 자원(변리사 업무 분야)

✅ 지식재산권 관련 체크리스트

가. 특허권

- 특허 등록증 및 출원 현황
- 특허권 라이선스 계약
- 특허 관련 분쟁 현황
- FTO(자유실시분석) 수행 현황
- 특허-제품/서비스 매칭표

나. 상표권

- 상표 등록증 및 출원 현황
- 상표 사용 현황 및 실사용 상표 확인
- 상표권 라이선스 계약
- 상표 관련 분쟁 현황
- 상표-제품/서비스 매칭표

다. 저작권 및 기타 지식재산권

- 저작권 등록 현황
- 소프트웨어 라이선스 현황
- 영업비밀 보유 및 보호 조치 현황

답다 서비스 소개

답다는 각 분야의 전문가들이 함께 만든 기업전문 서비스입니다.

창업과 경영에는 복잡한 문제들이 항상 존재합니다. 이러한 문제들은 기업 내에서 해결하기 어렵고, 전문가를 잘 활용하는 것이 기업의 성장에 도움이 됩니다.

하지만 기업에서는 문제가 발생할 때마다 전문가를 찾는 어려움이 있습니다. 또한 경영의 복잡한 문제는 한 분야의 전문가로 해결하기 어렵기 때문에 관련된 전문가를 찾고 각 분야별 전문가들의 협력을 이끌어 내야하는 어려움까지 가중되는 것이 현실입니다.

그래서 답다는 기업을 위한 필수 영역 전문로 구성된 서비스를 만들었습니다. 창업부터 성장까지 전문가들의 통합 서비스를 제공하고 있습니다.

또한 매월 무료 온라인 세미나를 통해 기업의 성장을 위한 방안을 제시하고 있으며, 공공기관 및 대학교 등의 기업지원 프로그램과 연계하여 교육과 컨설팅을 제공하고 있습니다.

창업과 기업성장을 위한 교육 및 컨설팅이 필요하시면,
답다 홈페이지 dapda.kr에 요청해 주시거나,
dapda.kr@gmail.com으로 연락 주시기 바랍니다.

생존기(창업 1~3년) 주요 서비스

- 사업 아이디어 기획 및 검증 ⊙ 사업 모델 평가, 시장 조사, 경쟁력 분석, 비즈니스 계획서 작성 등
- 법무 및 법률 ⊙ 사업자 등록, 기업 구조 설정, 계약서 검토 등
- 세무 및 재무 ⊙ 세금 처리 최적화 방안, 회계 시스템 설정, 자금 조달 방안 등
- 특허 및 지적재산권 ⊙ 특허 출원, 상표 등록, 기술 자산 확보 및 관리 등

성장기(3~7년) 주요 서비스

- 인력 관리 및 노무 ⊙ 채용 프로세스 구축, 인사 정책 수립, 노동 법규 준수 방안 등
- 투자유치 ⊙ IR 전략 및 자료 개발, 투자자와의 협상 지원 등
- 세일즈 및 마케팅 ⊙ 시장확대 및 고객 발굴 전략, 마케팅 최적화 등
- 정부 지원사업 활용 ⊙ 정부 지원 프로그램 신청, 보조금 확보 방안 등

도약기(7년 이상) 주요 서비스

- 경영 전략 ⊙ 비즈니스 고도화, 조직 개편, 글로벌 확장 등
- 가전평가 및 M&A ⊙ 기업 가치 평가, 합병 및 인수 거래 지원, 자산 관리 등

법인전환

- 대상
  - ⊙ 개인사업자로 창업하고 매출이 급증하여 절세가 필요한 대표님, 프랜차이즈화로 추가적인 성장을 원하는 대표님

- 해결방안
  - ⊙ 최적의 법인전환시기 파악 및 가치 극대화
  - ⊙ 영업권 평가를 통한 법인 절세전략 수립
  - ⊙ 법인전환 시 가족의 주주 참여와 증여 방안 검토
  - ⊙ 개인 특허권 평가 후 법인 양수도 등 검토 등

- 주요참여 전문가
  - ⊙ 세무사, 법무사, 감정평가사, 변리사 등

합병 및 분할

- 대상
  - ⊙ 복수의 회사를 운영하고 있거나 사업분야 분리가 가능한 기업 대표님

- 해결방안
  - ⊙ 상속, 증여를 위하여 가족법인 간 합병 검토
  - ⊙ 지분조정 또는 사업분리를 위한 회사 분할 등 검토

- 주요참여 전문가
  - ⊙ 법무사, 세무사, 감정평가사 등

가업승계

- 대상
  - ⊙ 안정적인 가업승계와 승계과정의 절세 등 혜택 확보가 필요한 대표님

- 해결방안
  - ⊙ 장기적 관점의 안정적 경영환경 구축 및 사업계획 등 경영성과 향상 방안 수립
  - ⊙ 가업승계 증여세 과세특례, 창업자금 증여세 과세특례 등으로 절세 방안 검토
  - ⊙ 인사/노무 관리 이슈 점검 및 대응 방안 등 다각적 검토
  - ⊙ CEO 및 핵심인재 대상의 리더십 코칭으로 안정적인 승계와 장기적 기업 역량 확보 지원

- 주요참여 전문가
  - ⊙ 세무사, 회계사, 변호사, 경영 컨설턴트, 노무사 등

기업가치 평가

- 대상
  - ⊙ 투자유치 및 상장 준비를 위한 기업가치 평가가 필요한 대표님
- 해결방안
  - ⊙ 투자유치를 위한 기업가치 극대화 방안 적용과 투자자 관점의 합리적인 근거 확보
  - ⊙ 부동산 등 유형자산 평가, 영업권 및 특허 등 무형자산 평가
- 주요참여 전문가
  - ⊙ 회계사, 변호사, 감정평가사, 변리사 등

조직성과 관리

- 대상
  - ⊙ 성과 중심의 조직문화 구축 및 체계적인 인사관리가 필요한 대표님
- 해결방안
  - ⊙ 인사평가 기준 설정 및 시스템 활용
  - ⊙ 핵심인재 관리를 위한 보상체계 개선
  - ⊙ 저성과자관리(상벌위원회 개최)
  - ⊙ 조직문화 개선 및 리더십 교육/코칭 등
- 주요참여 전문가
  - ⊙ 노무사, HR 컨설턴트, 경영 컨설턴트 등

MEMO

분야별 전문가들이 알려 주는 스타트업을 위한 실무 지침서

스타트업의 답을 찾다

펴낸 날	2025년 8월 20일
저자	이재호 · 원호용 · 박준용 · 오진광 · 윤영진 · 황재하 · 최순규 · 이제원 · 민지훈 · 류호진 · 민승정
디자인	서은영
책임 마케팅	최필주
펴낸 곳	드림디벨롭
출판 등록	제 2021-000046호
주소	김포시 김포한강9로 75번길 66 505호-F76
전화	010-5107-3800
이메일	feelv77@naver.com
ISBN	979-11-993875-0-8 03320

· 이 책은 저작권법에 따라 보호받는 저작물이므로 무단 전재와 무단 복제를 금하며,
  이 책의 내용을 사용하기 위해서는 일부라도 반드시 저작권자와 드림디벨롭의 서면 동의를 받아
  야 합니다.

· 잘못되거나 파손된 책은 구입한 서점에서 교환해 드립니다.

· 드림디벨롭은 독자 여러분의 아이디어와 원고 투고를 기다리고 있습니다.
  생각하시는 기획이나 원고를 책으로 만들고 싶으시다면 드림디벨롭의 문을 두드려 주세요.